Jan Erik Sigdell

Wiedergeburt und *frühere* Leben

Herausforderung
Reinkarnation

Brandheiße Infos finden Sie regelmäßig auf:
www.facebook.com/AMRAVerlag

Mehr über Veranstaltungen des Autors:
www.christliche-reinkarnation.com

Besuchen Sie uns im Internet:
www.AmraVerlag.de

Eine Originalausgabe im AMRA Verlag
Hotline: + 49 (0) 61 81 – 18 93 92
Email: Info@AmraVerlag.de

Herausgeber & Lektor	Michael Nagula
Einbandgestaltung	FranklDesign
Layout & Satz	Birgit Letsch
Druck	Finidr, s.r.o.

Vollständig neu bearbeitete Ausgabe des gleichnamigen Buchs,
das 2008 mit dem Untertitel *Was Sie schon immer über Reinkarnation
wissen wollten* im Wilhelm Heyne Verlag, München, erschien.

ISBN Printausgabe 978-3-95447-175-1
ISBN eBook 978-3-95447-176-8

Inhalt

Kapitel 2 Karma, freier Wille und das Problem des Leids   66

Kapitel 3 Theologische Fragen 100

Kapitel 4 Wissenschaftliche Fragen   153

Kapitel 5 Sonst noch Fragen?   209

Anhang 228

Zu den Internetadressen im Buch

Bei Erscheinen der vorliegenden Ausgabe werden die Internetlinks in einigen Fällen schon nicht mehr gültig sein. Ich belasse sie jedoch aus folgenden Gründen:

1. Sie zeigen, dass ein Beleg existiert, wenn auch inzwischen »umgezogen«.
2. Der Leser kann in manchen Fällen, die ihn besonders interessieren, mit den bestehenden Angaben suchen und oft einen neuen und gültigen Link finden.
3. Der Aufwand, die Links thematisch zu aktualisieren und einen Ersatz zu finden, ändert nicht die grundsätzliche Situation: Sie werden sich erneut ändern.

Jan Erik Sigdell

Vorwort

»Des Menschen Seele / gleicht dem Wasser: / Vom Himmel kommt es, / zum Himmel steigt es, / und wieder nieder / zur Erde muss es, / ewig wechselnd«, schrieb Johann Wolfgang von Goethe in seinem Gedicht »Gesang der Geister über den Wassern«. [1] Wie so viele andere deutsche Denker gab er mehr als einmal seinem Glauben an die Wiedergeburt der Seele Ausdruck.

Reinkarnation (wörtlich: »Wiedereinfleischung«; deutsch: Seelenwanderung, Wiederverkörperung oder Wiedergeburt) bedeutet, dass sich die Seele irgendwann nach dem Tod neu verkörpert, indem sie sich mit einem in einem Mutterleib heranwachsenden Embryo verbindet und dann in ein neues körperliches Leben geboren wird.

Es gibt noch einige andere Begriffe, die mehr oder weniger das Gleiche bedeuten: Metempsychose, Metemsomatose, Transmigration, Reinkorporation und Palingenese. Die drei ersten bedeuten, dass sich die Seele zwischen Körpern bewegt, also vom einen Körper zum anderen. Reinkorporation heißt Wiedereinkörperung und Palingenese Wiedergeburt. Das letzte Wort (griechisch *palingenesia*) war bei den alten Griechen als Bezeichnung für die Reinkarnation gebräuchlich und kommt auch an zwei Stellen im Neuen Testament vor: »Ihr, die ihr mir seid nachgefolgt, werdet in der *Wiedergeburt,* da des Menschen Sohn wird sitzen auf dem Stuhl seiner Herrlichkeit, auch sitzen auf zwölf Stühlen und richten die zwölf Geschlechter Israels« (Matth. 19,28) und »... nicht um der Werke willen der Gerechtigkeit, die wir getan hatten, sondern nach seiner Barmherzigkeit machte er uns selig durch das Bad der *Wiedergeburt* und die

Erneuerung im Heiligen Geiste« (Titus 3,5). In den offiziellen Auslegungen der Bibel wird in diesem Zusammenhang allerdings nicht von Reinkarnation gesprochen, sondern von der Neugeburt des Menschen bei der Auferstehung. Wiedergeburt als kirchlich-dogmatischer Begriff wird nämlich hier als das einmalige Ereignis der Auferstehung verstanden, bei der die Seele ihren ehemaligen Körper wiederbekommt oder vielmehr einen »pneumatischen« Körper, also eigentlich einen *Seelenkörper*, statt des »grobstofflichen« physischen Körpers von früher. So jedenfalls beschreibt es Paulus.

Doch kehren wir zurück zu der Auffassung von Reinkarnation, die Goethe in seinem Gedicht vertritt. Solche Gedanken muss dieser großartige Vertreter deutscher Geistesgeschichte nicht unbedingt aus dem Osten haben, denn sie sind keineswegs so »unchristlich«, wie es manchem Leser vielleicht vorkommen mag. Die gnostischen Christen hatten nämlich eine andere Meinung über die Entstehung des Menschen, als sie heute von der Kirche vertreten wird. Ihrer Lehre zufolge entsteht die Seele nicht erst bei der Zeugung, sondern existierte schon lange vorher. Demnach sind wir alle »alte Seelen«, die vom Anfang der Schöpfung her bereits da waren. Wir werden immer neu wiederverkörpert, aber nicht ewig, auch wenn die Erinnerung an das, was vorher war, verblasst ist. Aber verblasst diese Erinnerung wirklich so sehr, dass wir überhaupt keinen Zugriff mehr darauf haben?

Ich bin seit 1980 als Rückführungstherapeut tätig und durfte seitdem viele Erinnerungen an frühere Leben mit meinen Klienten teilen. Menschen, die Rückführungen und das, was dabei geschieht, nur vom Hörensagen kennen, lehnen solche Erinnerungen häufig als Einbildung oder gar Unfug ab. Doch das ist nicht so einfach möglich, weil sich eben diese Erinnerungen durch eine höchst überzeugende Reproduzierbarkeit auszeichnen. Und Reproduzierbarkeit ist eines der wichtigsten wissenschaftlichen Kriterien, wenn es darum geht, etwas für wahrscheinlich zutreffend oder zumindest für möglich zu halten.

Ich nehme an, Sie haben dieses Buch aufgeschlagen, weil Sie Reinkarnation zumindest für möglich halten. Das ist eine gute Ausgangsbasis für die Reise, auf die wir uns nun begeben – eine Reise, auf der viele Fragen gestellt und viele Antworten gegeben werden. Einige dieser Fragen mögen auch Ihre sein, und ich hoffe sehr, dass einige meiner Antworten Sie ein Stück weiterbringen auf Ihrer ganz persönlichen Reise.

Jan Erik Sigdell

Referenz

1. U.a. http://www.literaturwelt.com/werke/goethe/gesanggeister.html. Vgl. Verena Decker: *Goethe – Analyse seines Gedichts ›Gesang der Geister über den Wassern‹*, Grin Verlag für akademische Texte, München 2003.

Allgemeine Fragen

1. Gibt es Reinkarnation wirklich?

Bevor ich diese Frage beantworten kann, muss ich zunächst eine weitere stellen, und zwar: Gibt es eine Seele im Sinne eines bewussten Ichs, das nach dem Tod des Körpers weiterlebt? Diese Frage würden fast sämtliche Religionen mit Ja beantworten. (Der Buddhismus spricht zwar von einer Übertragung des Bewusstseins, aber auch das ist eine Form des Weiterexistierens nach dem Tod.) Würde man nach dem Tod nämlich nicht weiterexistieren, wäre jede Religion überflüssig. Würde unser Ich mit dem Tod einfach ausgelöscht, wäre es sogar uninteressant, ob es einen Gott gibt oder nicht. Wir gehen also davon aus, dass es eine Seele gibt, denn wenn es anders wäre, würde sich dieses Buch schon jetzt erledigen.

Mit der nächsten Frage – was geschieht nach dem Tod mit der Seele? – habe ich mich in einem anderen Buch [1] ausführlich auseinandergesetzt. Die Antworten, welche die Religionen der Welt darauf geben, lassen sich in zwei Gruppen einteilen:

Die Seele (buddhistisch: das Bewusstsein) wird später wieder verkörpert (reinkarniert), um in einem neuen Erdenleben neue Erfahrungen zu machen.

Die Seele existiert ohne neue Verkörperung weiter. Mehreren Religionen zufolge gehen die Seelen nach dem Tod des Körpers entweder in eine paradiesische Welt oder in die Hölle ein. Manche Religionen meinen sogar, dass nur die guten Seelen weiterleben, während die bösen vernichtet werden.

16

Es gibt auch gemischte Antworten: Einige Seelen reinkarnieren, andere nicht. »Verlorene« Seelen werden vernichtet, nicht ganz so böse kommen in eine Art Hölle.

Diese Gruppen unterscheiden sich offenbar nur in der Anzahl der materiellen Verkörperungen: Die Seele ist entweder nur einmal (in diesem Leben) oder aber mehrmals verkörpert. Die Lehren von mehrmaligen Verkörperungen besagen jedoch meistens nicht, dass die Folge der Reinkarnationen nie endet. Vielmehr geht es nach einer endlichen Anzahl von Verkörperungen irgendwie anders weiter, und zwar ähnlich, wie es auch Lehren beschreiben, welche die Reinkarnation ablehnen. Am Ende ist der Unterschied nicht mehr so groß, und unterschiedliche Religionen fließen teilweise zusammen.

Religionen, welche die Reinkarnation ablehnen, halten die Seele in der Regel für nicht präexistent. Das heißt, die Seele hat nicht existiert, bevor sie in diesen Körper und dieses Leben gekommen ist, sondern wurde erst bei der Zeugung (oder spätestens bei der Geburt) erschaffen. Wenn eine Vorexistenz eingeräumt wird, geht man davon aus, dass die Seele darin nicht verkörpert war.

Die einzige mir bekannte Religionslehre, welche die Existenz einer Seele total ablehnt, ist die der Zeugen Jehovas. [2] Übrig bliebe hier nach dem Tode nur die Erinnerung an den Menschen in Gottes Gedächtnis, wobei er nach Art eines »Backups« von einem alten Computer (Körper) in einen neuen installiert werden würde. Demnach wäre der Mensch nach der Auferstehung nicht mehr als eine *Kopie* des ehemaligen Menschen …

Wie soll man mit diesen vielen Ansichten umgehen? Ist es möglich, sie auf einen Nenner zu bringen – oder zumindest die meisten davon? Wenn man Antworten auf diese Fragen in den Schriften sucht, die den verschiedenen Religionen zu Grunde liegen, bekommt man höchst unterschiedliche Informationen. Sogar unterschiedliche Versionen und vor allem Übersetzungen derselben Schriften – zum Beispiel der Bibel – unterscheiden sich in ihren Aussagen teilweise gravierend. Viele der alten christlichen Texte, die sogenannten Apokryphen, wurden überhaupt nicht in die Bibel aufgenommen, aber auch sie enthalten Antworten auf unsere Fragen.

Man weiß, dass die heute gültige Textausgabe des Korans aus fünf ursprünglich privaten Niederschriften erstellt wurde. Anschließend wurden die früheren Versionen vernichtet. [3] Da kann man sich natürlich fragen, nach welchen Kriterien ausgewählt wurde und was uns eventuell vorenthalten blieb. Ähnliches wird es auch in anderen Religionen geben. Wer weiß eigentlich, wie viele Schriften des Urchristentums verloren gegangen sind? Es gibt zahlreiche hinduistische und buddhistische Texte, die teilweise unterschiedliche Aussagen über das Leben nach dem Tod und die Reinkarnation machen. Außerdem ist, was geschrieben oder gesagt wurde, eine Sache und eine ganz andere, wie es gedeutet und verstanden wird. Dies gilt erst recht, wenn Glaubensfragen zum Politikum werden und bestimmte Institutionen uns eine bestimmte, für sie zweckdienliche Meinung aufoktroyieren wollen.

In solchen Fällen kann man sich zum Beispiel fragen, welche Antwort mehr Sinn macht und welche weniger. Oder man geht den Weg des Auswertens von Indizien und empirischen Fakten, auch wenn Letztere oft mehr oder weniger subjektiv sind. Doch selbst die Antworten, die aus den Schriften abgeleitet werden, sind häufig durchaus subjektiv. Der eine ist von einer Interpretation überzeugt, der andere von einer anderen. Was ist Glaube, was Wissen? Wer hat Recht? Dass etwas geschrieben steht, reicht nicht aus, denn darauf verweisen ja die meisten, die unterschiedliche Meinungen vertreten. Auch hier könnte uns die Frage nach dem Sinn weiterbringen.

2. Welchen Sinn könnte Reinkarnation haben?

Die gängigste Auffassung, die in Zusammenhang mit der Reinkarnation vertreten wird, besagt, dass sich die Seele durch die Erfahrungen, die sie in aufeinander folgenden Inkarnationen macht, immer weiter entwickelt – wie in einer Art Seelenschule. Das Prin-

zip des Karmas bewirkt, dass sie auch aus ihren Verfehlungen lernen kann, denn Situationen, in denen sie zum Beispiel Täter war,
wird sie meistens später noch einmal erleben, diesmal jedoch als
Opfer. Nachdem sie nun beide Seiten derselben Medaille kennen
gelernt hat, wird sie so etwas sicherlich nie wieder tun. Was als
Karma bezeichnet wird (mehr darüber in Kapitel 2), ist also keine
Strafe, sondern vielmehr eine Lektion. Nach einer endlichen Zahl
von Inkarnationen wird die Seele gewissermaßen »examiniert«
und darf die Schule verlassen, um sich in anderen Daseinsformen
weiterzuentwickeln. Keine Seele geht verloren. Die eine braucht
wenige, die andere mehr, manche sogar sehr viele Inkarnationen,
um am Ziel anzukommen. Die gnostischen Christen sprachen
von einer Seelenreinigung durch Reinkarnation.

Wie sollen wir lernen, wenn wir in einer neuen Inkarnation nichts von den früheren wissen?

Dieser Einwand stammt aus dem frühen Mittelalter. Damals wusste
man noch nichts vom unbewussten Ich, dessen Entdeckung wir
der modernen Psychologie verdanken. Unser unbewusstes Ich weiß
immer, weshalb wir eine Lektion bekommen. Nach dem Tod geht
das unbewusste Ich eines Menschen in sein Seelen-Ich über, wo es
nicht mehr unbewusst ist. Die Seele erkennt die Zusammenhänge
und kann die im letzten Leben gelernte Lektion auswerten. Und
woher weiß man das? Die Antwort darauf wird im Zusammenhang
mit entsprechenden Fragen weiter unten gegeben.

Dann könnte man sich ja mit seiner Entwicklung Zeit lassen

Wer auf dem Weg trödelt, handelt sich neue Lektionen ein. Das
Trödeln kostet einiges, und wer sich Zeit lässt, wird es bereuen, denn
er begibt sich auf Umwege, bleibt vorübergehend in seiner Entwicklung stehen oder wird sogar ein paar Schritte zurückgeworfen.

3. Welchen Sinn hätte ein Weiterleben nach dem Tod ohne Reinkarnation?

Alle Lehren, die sich damit auseinandersetzen, wie es ohne Reinkarnation nach dem Tod weitergeht, führen zu zwei möglichen Endergebnissen:

- Die Seele geht in ein paradiesisches Dasein ein.
- Die Seele geht verloren. Entweder fällt sie der ewigen Verdammnis oder der Hölle anheim, oder sie wird vernichtet. Zusätzlich gibt es die Auffassung, dass sich manche Seelen nur eine Zeit lang in einer Art Hölle (dann manchmal »Fegfeuer« genannt) aufhalten, wo sie die Chance zu Reinigung, Reue und Umkehr haben. Wenn sie diese Chance wahrnehmen, können sie anschließend ebenfalls in ein paradiesisches Dasein eingehen.

Ist es gerecht, dass ein einziges verfehltes Leben unter Umständen in die ewige Verdammnis führt?

Das ist in der Tat eine schwierige Frage. Wenn der unvollkommene Mensch erst nach seinem Tod einsieht, dass er einen großen Fehler gemacht hat, hätte er demnach keine Chance mehr, ihn wieder gutzumachen. Seine Seele würde für Verfehlungen oder auch nur eine einzige Verfehlung in einem Leben, das weniger als 100 Jahre gedauert hat, auf *ewig* bestraft, müsste *unendlich* viele Jahre büßen? Das passt zu keiner Vorstellung von Gerechtigkeit.

Es wird oft gesagt, dass wir die Freiheit haben, zwischen dem Guten und dem Bösen zu wählen. Wählen wir das Böse, wählen wir automatisch auch die ewige Verdammnis. Doch wie viele Menschen wissen überhaupt, dass sie eine Wahl haben? Viele Menschen geraten auf Grund bestimmter Umstände und Zwänge, durch Not, Leid, Angst, Ausweglosigkeit oder Unwissenheit in Situationen, die sie keineswegs selbst gewählt haben und in welchen sie zu einer falschen Wahl gedrängt werden (oder sie haben keine wirkliche Wahl) – jedenfalls widerfährt ihnen das gänzlich unbewusst. Sie alle sollten also keine Chance mehr bekommen?

Aber es gibt ja das Fegfeuer, allerdings nur für Katholiken und auch nur für die maßvollen »Sünder« unter ihnen, nicht für jeden.

Und wo ist die Hölle?

Wohin die verdammten Seelen eigentlich gehen (sofern sie nicht gleich vernichtet werden), erfahren wir nicht. Auch spricht niemand über das Missverhältnis zwischen Himmel und Hölle, das ja unweigerlich gegeben sein muss. So, wie es in unserer Welt aussieht, müsste die überwiegende Mehrzahl der Seelen in die Hölle abwandern und eine demgegenüber nur als »Handvoll« zu bezeichnende Zahl von Seelen dürfte ins Paradies eingehen. Das Endergebnis wäre eine Riesenhölle, der ein winzig kleines Himmelchen gegenüberstünde. Könnte man die Schöpfung dann nicht für gescheitert erklären?

In technischen und industriellen Zusammenhängen würde man wohl vom sehr schlechten »Wirkungsgrad« eines solchen Auswahlprozesses sprechen, denn der »Ausschuss« wäre enorm. Und wenn man diesen Prozess nicht »rein technisch« betrachtet, stellt er sich noch schlechter dar. Dann sieht es nämlich ganz danach aus, als würde der himmlische Vater die überwiegende Mehrzahl der von ihm erschaffenen Seelen verloren gehen lassen. Welcher Vater tut seinen Kindern so etwas an?

4. Ist die Reinkarnationslehre nicht eher atheistisch?

Manche Reinkarnationsgegner stellen die Reinkarnationslehre als einen Heilsweg ohne Gott dar – eine Art Selbsterlösung. Doch wenn es Seelen gibt, wo kommen diese Seelen dann her? Kaum jemand wird annehmen, dass sie irgendwie von selbst entstanden sind. Vielmehr geht man wohl allgemein davon aus, dass sie von einem Schöpfer erschaffen wurden. Und falls sich diese Seelen durch Reinkarnation(en) wirklich selbst erlösen könnten, müssten sie die

Möglichkeit zur Selbsterlösung logischerweise von Gott bekommen haben. Andernfalls wäre es ja keine Erlösung.

5. Kann man Reinkarnation beweisen?

Im strikt wissenschaftlichen Sinne kann man nicht beweisen, dass sich eine Seele wirklich neu verkörpert hat. Es gibt zwar dokumentierte Fälle, in denen Personen in spontanen oder evozierten Rückerinnerungen an frühere Leben die Erfahrung machten, eine andere Person gewesen zu sein, und wo man auch nachweisen konnte, dass jene andere Person Jahre zuvor wirklich gelebt hatte. Das ist jedoch nur ein Beweis dafür, dass es jene Person wirklich gegeben hat und es sich offensichtlich nicht um eine reine Fantasiefigur handelt. Leider beweist es nicht, dass die Person, die sich erinnert, wirklich jene Person war.

Welche Art von Beweis dafür erforderlich wäre? Man müsste einen direkten Zugang zur Seele der sich erinnernden Person haben, denn sie hätte sich ja neu verkörpert. Leider lehnen die etablierten Wissenschaften die Existenz einer solchen Seele ab. Wenn man in der Psychologie von »Seele« spricht, meint man nicht jenen Teil von uns, der nach dem Tod weiterlebt, sondern vielmehr das Ich mit einem bewussten und einem unbewussten Teil. Diese beiden Teile des Ich finden sich in den elektrochemischen Zuständen und Abläufen im Gehirn und im Nervengewebe sowie in den im Nervengewebe gespeicherten Informationen. So verstanden ist »Seele« also etwas, das in jedem Fall mit dem Tod vernichtet wird. Damit schießt man über das Ziel hinaus und verpasst den Kern, den man finden müsste, um zu einem Beweis gelangen zu können.

Andererseits ist dieser Zugang zur eigentlichen Seele genau das, was man in sogenannten Rückführungen anstrebt. Kein Wunder also, dass etablierte Wissenschaftler die Nase rümpfen und das Ganze für unseriös halten, denn für sie gibt es eine solche Seele einfach nicht. Die irrige Schlussfolgerung lautet daher: nicht beweisbar = nicht existent. Eine logischere Schlussfolgerung wäre: nach unseren Vorgaben und mit unseren Methoden nicht beweisbar = noch unentschieden, aber durchaus möglich, solange die völlige Unmöglichkeit ebenfalls nicht bewiesen werden kann.

In weiteren Fällen konnte man zeigen, dass das in einem Rückblick erlebte Geschehen in der Vergangenheit wirklich stattgefunden hatte und dass die Daten im Wesentlichen stimmten, auch wenn es nicht möglich war, die Existenz der erlebten Person nachzuweisen. Hier ist nicht auszuschließen, dass die Informationen aus Geschichten stammen, welche die Person gelesen, gehört oder als Film gesehen hat, und es sich demnach um eine sogenannte Kryptomnesie (verborgene Erinnerung) handelt. Wie sollte man andererseits nachweisen können, dass es jenen Schuhmacher, als den sich jemand während einer Rückführung erlebt, zur Zeit der Französischen Revolution nicht gegeben hat? Die Wahrscheinlichkeit, dass man präzise Angaben über ihn findet, ist sehr gering, selbst wenn er damals wirklich gelebt hat.

Will man überhaupt Beweise haben?

Die Vorstellung der Reinkarnation einer immateriellen Seele passt so gar nicht in das Weltbild unserer Schulwissenschaft hinein. Sollte sie tatsächlich bewiesen werden, würde dies jenes Weltbild auf den Kopf stellen, und man müsste in vielerlei Hinsicht völlig umdenken. Das will man nicht, denn man lebt ja gut mit dem herkömmlichen Weltbild, auf das man in vielen Fällen sogar eine Karriere gebaut und auf dessen Basis man vielleicht sogar eine bestens bezahlte Position inne hat. Somit leugnet man mit allen Mitteln alle Indizien, die sich zu einem Beweis fügen könnten, und kommt man etwas nahe, das nach einem Beweis aussehen könnte, legt man nur die Latte höher. Man *will* einfach keine solchen Beweise haben!

Ähnlich ist es in der kirchlichen Theologie, die ja heute mehr ein Machtsystem als eine Religion ist. Auch hier wehrt man sich mit allen Mitteln dagegen, umzudenken und zu einem neuen Verständnis alter Texte wie der Bibel kommen zu müssen.

Manchen ist die profitable Unwahrheit lieber als eine unbequeme Wahrheit, erst recht, wenn man für sie etwas aufgeben muss …

Es gibt also keine *wissenschaftlichen* Beweise in der Art, wie es unsere Wissenschaft tendenziös erfordert, und zwar, weil sie in ihrer Anschauungsweise eingeschränkt ist. Es gibt aber jede Menge *Indizien*. Man lese hierzu das ausgezeichnete Buch *Indizienbeweise für ein Leben nach dem Tod und die Wiedergeburt* von meinem Freund Dieter Hassler [42].

6. Kann man beweisen, dass es Reinkarnation nicht gibt?

Wenn man nicht nachweisen kann, dass die in einer Rückerinnerung erlebte Person wirklich existiert hat, beweist das noch lange nicht, dass alles falsch war. Es kann immerhin nicht ausgeschlossen werden, dass man in der falschen Zeit oder am falschen Ort nach dem Nachweis sucht, weil die Daten in der Rückerinnerung ungenau waren. Wenn jener Schuster trotz intensiven Suchens in der Zeit der Französischen Revolution nicht aufzufinden ist, könnte dies auch daran liegen, dass heute einfach keine Angaben mehr über ihn vorhanden sind. Vielleicht meinte die Person sich auch daran zu erinnern, in welcher Straße sie ihre Werkstatt gehabt hatte, aber dort scheint es nie eine Schusterei gegeben zu haben, wohl aber eine Bäckerei. Wie können wir nun ausschließen, dass die Person ihre damalige Werkstatt mit dem Laden verwechselte, wo sie jeden Tag Brot kaufte und sehr von einer schönen Bäckerin angetan war, so dass sich ihr dieser Ort stärker einprägte und sie sich unbewusst lieber daran erinnerte? Erst recht, wenn sie sich in ihrer dunklen und nur mäßig laufenden Werkstatt nicht besonders wohl fühlte? Oder wie können wir ausschließen, dass es dort zwar später eine Bäckerei gab, es aber keine Unterlagen mehr gibt, denen man entnehmen könnte, dass die Bäckerei früher eine Schusterwerkstatt war.

Es gibt so viele Faktoren, die von denjenigen, die den Gegenbeweis führen wollen, nur allzu gern (unbewusst oder gar absichtlich) übersehen werden. Wie das funktioniert, werde ich später (Kapitel 4) an einigen Beispielen zeigen. Viele führen auch die Bibel oder die heiligen Schriften anderer Religionen als Gegenbeweis an. Doch wie ich oben schon angedeutet habe, lässt sich so manche Bibelstelle auch ganz anders deuten und erweist sich am Ende oft sogar als eher positive Aussage in Hinsicht auf Reinkarnation [4].

7. Gibt es zumindest Indizien für Reinkarnation?

Es gibt, wie bereits erwähnt wurde, sehr viele Fälle, in denen sich Personen im Rahmen von Rückerinnerungen als andere Personen in einer anderen Zeit erlebten – als Personen, die wirklich gelebt hatten, wie man eindeutig nachweisen konnte. In noch mehr Fällen konnte man zeigen, dass die historischen Fakten, die in der Rückerinnerung auftauchten, korrekt waren. Wie erwähnt, handelt es sich hier zwar nicht um Beweise, wohl aber um konkrete Indizien.

Ein anderes Indiz ist die erstaunliche Wirkung sehr vieler Rückführungstherapien [5]. Dass sich eine solche Therapie so oft als derart hilfreich erweist, kann nicht »von ungefähr« kommen. Da muss einfach mehr dahinter stecken. Die Gegner der Rückführungstherapie sind natürlich immer bestrebt, ihre Wirkungen zu ignorieren, zu leugnen oder als »Spontanheilung«, »Zufall«, »Placeboeffekt« oder gar »Symptomverschiebung« hinzustellen. Häufig wird auch behauptet, es habe sich in Wirklichkeit gar nicht um eine Rückerinnerung gehandelt, sondern vielmehr um ein symbolhaftes Erlebnis, etwa einem Traum vergleichbar, das sich in Wirklichkeit nie zugetragen habe. Das ist grundsätzlich natürlich nicht auszuschließen, aber in Fällen, in denen die Reinkarnationstherapie nicht nur wirksam und erfolgreich war, sondern die Existenz der erlebten Person auch nachgewiesen werden konnte, ist es wohl eher so, dass sich die Indizien gegenseitig erhärten.

In der modernen Psychologie arbeitet man oft mit sogenannten Symboldramen, zum Beispiel im katathymen Bilderleben nach Hanscarl Leuner. Hier wird vorausgesetzt, dass alles, was auftaucht, nur symbolisch sein kann (außer wenn es sich um Kindheitserlebnisse handelt, denn solche sind, wenn sie sich nachvollziehen lassen, nicht abzustreiten). Nun ist es – vorausgesetzt, dass es Reinkarnation gibt – sicher nicht auszuschließen, dass eben nicht nur Kindheitserinnerungen auftauchen, sondern auch Erinnerungen an eine Existenz vor dem heutigen Leben. Doch, wie gesagt, um diese Möglichkeit auch nur in Betracht zu ziehen, müsste man ihre Voraussetzung zumindest versuchsweise gelten lassen …

Eines der für mich stärksten Indizien für Reinkarnation ist jedoch, dass Reinkarnation, Karma und freier Wille gemeinsam eine annehmbare Antwort auf Fragen wie die folgenden geben: »Wenn Gott uneingeschränkt gut und auch allwissend und allmächtig ist, wie kann es dann so viel Leid auf der Welt geben?« Und: »Warum werden so viele Kinder dieser Welt in Leid und Not hineingeboren? Warum erleben sie von Anfang an nichts als Gewalt, Krankheit, Hunger und Lieblosigkeit? Womit haben sie das verdient?« Glückliche Kinder sind auf der Welt eher eine Minderheit. Wie passt das zu der Vorstellung von einem guten und liebevollen Gott? Mehr über dieses sogenannte Theodizee-Problem erfahren Sie in Kapitel 2.

8. Gibt es Indizien, die gegen Reinkarnation sprechen?

Wer davon überzeugt ist, dass der Mensch keine Seele hat, die nach dem Tod des Körpers weiterlebt, wird in der postulierten Nichtexistenz einer Seele ein Indiz gegen Reinkarnation sehen, aber das ist ebenso subjektiv wie die Glaubenssätze mancher Religionen, die nur für den jeweils Gläubigen wichtige Indizien sind, nicht aber für Andersgläubige.

Einige Rückführungserlebnisse sind wahrscheinlich keine echten Erinnerungen an eine vorgeburtliche Vergangenheit. Solche Fälle, die es tatsächlich gibt, wollen manche als Indizien gegen Reinkarnation überhaupt werten. Aus Einzelfällen auf das Ganze zu schließen, ist jedoch nicht zulässig. Dass falsche Banknoten im Umlauf sind, beweist schließlich auch nicht, dass sämtliche Banknoten falsch sind.

Dass sich Menschen (mit wenigen Ausnahmen) nicht an ihre Vorleben erinnern, wird ebenfalls als Indiz gegen Reinkarnation angeführt. Dem muss in der heutigen Zeit (früher wusste man davon nichts) die Tatsache gegenübergestellt werden, dass der Mensch ein unbewusstes Ich hat, das offenbar Erinnerungen gespeichert hat, von denen das rationale Gehirn-Ich nichts mehr weiß. Dazu gehören zum Beispiel Kindheitserinnerungen, die aber mit bestimmten Methoden oder durch bestimmte Umstände wieder wach werden können. Was spricht nun dafür, dass die Geburt (oder die Zeugung) eine absolute Grenze für unbewusste Erinnerungsmöglichkeiten darstellt? Wohl nur die vorgefasste Meinung, dass es das Vorgeburtliche nicht gibt.

9. Warum erinnert man sich dann nicht?

Es spricht, wie erwähnt, einiges dafür, dass in unserem unbewussten Ich Erinnerungen an frühere Existenzen gespeichert sind – immer unter der logisch zulässigen Voraussetzung, dass es Reinkarnation gibt. Warum also haben wir (mit seltenen Ausnahmen) keine bewussten Erinnerungen an diese früheren Existenzen?

Das wird schon seinen Grund haben. Wenn ich in einem neuen Leben Situationen, in denen ich früher falsch handelte oder Ungutes tat, noch einmal erleben soll, aber nun als Betroffener; wenn ich also sozusagen die Kehrseite der gleichen Medaille erfahren soll – könnte ich die Lektion dann nicht einfach »schwänzen«, wenn mir bewusst wäre, was da auf mich zukommen soll? Es wäre gut möglich oder sogar wahrscheinlich, dass ich zumindest versuchen würde, dem zu entgehen. Sollte es mir tatsächlich gelingen, hätte meine Seele eben doch nicht die Lektion bekommen, die sie dringend braucht, und ich wäre dieses Mal in meiner Entwicklung nicht weitergekommen. Oder ich würde die Lektion zwar bekommen, aber sie eher »absitzen« und nicht wirklich ernst nehmen. Auch dann wäre der Lerneffekt für die Seele zumindest teilweise verfehlt.

Nach dem Gesetz des Karmas, das in dieser »Seelenschule« gilt (mehr dazu in Kapitel 2), ist nämlich damit zu rechnen, dass eine neue Inkarnation auch einige Lektionen mit sich bringt. Manche davon sind unter Umständen sehr hart, andere weniger. Nach dem Tod wird die unbewusste Erinnerung im Seelenzustand des Ichs wieder bewusst, und uns wird klar, warum wir eine Lektion erfahren hatten und was wir daraus lernen sollten. Somit wäre der Sinn der Lektion nicht verfehlt und ihr Lernziel hoffentlich erreicht. (Es sei denn, wir wollen es immer noch nicht annehmen. Dann wäre wohl eine erneute Lektion, sozusagen ein »Nachsitzen«, fällig.)

Es gibt jedoch auch jene seltenen Fälle, in denen sich Menschen von selbst an ein früheres Leben erinnern. Manche haben sogar Bücher darüber geschrieben. Es ist wohl überflüssig zu bemerken, dass Reinkarnationsgegner nichts von solchen Geschichten halten, bei denen es sich ihrer Meinung nach nur um Märchen handeln kann.

Was sehr viel öfter vorkommt, aber meist nicht erkannt wird, ist, dass Kinder Erinnerungsreste aus ihren Vorleben erzählen. Leider nehmen die wenigsten Erwachsenen ihre Geschichten ernst. Daher verblassen solche Erinnerungen in der Regel etwa im Alter von fünf Jahren. (Dieses Thema wird in Frage 19 unten noch ausführlicher dargestellt.)

Es gibt aber noch andere Gründe, aus denen wir vergessen. Die mit dem Fötus im Mutterleib verbundene Seele weiß noch ganz gut, weshalb sie gekommen ist und was sie von ihrem neuen Leben zu erwarten hat. Das kleine Kind ist noch kein so rationales oder gar intellektuelles Wesen, wie es mehr oder weniger sämtliche Erwachsenen sind, sondern sehr viel stärker mit seiner Seele verbunden. Sein unbewusstes Ich ist noch nicht ganz so unbewusst wie das eines Erwachsenen. Durch Erziehung, Schule und indoktrinierende Beeinflussung der Umwelt wird das Kind mit der Zeit immer »kopflastiger« und immer mehr von der Intuition und dem Seelischen abgeschnitten. Es lernt, innere, intuitive Impulse für unwirklich zu halten, nicht zu glauben und nur das als »real« zu akzeptieren, was vom rationalen Ich kommt oder von diesem erfasst werden kann. Intuition, Gefühle und seelische »Spinnereien« werden abgewertet. Auf diese Weise gerät ein wesentlicher Aspekt des Menschseins in Vergessenheit und der Mensch verliert den Zugang zu seinem eigenen Inneren.

10. Welche Theorien wurden aufgestellt, um Rückführungserlebnisse anders zu erklären?

Die Geschichte der Rückführungen in frühere Leben begann in der ersten Hälfte des 19. Jahrhunderts. Damals wurde viel mit Hypnose experimentiert, und man beobachtete, dass sich ein hypnotisierter Klient in manchen Fällen so verhielt, als sei er eine andere Person, in einer anderen Zeit, oft in einem anderen Land und manchmal sogar vom anderen Geschlecht [5]. Da die damalige Wissenschaft dieses Phänomen nicht anders erklären konnte, sprach man gern von hypnotischen Halluzinationen. Einige wenige Forscher befassten sich jedoch näher damit und entdeckten, dass es in manchen Fällen schien, als berichte die hypnotisierte Person von einer früheren Existenz. Ein solcher Fall wurde bereits 1862 von Prinz Galizin recherchiert und bestätigt [5]. Die Person, als die sich der hypnotisierte Klient erlebte, hatte es wirklich gegeben und das beschriebene Geschehen hatte sich genau so abgespielt.

In den Sechzigerjahren des 20. Jahrhunderts wurden nicht-hypnotische Methoden für die Rückführungstherapie entwickelt, was zur Folge hatte, dass sich einerseits immer mehr Menschen damit befassten und andererseits immer mehr Theorien aufgestellt wurden, um die »Erinnerungen an frühere Leben«, die im Rahmen solcher Rückführungstherapien auftauchen, anders zu erklären.

Zunächst sei erwähnt, dass sich Menschen unter Hypnose nachgewiesenermaßen an vergessene Kindheitserlebnisse erinnern können. Solche Erinnerungen sind nicht schwer nachzuprüfen und werden allgemein akzeptiert, denn sie gefährden kein bestehendes Weltbild. Um sie annehmen zu können, muss man sich nicht einmal mit der Frage nach der Existenz einer Seele (im oben erklärten Sinne) auseinandersetzen, denn hier geht es nur um im unbewussten Ich gespeicherte, aber vom bewussten Ich vergessene Erlebnisse. Erinnerungen an noch weiter zurückliegende Ereignisse – jenseits von Geburt oder Zeugung – werden deutlich weniger akzeptiert, obwohl Situationen in hypothetischen früheren Existenzen im Grunde genauso erlebt werden wie vergessene Situationen aus der eigenen Kindheit – nur eben in einer anderen Zeit und meistens als Erwachsener.

Aus dem Bestreben heraus, solche Erinnerungen anders zu erklären, sind im Laufe der Zeit verschiedene Erklärungsmodelle entstanden, die wir hier ein wenig unter die Lupe nehmen wollen.

Ausgangssituation: Person A erlebt sich in der Rückführung als Person B in einer anderen Zeit.

Voraussetzung 1:	B hat nachweislich existiert
Erklärungsmodelle:	a. Reinkarnation
	b. Kryptomnesie
	c. ASW (außersinnliche Wahrnehmung)
	d. genetische Übertragung
Voraussetzung 2:	Bs Existenz ist ungeprüft
Erklärungsmodelle:	a bis d. wie oben (Existenz)
	e. Fantasie (Nicht-Existenz)
	f. Symboldrama (Nicht-Existenz)

Eine dritte Voraussetzung – »Bs Existenz ist widerlegt« – wird hier nicht berücksichtigt. Fehlende oder nicht mehr auffindbare Angaben über B werden nicht als Beweis für seine Nicht-Existenz gewertet. Sollte sich beispielsweise herausstellen, dass in jenem Haus zu jener Zeit keine Person B gelebt hat, sondern ganz andere Menschen, oder dass es das Haus überhaupt nicht gab (soweit sich dies nachweisen lässt), so ist auch das kein sicherer Beweis. Es kann nämlich durchaus sein, dass man auf Grund von Ungenauigkeiten und Unsicherheiten in den Daten am falschen Ort und/oder in der falschen Zeit sucht. Das kommt nun einmal allzu leicht vor, weil die Angaben, die während der Rückführungen gemacht werden, tatsächlich nicht sehr zuverlässig sind. Weshalb das so ist, wird später erklärt (siehe Kapitel 4).

In einem anderen Buch [5] habe ich nachgewiesen, dass Kryptomnesie als Erklärung in bestimmten Fällen zwar möglich, aber als allgemeine Erklärung unwahrscheinlich ist. Das Wort *Kryptomnesie* bedeutet »verborgene Erinnerung«, und die Hypothese geht davon aus, dass die Person das in der Rückführung Erlebte irgendwann gehört, gelesen oder gesehen hat, zum Beispiel in einem Film, und sich nun mit einer Gestalt aus der Geschichte identifiziert. Die wichtigsten Einwände gegen die Kryptomnesie-Hypothese bei Rückführungen – ich habe sie im genannten Buch [5] ausführlich behandelt – seien hier nur kurz erwähnt: A hat im unbewussten Ich meistens viel mehr Informationen über B, als vom reinen »Hörensagen« zu erwarten wäre. Läge wirklich Kryptomnesie vor, müsste B zumindest ab und zu jemand sein, der noch lebte, als A geboren wurde (oder sogar heute noch lebt), was aber praktisch nicht vorkommt.

Außersinnliche Wahrnehmung (ASW) ist im Zusammenhang mit Rückführungserlebnissen ebenfalls nicht grundsätzlich auszuschließen, aber vieles spricht dagegen. Vom wissenschaftlichen Standpunkt gesehen wäre eine umfassende, unbewusste Hellsichtigkeit während der Rückführung jedenfalls nicht weniger fantastisch als Reinkarnation, denn auch ASW gehört eindeutig in den Bereich der Parapsychologie.

Die Hypothese, dass es sich bei Rückführungserinnerungen um genetisch übertragene Informationen handelt, halte ich für die unwahrscheinlichste. Denn wäre es so, müsste man B ziemlich leicht als einen Vorfahren von A identifizieren können, was nur in Ausnahmefällen gelingt. In solchen Fällen wäre die Gegenhypothese von Reinkarnation innerhalb derselben Familie eine logisch gültige Alternative, die man aber scheinbar gern außer Acht lässt. Außerdem: Wieso sollte die weise Natur die kostbare Speicherkapazität der Gene (die zwar sehr hoch, aber doch begrenzt ist) für so viel Unsinn verschwenden, zum Beispiel für die Information, was B in einer zufällig gewählten Woche Tag für Tag zu Mittag gegessen hat? Solche Informationen treten in Rückführungen aber nun einmal zutage, auch wenn normalerweise nicht danach gefragt wird. Helen Wambach hat Informationen aus Rückführungen unter anderem mit den Essgewohnheiten verschiedener Kulturen und Epochen verglichen und herausgefunden, dass sie weitgehend übereinstimmen, was als Indiz für Reinkarnation gewertet werden kann.

Die Fantasiehypothese wird natürlich nur dann ins Feld geführt, wenn die Existenz der erlebten Person nicht nachgewiesen werden kann, was ja keineswegs ausschließen muss, dass es sie gegeben hat. Symbolerlebnisse kommen in Rückführungen tatsächlich vor – ähnlich wie meiner Meinung nach in dem, was pauschal als Symboldrama bezeichnet wird, Erlebnisabschnitte vorkommen, die im Grunde Rückführungen sind.

Von kirchlicher Seite werden außerdem noch folgende Erklärungsmöglichkeiten vorgeschlagen: bewusste oder unbewusste Täuschung, Besessenheit, Einflüsterungen von Geistwesen oder den Seelen Verstorbener sowie Informationen aus dem kollektiven Unbewussten. Ich halte es für absurd anzunehmen, dass über 90 Prozent der Bevölkerung bewusst oder unbewusst täuschen oder gar besessen sind. Rückführungen gelingen nämlich in etwa 90 Prozent aller Fälle. Auch dass praktisch jeder für Einflüsterungen offen sein soll, kommt mir höchst unglaubwürdig vor, erst recht, wenn man bedenkt, wie hilfreich Rückführungserlebnisse als Therapie sein können (jene Hypothese geht von der Annahme aus, dass es sich bei den entsprechenden Geistwesen um Foppgeister oder Dämonen handelt). Diese Hypothesenvorschläge wären nur dann als Möglichkeiten ernst zu nehmen, wenn Rückführungen nur ab und zu, aber nicht fast immer gelingen würden.

11. Was ist von solchen Erinnerungen zu halten?

Über diese Frage wurde und wird viel und lebhaft diskutiert. Es gibt, wie erwähnt, eine ganze Reihe von Fällen, in denen man die

Existenz der erlebten Person oder zumindest den Wahrheitsgehalt des erlebten Geschehens eindeutig nachweisen konnte. Damit ist die Hypothese, dass die angebliche Erinnerung ein reines Fantasieprodukt der sich erinnernden Person ist, zweifelsfrei widerlegt. Tatsache ist aber auch, dass die meisten Rückführungserlebnisse nicht geprüft sind. Dafür gibt es drei Gründe: Erstens wäre eine Überprüfung in den meisten Fällen mit einem derartigen Aufwand verbunden, und das bei oft sehr geringer Wahrscheinlichkeit des Gelingens, dass es keinen großen Sinn macht, überhaupt damit anzufangen. Zweitens fragt sich der Klient nach einer Rückführungstherapie selten, ob das, was er erlebt hat, in einer anderen Zeit wirklich passiert ist. Meist genügt es ihm, dass sein Problem durch das Erlebnis gelöst wurde. Drittens gibt es meistens eine Unsicherheit bezüglich der angegebenen Daten. Die wenigsten Klienten erleben sich als historische Personen, die leicht dingfest zu machen sind. Berühmtheiten kommen praktisch nie vor. Die meisten waren einfache Menschen – Bauer, Handwerker, Händler, Seeleute, Soldaten, Knechte, Köchinnen, Mägde, Hausfrauen oder auch Landstreicher, für »Hexen« gehaltene Kräuterheilerinnen, Scharfrichter oder Räuber. Manchmal ist ein Künstler (ein weniger bekannter), ein Arzt, Pfarrer, Beamter, Ritter, Lehrer oder Richter dabei. Noch höhere soziale Ränge kommen höchst selten vor.

Wie sollte man die reale Existenz einer Magd aus dem 17. Jahrhundert heute nachweisen? Oder die eines Bauernsohnes, der als Soldat in Napoleons Armee auf einem Schlachtfeld fiel, über dessen genaue geografische Lage er selbst nicht so recht Bescheid wusste?

12. Hat es einen Sinn, sich an frühere Existenzen zu erinnern?

Welchen Sinn es haben könnte, dass wir uns *nicht* an frühere Existenzen erinnern, haben wir bereits besprochen. Hier wollen wir uns damit beschäftigen, ob es einen Sinn haben könnte, solche in uns verborgenen Erinnerungen ans Licht zu bringen.

In der modernen Psychologie weiß man, dass uns vom bewussten Ich vergessene, aber im unbewussten Ich gespeicherte Kindheitserlebnisse stark beeinflussen können. Ein scheinbar vergessenes traumatisches Kindheitserlebnis kann ein Leben lang zu erheblichen Problemen in Form von Ängsten, Phobien und bestimmten Reaktions- und Verhaltensmustern führen. Deshalb ist man im Rahmen vieler Therapien bestrebt, vermutete oder mögliche verborgene Erinnerungen ans Licht zu bringen. Die Erfahrung hat gezeigt, dass sich das Problem oft ganz oder zu einem wesentlichen Teil löst, wenn die verborgene Erinnerung wieder bewusst wird. Hier handelt es sich um eine Art von »Rückführung in die Kindheit«, auch wenn diese nicht immer in dem Sinne aktiv unternommen wird, dass man den Klienten zum Beispiel mit Hypnose in das Erlebnis zurückversetzt. Das bewusste Erinnern wird vielmehr indirekt angestrebt, etwa durch Assoziation, Traumanalyse und Ähnlichem. Bei der sogenannten Reinkarnationstherapie geht es im Prinzip um das Gleiche, nur dass die Rückführung nicht bei der Geburt endet, sondern in hypothetische frühere Existenzen führt. Die Wirkung ist jedoch analog und das Vorgehen kann für die Lösung persönlicher Probleme außerordentlich hilfreich sein.

Die Bezeichnung »Reinkarnationstherapie« ist eigentlich ungeeignet, weil eine solche Rückführung in sehr vielen Fällen nicht nur in hypothetische frühere Leben führt, sondern auch in Kindheitserlebnisse in diesem Leben und sogar in die Zeit im Mutterleib. Die Begriffe »Rückführungstherapie« oder »Regressionstherapie« treffen besser, worum es hier geht.

Ein Rückführungserlebnis aus reiner Neugierde machen zu wollen ist wenig sinnvoll. Die Erfahrung zeigt jedoch, dass das unbewusste Ich (das »höhere Selbst«) des Klienten ihn oft auch dann Problemursachen in der Vergangenheit erleben lässt, wenn er »einfach nur neugierig« war. Wer hat schließlich keine Probleme? Wohl niemand. Es gibt aber viele Menschen, die ihre Probleme nicht sehen oder wahrhaben wollen. In solchen Fällen kann auch eine Rückführung aus (vermeintlicher) Neugierde zu einer unerwarteten Problemlösung führen.

13. Wäre es falsch, sich erinnern zu wollen?

Sollten wir die Erinnerung an frühere Existenzen anstreben, wenn wir uns nicht von selbst daran erinnern? Manche Menschen vertreten die Ansicht, wenn Gott uns vergessen lasse, stünde es uns nicht zu, uns erinnern zu wollen. Doch das ist eine Unmündigkeitserklärung ... Wir haben das Recht, über uns selbst Bescheid zu wissen – über unsere Herkunft und unsere Vergangenheit, selbst über die Geburt hinaus.

14. Kommt es nicht sehr oft vor, dass sich Menschen in Rückführungen als Berühmtheiten wie Kleopatra oder Napoleon erleben?

In seriösen Rückführungen kommt so etwas praktisch nie vor. Man kann zwar davon ausgehen, dass ehemals berühmte Menschen heute wieder unter uns weilen, aber vielleicht sind viele davon derzeit alles andere als berühmt. Es ist wie mit der Nadel im Heuhaufen. Die Wahrscheinlichkeit, auf eine ehemalige Berühmtheit zu stoßen, ist äußerst gering. Es kommt allerdings manchmal vor, dass sich jemand in einer Rückführung als eine Person erlebt, die damals *im Umfeld* des berühmten Menschen lebte und nun unbewusst versucht, sich mit ihm zu identifizieren. Man war aber nicht der König selbst, sondern nur ein Diener an seinem Hof. Solches entlarvt sich normalerweise in richtig angeleiteten Rückführungen.

15. Gibt es wirklich überzeugende Rückführungserlebnisse?

Ja, die gibt es! Hier eine Auswahl:

Der Fall Antonia von Linda Tarazi

Ein außergewöhnlich überzeugender Fall wurde von der amerikanischen Therapeutin Linda Tarazi beschrieben [6-8]. Ein schwedischer Psychologe machte mich darauf aufmerksam und schenkte mir freundlicherweise Literatur darüber. Er schrieb, dieser Fall werde seiner Meinung nach absichtlich ignoriert, gerade weil er so überzeugend sei.

Eine Klientin von Tarazi – sie wird in einer Veröffentlichung [6] mit dem Pseudonym Jane Doe bezeichnet, in Tarazis Buch [7] nur als »L.D.« und in einem Zeitschriftenartikel als »Laurel Dilmen« [8] (was vermutlich ebenfalls ein Pseudonym ist, bei dem nur die Anfangsbuchstaben mit dem wirklichen Namen übereinstimmen) – erlebte sich in über 36 Rückführungen als Antonia Micaela María Ruiz de Prado, geboren am 15. November 1555 auf der westindischen Insel Hispaniola. Ihr Vater war Spanier und ihre Mutter Deutsche, weshalb sie ab 1569 zunächst bei ihrem Onkel Karl in Deutschland lebte, der Professor war und ihr eine akademische Laufbahn ermöglichte. Da dies damals für Frauen eher ungewöhnlich war, verkleidete sie sich manchmal und gab sich als junger Mann aus. Die Mutter hatte sie zwar zum Onkel gebracht, starb aber kurz nach der Ankunft in Deutschland, woraufhin der Onkel ihre Erziehung übernahm. Sie studierte einige Jahre an den Universitäten in Prag, Leipzig und Heidelberg. 1580 siedelte sie mit ihrem Onkel nach Oxford über, wo sie Giordano Bruno kennen lernte. Karl wandte sich vom Katholizismus ab und wurde Freidenker, aber Antonia blieb ihrem Glauben treu. Dadurch kam sie in Schwierigkeiten, weil der Katholizismus im damaligen Königreich verboten war. Sie wollte deshalb nach Cuenca in Spanien ziehen, wo sich ihr Vater mittlerweile niedergelassen hatte. Karl warnte sie jedoch vor den Gefahren der Inquisition, da sie, obwohl Katholikin, ihre Gedankenfreiheit wahrte, was jene Institution nicht tolerieren würde. Nach Karls Tod im Jahre 1584 zog sie dennoch nach Cuenca, um erst dort zu erfahren, dass ihr Vater bereits seit zehn Jahren tot war. Die erwarteten Probleme mit der Inquisition stellten sich ebenfalls ein, denn die Inquisitoren hatten herausbekommen, dass sie mit Karl verwandt war. Sie wurde verhört, verhaftet und vor ein Inquisitionsgericht gestellt. Nachdem sie zahlreiche Strafen verbüßt und ein hohes Lösegeld bezahlt hatte, ließ man sie frei. Kurz vor ihrer Freilassung wurde sie in der Folterkammer von einem Kirchenmann vergewaltigt, der sich in sie verliebte. Sie hatte dann eine sehr leidenschaftliche und sadomasochistisch gefärbte erotische Beziehung mit jenem Mann, von dem sie auch ein Kind bekam. Die beiden führten ein abenteuerliches Leben, das sie über Algier und die Kanarischen Inseln in die Karibik und nach Peru führte, wo sie einen anderen Onkel von Antonia, den Inquisitor Juan Ruiz de Prado, kennen lernten. Auf der Rückreise ertrank sie in der Nähe einer kleinen Karibikinsel. Ihr Geliebter konnte sie nicht retten und hielt sie verzweifelt in den Armen. Erst dadurch, dass sie seine Arme und seine Tränen nicht mehr fühlen konnte, begriff sie, dass sie tot war.

Die von Tarazi aufgezeichneten Berichte ihrer Klientin enthielten zahlreiche Angaben über Orte, Ereignisse und Personen, die alle verifiziert werden konnten. Zum Beispiel ließ sich zweifelsfrei feststellen, dass Giordano Bruno tatsächlich zu jener Zeit in Oxford gewesen war. Die meisten Angaben konnten mit Hilfe von Geschichtsbüchern und Enzyklopädien überprüft werden, aber fünfzig bis sechzig Angaben betrafen Fakten, die nicht allgemein bekannt waren und nur in speziellen Werken nachgeschlagen werden konnten. Weitere zwanzig bis dreißig Angaben ließen sich nur unter großen Schwierigkeiten und mithilfe schwer zugänglicher Werke bestätigen. Darunter befanden sich Fakten, die nicht in englischsprachigen Schriften zu finden waren, sondern nur in spanischen. Einige davon waren unveröffentlicht und mussten in Archiven überprüft werden: Angaben über Einsätze im spanischen Schiffverkehr im Mittelmeerraum, im Atlantik und mit Westindien, Namen von in England hingerichteten Priestern und Informationen aus dem spanischen Index der verbotenen Bücher, die sich von denen im entsprechenden römischen Index unterschieden. Obwohl L.D. heute kein Spanisch kann, hat sie sämtliche spanischen Namen korrekt ausgesprochen.

Die ersten Rückführungen dieser Klienten wurden von einer anderen Person durchgeführt. In einer davon erwähnte sie, dass einige Kämpfe auf Hispaniola von dem spanischen Gouverneur Don Fernando de Toledo angeführt worden seien. Der Hypnotiseur sagte daraufhin, dies sei falsch, denn zu jener Zeit sei der Herzog von Alva Gouverneur gewesen. L.D. antwortete: »Natürlich, das ist sein Titel, ich habe aber seinen Namen erwähnt.« Der Name ist korrekt, wird aber in vielen Gesichtsbüchern nicht genannt. Angaben über ihren Onkel in Peru und über einen anderen Inquisitor namens Ulloa, mit dem der Onkel Streit gehabt hatte, konnten nur mithilfe eines eher unbekannten spanischen Buches verifiziert werden.

Zwei Angaben wurden von den spanischen Behörden nicht bestätigt. Eine davon bezog sich auf das Gebäude der spanischen Inquisition in Cuenca, das nach Angaben der dortigen Tourismusbehörde in keiner Weise mit dem Gebäude übereinstimmte, das Antonia beschrieben hatte. Tarazi fand dann heraus, dass die Inquisition 1583 in ein altes Schloss verlegt worden war, auf das Antonias Beschreibung 100-prozentig passte. Sie hatte auch eine Hochschule in Cuenca erwähnt. Tarazi fragte den Archivar des Stadtarchivs von Cuenca, der davon noch nie etwas gehört hatte. In der Loyola-Universität wurde sie jedoch auf ein siebenbändiges spanisches Werk aus den Jahren 1912 bis 1925 hingewiesen. Hier fand sie schließlich die gesuchte Information: Mitte des 16. Jahrhunderts war in Cuenca eine Hochschule eröffnet worden.

Antonia hatte zwei Inquisitoren aus Cuenca namentlich genannt. Tarazi erhielt vom Archivar des Bischofsarchivs eine Liste mit Namen, von welcher der untere Teil abgeschnitten war. Bei einer späteren Überprüfung bestätigten sich, wie immer, Antonias Angaben. Wichtige, ebenfalls bestätigende Informationen, die Antonias Aufenthalt in Peru betrafen, fanden sich erst in einem unbekannten Buch von 1887, das Quellen des 16. Jahrhunderts zitierte und dessen Seiten nicht einmal aufgeschlitzt waren. Es hatte also vorher noch niemand jenes Buch geöffnet! (Bücher werden in sogenannten Bögen gebunden und erst durch den Buchschnitt geöffnet. Bei alten Büchern musste man die Bögen oft von Hand aufschlitzen.)

Der Name Antonia Micaela María Ruiz de Prado wurde in keinem alten Register gefunden. Doch wer würde erwarten, dass Angaben über eine Geburt auf einer isolierten Plantage und eine Taufe in einer Dorfkirche auf Hispaniola erhalten geblieben sind, nachdem die Insel 1665 von den Franzosen übernommen wurde? Heute gehört die Insel teils zu Haiti, teils zur Dominikanischen Republik. Kämpfe und Raubzüge, auch von Piraten, haben dort mit Sicherheit viel zerstört. Auch auf den Listen der Inquisition war Antonias Name nicht zu finden, wobei aber hier manche Personen nur mit der Angabe »A« für anonym aufgeführt wurden und Antonia durchaus eine von diesen gewesen sein könnte. Die Namen von Mitgefangenen, die L.D. erwähnt hatte, fanden sich jedenfalls auf diesen Listen.

Es scheint (zum Leidwesen der Gegner) nahezu unmöglich, dass sich L.D. diese ganze Fülle von zum Teil sehr schwer zugänglichen Informationen angelesen hat. Was sie in diesen vielen Rückführungen erlebt hat, kann also schwerlich als Kryptomnesie abgetan werden – zumal sie kein Spanisch versteht, geschweige denn mittelalterliches Spanisch. Die wahrscheinlichste Erklärung ist und bleibt demnach Reinkarnation (auch wenn Tarazi vorsichtshalber schreibt, dass die wahrscheinlichste Erklärung nicht immer die richtige ist). Dass sich eine Frau als Mann ausgibt, um zum Beispiel studieren zu können, mag bemerkenswert erscheinen, aber solche Fälle sind aus der Geschichte durchaus bekannt. Eine Frau, die sich jahrelang als Mann verkleidet hatte, soll es sogar bis auf den Stuhl Petri geschafft haben: Papst Johannes Angelicus alias Päpstin Johanna. Sie wurde erst entlarvt, als sie schwanger war. Die Kirche hat diese Geschichte als Legende abgetan, aber dennoch einen Männlichkeitstest für jeden angehenden Papst eingeführt ... [9].

Kann im Fall Antonia Betrug im Spiel gewesen sein? L.D. hätte bewusst und absichtlich jahrelang an verschiedenen Orten unterschiedliche, auch sehr schwer zugängliche Quellen studieren und dazu gut Spanisch können müssen. Und kann man unter Hypnose wirklich betrügen? Oder hat sich Linda Tarazi alles selbst ausgedacht? Auch sie hätte jahrelang durch die Welt reisen und alle möglichen Quellen sichten müssen, um sämtliche Fakten zu sammeln. Genetische Übertragung? Antonia hatte dem Bericht zufolge keine Nachkommen. Ihr Sohn starb, bevor sie selbst ertrank, und ihre wenigen Geschwister hatten ebenfalls keine Kinder. Hellsichtige Wahrnehmung (ASW)? Dann hätte L.D. Informationen aus vergessenen, unbekannten und in Archiven fremder Länder versteckten Büchern außersinnlich »lesen« können müssen. Telepathie? Von wem wären die Informationen telepathisch übermittelt worden? Dies hätte eine andere verkörperte Person sein müssen, die wiederum alle oben angeführten Quellen hätte studiert haben müssen. Besessenheit? Es gab keine Anzeichen dafür, dass L.D. mal sie selbst und mal jemand anders war. Nichts deutete auf einen Wechsel von einer Persönlichkeit zu einer anderen hin, die dann durch L.D. gesprochen hätte. L.D. und Antonia bildeten sozusagen eine Einheit. Kontakt mit der Seele eines Verstorbenen? Bei einem medialen Kontakt spricht die Seele des Verstorbenen mehr oder weniger direkt durch die Person, etwa wie bei einer vorübergehenden Besessenheit. Fazit: Alle alternativen Erklärungsmöglichkeiten, die sonst gern ins Feld geführt werden, erscheinen hier sehr viel weniger wahrscheinlich als die Annahme, dass es sich um einen Fall von Reinkarnation handelt.

Robert Snow als Maler Carroll Beckwith

Der Fall Antonia darf als Paradebeispiel für überzeugende Rückführungserlebnisse gelten. Es gibt aber noch andere höchst überzeugende Berichte, zum Beispiel den des Polizeioffiziers und Kriminologen Robert L. Snow, der sich in einer Rückführung – die er eher aus Neugier machte – als amerikanischer Maler erlebte [10]. In einer Szene fiel ihm das Gemälde einer buckligen Frau auf. Die Erinnerung daran ließ ihn auch nach der Rückführung nicht mehr los, und er suchte das Bild in allen möglichen Kunstbüchern. Er meinte nämlich, er müsse es irgendwann in diesem Leben gesehen haben, und wenn er es in einem Buch finden könne, würde er sich wieder daran erinnern. Seine Suche blieb jedoch ergebnislos.

40

Dann machte er mit seiner Frau eine Reise nach New Orleans. Sie besuchten eine Galerie – und plötzlich traf es ihn wie ein Blitz: Hier hing sein Bild! Er war zwar immer noch der Ansicht, das Bild in diesem Leben schon einmal gesehen zu haben, aber der Galerist klärte ihn auf, dass dies mit Sicherheit auszuschließen sei. Dieses Bild habe sich bis jetzt in Privatbesitz befunden und sei nie zuvor öffentlich ausgestellt worden. Der Galerist hatte auch eine Biografie des eher unbekannten Künstlers. Er hieß Carroll Beckwith und war im Jahr 1917 gestorben. Snow wurde ganz schwindelig, als er die biografischen Details las: Sie stimmten voll und ganz mit seinem Rückführungserlebnis überein, das er bis dahin als Fantasie abgetan hatte. Seine Zweifel wurden weiter zerstreut, als er zur Kenntnis nehmen musste, dass der Künstler nach seinem Tod in Vergessenheit geraten war und dass danach keine Werke von ihm mehr ausgestellt gewesen waren. Er konnte also nirgends etwas von ihm gesehen oder über ihn gelesen haben.

Von da an machte sich Robert Snow mit kriminalistischer Akribie an die Aufklärung seines eigenen »Falls«. Er beschaffte sich einen Mikrofilm von Beckwiths Tagebuch und fand viele weitere Angaben, die sein Rückführungserlebnis bestätigten.

Der U-Boot-Mann

Ein weiterer Fall, bei dem eine Fülle von Informationen auftauchte, die alle verifiziert werden konnten, wurde von Rick Brown dokumentiert [11, 12]. Ein Klient namens Bruce Kelly erlebte sich in einer Reihe von Rückführungen als Marinesoldat James Johnston, der im Zweiten Weltkrieg bei einem Angriff ums Leben gekommen war. Er hatte sich an Bord des amerikanischen U-Boots *Shark* befunden, das am 11. Februar 1942 durch Unterwasserbomben des japanischen Zerstörers *Amatzukaze* versenkt worden war. In diesem Fall fand man nicht nur sehr viele Informationen über das U-Boot, seine Stationierung und den Kriegseinsatz in Militärarchiven bestätigt, sondern auch Angaben über andere Personen an Bord. Brown konnte sogar einige noch lebende Personen ausfindig machen, die Johnston gekannt hatten und viele von Kellys Angaben bestätigten. Johnstons Herkunft und sein Geburtsort wurden ebenfalls bestätigt.

Kelly litt unter Klaustrophobie, besonders wenn er in einem Flugzeug sitzen musste (dessen Form der eines U-Boots ja nicht unähnlich ist), konnte nur bis maximal zu den Knien im Wasser stehen, ohne in Panik zu geraten, und hatte chronische Brustschmerzen. All das verschwand im Laufe der Rückführungen. Auch in diesem Fall dürfte Kryptomnesie praktisch auszuschließen sein.

(Der Text des Buches über diesen Fall und Artikel darüber scheinen im Internet nicht mehr zu finden zu sein. Vgl. Referenzen [11, 12]. Das Buch selbst ist anscheinend auch antiquarisch nur noch schwer erhältlich. Will uns irgend jemand diesen allzu überzeugenden Fall vorenthalten? Man *will* ja eben keine Beweise haben ... vgl. Frage 5 oben.)

Das wiedergeborene Mordopfer

Ein Mordfall in Buffalo, USA, war nie aufgeklärt worden. Man hatte Grace Doze im Jahre 1927 tot aufgefunden, aber die Umstände ihres Todes blieben rätselhaft und der Fall wurde schließlich zu den Akten gelegt. Sechzig Jahre später erlebte sich eine 26-jährige Frau in einer von Bruce Goldberg geleiteten hypnotischen Rückführung als Grace Doze und konnte die Geschichte aufklären [13]. Der Mörder war Graces Ehemann gewesen, und Goldbergs Klientin erkannte ihn in seiner neuen Inkarnation wieder: Es war ihr Geliebter, von dem sie sich trotz seines höchst negativen Verhaltens immer wieder auf unerklärliche Weise angezogen fühlte. Nach der Rückführung konnte sie sich aus dieser problematischen Beziehung lösen. Was die Frau während der Rückführung erzählte, stimmte exakt mit später aufgefundenen Zeitungsberichten sowie mit amtlichen Urkunden über Grace überein.

Vier Fälle von Peter Ramster

Vier Klientinnen des Australiers Peter Ramster erlebten sich in einem früheren Leben als in Europa lebend, und zwar in Ländern, die sie in ihrem jetzigen Leben noch nie besucht hatten. In Begleitung eines Fernsehteams reiste Ramster mit diesen Klientinnen in die jeweiligen europäischen Orte und führte dort Nachforschungen durch. Darüber wurde ein Dokumentarfilm gedreht [14], der meines Wissens in Europa nur einmal von einem niederländischen und einmal von einem dänischen Fernsehsender gezeigt wurde (von beiden Sendungen habe ich Videoaufnahmen). Ramster hat auch ein Buch über dieses Thema geschrieben [15].

Jene vier Frauen waren ausgewählt worden, weil ihre Erinnerungen sehr deutlich waren und viele geografische und andere überprüfbare Angaben enthielten. Eine dieser Frauen, Gwen Mac-Donald, war vor ihrer Rückführung sehr skeptisch gewesen. Sie erinnerte sich an ein kurzes Leben, das sie in der zweiten Hälfte des 18. Jahrhunderts in Sommerset, England, geführt hatte und in dem sie mit nur 17 Jahren an einer Lungenentzündung gestorben war. Sie war unehelich geboren worden, und ihre Mutter hatte ihre Geburt nicht überlebt. Viele ihrer Angaben konnten einfach nicht aus Büchern stammen. Man führte sie mit verbundenen Augen in den Ort, wo sie nach eigenen Angaben gelebt hatte. Sie konnte drei Dörfer, die sie damals gekannt hatte, genau lokalisieren und führte die Anwesenden auf den kürzesten Wegen dorthin. Einer der Wege führte über einen Wasserfall. Sie zeigte, wo jetzt nicht mehr vorhandene Trittsteine gelegen hatten, und es wurde bestätigt, dass diese Steine vierzig Jahre zuvor entfernt worden waren. Sie sprach von Häusern, die es gegeben hatte, die aber in der Zwischenzeit abgerissen worden waren. Eines davon bezeichnete sie korrekt als »Apfelweinhaus«. Sie nannte Ortsnamen, die nicht auf der heutigen Landkarte zu finden waren, wohl aber auf einer Karte aus jener Zeit, und sprach sie genau so aus, wie es damals üblich gewesen war (was ein Sprachexperte bestätigte). Auch die von ihr angegebenen Namen von Personen konnten alle verifiziert werden.

In den Rückführungen hatte sie ein Wort verwendete, das niemand kannte: *tallet*. Die Suche in Wörterbüchern für mittelalterliches Englisch ergab, dass es »Heuboden« bedeutet. Die heute unbekannte Bezeichnung einer Kirchenruine, die sie benutzt hatte, konnte mithilfe eines alten Geschichtsbuchs entschlüsselt werden. In der Rückführung zeichnete sie das Muster einer Bodenfliese, die sie in ihrem früheren Leben im Haus eines Mannes gesehen hatte, den sie eine Weile pflegte. Diese Steinplatte wurde gefunden, und das Muster stimmte. Eine ganze Reihe von anderen Fakten sowie Erzählungen aus jener Zeit wurden verifiziert, darunter einige, die heute nur noch wenige Historiker kennen.

Cynthia Henderson, die zweite Frau aus dieser Gruppe, erinnerte sich, als Emilie de Cheauville ein angenehmes und wohlhabendes Leben in Frankreich geführt zu haben. Der Gutshof, in dem sie gelebt, und ein Schloss, wo sie sich ebenfalls aufgehalten hatte, wurden gefunden. Der Gutshof liegt unweit des Mont St. Michel, und in der Nähe befindet sich eine Schlosskirche, über die Cynthia Henderson sehr genaue Angaben machte, die ein zunächst skeptischer Pfarrer nur noch bestätigen konnte. In der Rückführung wurden ihr auch Fragen auf Französisch gestellt, die sie alle verstand und zum Teil sogar in korrektem Französisch beantwortete, obwohl sie heute des Französischen gar nicht mächtig ist. Das Schloss ist heute eine Ruine (es wurde im Zweiten Weltkrieg zerstört), aber sie konnte gleichwohl genaue Angaben darüber machen. Einen Teil ihres früheren Lebens hatte sie mit ihrem Mann in Paris verbracht, und zwar in der Rue St. George. Diese Straße liegt genau dort, wo Cynthia Henderson sie angegeben hatte, und auch andere geografische Angaben, die sie während der Rückführung gemacht hatten, bestätigten sich.

Helen Pickering, die dritte Frau aus Ramsters Gruppe, erlebte sich als James Archibald Burns, einen schottischen Arzt aus Blairgowrie. Über diesen Ort machte sie viele zutreffende Angaben. Zum Beispiel konnte sie den Standort der ehemaligen Praxis von James Archibald Burns genau bestimmen und auch die Lage des von ihm gern frequentierten Pubs, wo er vor allem dunkles Bier und viel Brandy getrunken hatte. Der Name dieses Arztes wurde in alten Dokumenten gefunden. Er hatte Medizin am Marshall College in Aberdeen studiert, und Helen Pickering konnte bis ins Detail zutreffende Aussagen darüber machen, wie das College um 1830 ausgesehen hatte (mittlerweile ist es umgebaut worden). David Gordon dürfte der einzige Mann auf der Welt sein, der so gut über dieses College Bescheid weiß, denn er arbeitet dort und hat sich leidenschaftlich mit der Geschichte jener medizinischen Hochschule befasst. Er stellte eine Reihe von Fangfragen, bevor er Helen Pickering Baupläne aus jener Zeit zeigte, die mit ihren Zeichnungen und sonstigen Angaben perfekt übereinstimmten. Von diesen alten Bauplänen gibt es keine Kopien, Helen Pickering kann sie also nicht vorher gesehen haben.

Jenny Green, die Vierte in der Runde, erlebte sich als ein jüdisches Mädchen namens »Dorothy Halmann« (wohl eher Dorothee, Dorothea oder Dörthe und vielleicht auch Hellmann oder Heilmann; »Dorothy« dürfte eine australische Interpretation sein) zur Nazi-Zeit in der Altstadt von Düsseldorf. Ihre Mutter war eines Tages nicht mehr nach Hause gekommen, und auch der Vater wurde abgeholt. Sie selbst wurde in eine jüdische Siedlung außerhalb der Stadt gebracht und schließlich in ein Konzentrationslager, wo sie später starb. Es scheint, dass sie in all diesem Horror den Verstand verloren hatte. Während der Rückführung wurde sie unter anderem auf Deutsch angesprochen, worauf sie sehr misstrauisch reagierte und in einer unbekannten Sprache antwortete. Aus dem Fernsehfilm meine ich heraushören zu können, dass diese Sprache eher wie Niederländisch klingt, zum Beispiel: *Hoe is dan dat?* (Wie ist denn das?) [16]. Wie ich abklären konnte, ist es nicht Platt. Vielleicht sprach sie eine Mischung aus Jiddisch und einem Dialekt. Das wäre eine genauere sprachliche Analyse wert. Auf die Frage, wo das KZ lag, kommt etwas, das wie »Halften« klingt. Es könnte sich um Holstein handeln, wo es ein paar eher kleinere KZs gab.

In Düsseldorf konnte Jenny Green die Straße, in welcher der Vater von »Dorothy« sein Geschäft gehabt hatte, nicht richtig lokalisieren, ebenso wenig wie das Krankenhaus, von dem sie in der

Rückführung gesprochen hatte. Das ist nicht erstaunlich, wenn man bedenkt, wie viel von Düsseldorf im Krieg zerstört und danach wieder neu aufgebaut wurde. Hinzu kommt, dass sie damals ein Kind und unter den herrschenden Umständen wahrscheinlich selten in der Stadt unterwegs war. Doch als Jenny Green zu einem ehemaligen Krankenhaus in unmittelbarer Nähe des beschriebenen geführt wurde, erkannte sie das Gebäude und konnte zum Beispiel sagen, wo eine Pforte gewesen war, die heute keine mehr ist.

Kryptomnesie ist in all diesen Fällen auszuschließen, da die vier Frauen in Australien keinerlei Zugang zu entsprechenden Informationsquellen hatten.

(Der Film von Peter Ramster ist, auf 11 Videodateien aufgeteilt, im Internet zu finden [14]. Bemerkenswert ist, dass sie aus irgendeinem Grund als »banned« – also verbotene – Videos bezeichnet werden. Ist man irgendwo bestrebt, die Verbreitung von allzu beweiskräftigem Informationsmaterial zu verhindern? Man *will* ja eben keine Beweise haben ... vgl. Frage 5 oben.)

Statistik und ein Fall von Helen Wambach

Helen Wambach (1925-1986) wurde in wissenschaftlichen Kreisen als so etwas wie eine »Netzbeschmutzerin« betrachtet, weil sie sich als Akademikerin (promovierte Psychologin) schon zu Zeiten, in denen es noch weniger »stubenrein« war als heute, mit so »unseriösen« Themen wie Reinkarnation und hypnotischer Rückführung befasste.

Einer der von ihr dokumentierten Fälle betrifft eine Frau, die Anna genannt wird und in einem ihrer früheren Leben in Westfield, New Jersey, gelebt hat [17]. Sie war auf dem Schwarzmarkt tätig gewesen und durch Selbstmord umgekommen. Mud Lane, die Straße, in der sie gelebt hatte, war zunächst unauffindbar gewesen, doch dann stellte sich heraus, dass der Name später in Crestwood Drive geändert worden war. Die anderen Daten stimmten ebenfalls. Während der Rückführung fragte sich Anna, warum die Schulglocke läutete, als irgendwo anders ein großes

Feuer ausgebrochen war. Bei der Überprüfung stellte sich heraus, dass es damals keinen richtigen Feueralarm im Ort gegeben hatte und dass jene Schulglocke überhaupt die einzige Glocke in der kleinen Stadt gewesen war. Viele ihrer Angaben über den Ort stimmten. Ihr Grabstein wurde zwar nicht gefunden, aber in der Nähe des Familiengrabs fand man zwei anonyme Gräber. Es ist anzunehmen, dass sie als Selbstmörderin in einem solchen bestattet wurde. So spezielle Informationen wie die über das Läuten der Schulglocke bei Feuer und den ursprünglichen Straßennamen sprechen gegen die Kryptomnesiehypothese.

Es gibt aber noch einen Grund, warum ich Helen Wambach an dieser Stelle erwähne. Sie hat nämlich eine einzigartige und sehr interessante Studie durchgeführt. Sie untersuchte Rückführungserlebnisse auf Informationen darüber, wie die Menschen in ihren früheren Leben bekleidet gewesen waren, was und wie sie gegessen hatten und Ähnliches, und zwar bis zu zwei Jahrtausende vor unserer Zeitrechnung. Die Angaben, die sie auf diese Weise bekam, stimmen sehr gut mit dem überein, was man über die kulturellen Gegebenheiten in den entsprechenden Epochen weiß.

16. Gibt es auch Fälle, die widerlegt wurden?

In Zusammenhang mit dieser Frage wird gern ein Klassiker vorgestellt: der Fall Bridey Murphy des Amerikaners Morey Bernstein, über den 1956 sogar ein Buch erschienen ist [18]. Da dieser Fall vielen Lesern bekannt sein wird, will ich mich hier kurz fassen. (Eine ausführlichere Diskussion finden Sie in einem anderen Buch von mir [5], Seite 80-86). Die Person, die in die Vergangenheit zurückging, wird im Buch Ruth Simmons genannt, hieß aber in Wirklichkeit Virginia Tighe (1923-1995, in späterer Ehe Morrow). Sie litt unter einer chronisch-allergischen Entzündung der Nebenhöhlen, fand keine Hilfe in der Schulmedizin und wandte sich deshalb an einen Hypnotiseur, Morey Bernstein, der sich auch mit psychosomatischen Leiden befasste [19]. Bernstein mutmaßte, dass ein Erlebnis in der Kindheit der Patientin oder während der Zeit im Mutterleib mit der Allergie zu tun haben könnte, und sagte deshalb im Verlauf der Hypnose: »Nun gehst du zurück.« [19] Ob er dabei auch an Reinkarnation dachte (wenngleich er das Phänomen offenbar theoretisch kannte) scheint ungewiss. Jedenfalls ging Virginia Tighe nicht in ihre Kindheit zurück, sondern in ein Leben als Bridey Murphy vor damals über hundert Jahren in Irland. In weiteren Sitzungen wurde sie dann gezielt immer wieder dorthin geführt, und so kam immer mehr Material über Bridey Murphy zusammen.

William J. Barker, ein Journalist der Tageszeitung *The Denver Post,* reiste später nach Irland, um Nachforschungen anzustellen. Er überprüfte viele von Virginia Tighes Angaben, fand sie bestätigt und konnte auch den Ortsteil lokalisieren, in dem Bridey Murphy gewohnt hatte. Frau Tighes Angaben über den Ort, damalige Ereignisse und bestimmte Familienverhältnisse fügten sich widerspruchsfrei in die Befunde des Journalisten ein, und das obwohl die Existenz einer Person namens Bridey Murphy nicht dokumentiert werden konnte. Es tauchten zusätzliche Fakten auf, die niemandem mehr bekannt gewesen waren und die erst durch vertiefte Nachforschung bestätigt wurden. Die Geschichte stimmte. Kein Wunder, dass in Kreisen, die sich für wissenschaftlich hielten, und von Kirchenleuten, die sich zum Vormund ihrer Gläubigen aufschwingen wollten, alles nur Erdenkliche unternommen wurde, um sie als unglaubwürdig darzustellen. Man schreckte nicht einmal vor Lügen zurück und erfand Umstände, die das Ganze als Kryptomnesie »entlarven« sollten [19]. Eine dieser erfundenen Behauptungen besagte, eine irische Frau namens Bridie Murphy Corkell habe in der Straße gewohnt, in der Virginia Tighe als Kind lebte. In Wirklichkeit wohnte Frau Corkell ganz woanders und war die Mutter eines Journalisten, der sich um die Widerlegung der Reinkarnationshypothese bemühte. Ihr erster Name war Bridget, wovon Bridie (oder Bridey) eine Diminutivform ist. Es konnte jedoch nie mit Sicherheit geklärt werden, ob sie jemals den Familiennamen Murphy getragen hatte.

Fazit: Nichts an Virginia Tighes Bericht konnte tatsächlich widerlegt werden [19-21]. Spätere Ausgaben von Bernsteins Buch [18] enthalten einen Nachtrag von William Barker: »Die Entlarvung der ›Bridey-Entlarver‹«. Darin werden Fakten zur Geschichte von Bridie Corkell und weitere unehrliche Widerlegungsversuche ausführlich dargestellt. Dieser Nachtrag wird in den Büchern der Reinkarnationsgegner allerdings meist einfach übergangen. Tatsache ist, dass selten ein Ereignis unwissenschaftlicher behandelt wurde.

Manche Lügen leben lange …

Manche Gegner der Reinkarnationsidee verweisen noch heute auf ein Buch [22], das wenige Monate nach Bernsteins Buch erschienen ist und von den Kritikern gern als letztes Wort zum Fall Bridey Murphy betrachtet wird. Dieses Buch behauptet, »ein wissenschaftlicher Bericht über ›Die Suche nach Bridey Murphy‹« zu sein. Nun, es ist alles andere als wissenschaftlich und wurde schon frühzeitig deswegen kritisiert [20, 21]. Die vorgefasste Meinung, die es verbreitet, lautet, dass Reinkarnation Unsinn und jede wirkliche Erinnerung an frühere Existenzen daher unmöglich sei.

Auch in dem sehr umfassenden Werk, das Helmut Zander über Seelenwanderung geschrieben hat [23], wird zum Fall Bridey Murphy erstaunlicherweise vor allem Uraltes wiedergekäut, während spätere Erkenntnisse schlicht keine Erwähnung finden.

17. Der Fall Jane Evans wurde aber wirklich widerlegt – nicht wahr?

Der walisische Brite Arnall Bloxham (1881-1992?) führte viele hypnotische Rückführungen durch. Einer seiner berühmtesten Fälle war der von Jane Evans (Pseudonym), die unter anderem ein Erlebnis als Jüdin Rebecca in York (England) hatte. Sie fand mit ihren Kindern während eines Pogroms durch die Hilfe eines wohlwollenden Pfarrers Zuflucht in der Krypta einer Kirche, wo sie aber entdeckt und getötet wurden [24]. Das Pogrom ist geschichtlich belegt und fand 1190 statt. Als Zufluchtskirchen kamen drei verschiedene infrage, sie hatten aber keine Krypten. In der am meisten wahrscheinlichen dieser Kirchen entdeckte man während Umbauarbeiten im Jahre 1975 jedoch überraschenderweise etwas, das nach einer übermauerten Krypta aussah!

Der Skeptiker Melvin Harris scheut keine Mühe, um den Fall wegzuerklären [25]. Er schreibt, dass man die Kirche nur deshalb für die Aufnahmen eines im Fernsehen gezeigten Dokumentarfilms über den Fall ausgewählt habe, weil es leicht gewesen sei, dort zu filmen. Sollte das tatsächlich der einzige Grund sein, was wohl eine noch offene Frage ist, schließt es natürlich nicht aus, dass man trotzdem die richtige Kirche gezeigt hat! Der Zufall ist manchmal gnädig … Sie wurde etwa zu jener Zeit zu einem Museum umgebaut, und im Anschluss daran fand man eine bis dahin unbekannte Öffnung unter dem Altarplatz. »Für die Gläubigen war dies natürlich eine *mittelalterliche* Krypta und ein Beweis für Rebbeccas Geschichte« [25]. Harris behauptet, dass man Informationen des Professors Barrie Dobson in einem Buch [26] falsch gedeutet habe – obwohl es sechs Jahre später erschien … Nun, das ist wohl, was man im Englischen »jumping to a conclusion« nennt … In einer Kommunikation mit Iverson sprach der Professor damals tatsächlich von einer Krypta, die von einem Arbeiter entdeckt wurde [24], aber in einer späteren Kommunikation mit Harris angeblich nur noch von einem Karnergewölbe mit Steinschutt, vermutlich später eingerichtet, also einer Friedhofskapelle, in der auch Gebeine aufbewahrt werden. Niemand weiß heute mehr, was im Gewölbe unter dem Altar *früher* war, *bevor* darunter ein Karner entstand! Dass es dort vorher eine Krypta – oder etwas Ähnliches – gegeben hat, wird also nicht widersprochen. Man wird ja wohl für den unterirdischen Karner unter dem Altar nicht erst eine große Menge Stein und Erde herausgehoben haben, sondern man hat mit sehr großer Wahrscheinlichkeit eine bereits bestehende Räumlichkeit abgeändert.

Harris' Bemerkung, »bei all dem ist die Aufregung über die ›Krypta‹ bedeutungslos, weil Rebeccas Rückführung ganz klar eine Fantasie ist« [25], ist auf jeden Fall ein »jumping to a conclusion« in der Art eines Zirkelschlusses. Dabei hat er in einem ganz anderen Sinne als von ihm gemeint gewissermaßen Recht. Rebecca hat nämlich das Wort »Krypta« gar nicht verwendet, sondern sagte: »… wir waren unten im Keller, unter der Kirche …«! Die Interpretation »Krypta« wird eine spätere Auslegung von Iverson sein, vielleicht dazu von Dobson inspiriert (s.o.).

Es gibt noch weitere Einwände von Harrison, die infrage gestellt werden können, wozu ich mir hier den Raum nicht nehme (obwohl ich auch diese eingehend geprüft habe), da es eher um Spitzfindigkeiten und Wortklaubereien geht. Deshalb erwähne ich sie nur kurz. Es wurde kritisiert, dass Rebecca angeblich ein Judenzeichen getragen habe, denn solche wurde nach Harrison erst 25 Jahre später eingeführt. Eine Nachprüfung lässt allerdings nicht ausschließen, dass es schon früher vorübergehend und lokal solche Zeichen gab. Dann kritisiert Harris, dass Rebecca von einem »Ghetto« gesprochen habe (weil es diese Bezeichnung damals nicht gab) und gesagt habe, dass ein armer Jude sich nur leisten könne, in der Coney Street zu wohnen (wo angeblich eher Wohlhabende wohnten). Das ist rätselhaft! Ich habe den Text über Rebecca aus dem Buch [24] sogar eingescannt, um gezielt und genau Wörter suchen zu können, und finde keine dieser Äußerungen! Dass die jüdischen Familien einigermaßen nahe beieinander wohnten macht noch kein »Ghetto«. Seine weiteren Kommentare zu diesen Punkten sind deshalb überflüssig und hinfällig. Und sollte sie dieses Wort in der Rückführung doch verwendet haben, dürfen wir nicht vergessen, dass ihr heutiges Ich die Bezeichnung »Ghetto« natürlich kennt, so dass es von Jane und nicht von Rebecca gekommen sein wird, weshalb dies Rebeccas Geschichte nicht wirklich widerspricht (vgl. Frage 7 in Kapitel 4).

Das Ganze sieht also sehr nach einer Bemühung aus, zu jedem Preis, wenn auch eher in Kleinigkeiten, Widerlegungen zu finden …

18. Und wie sieht es mit Ihren eigenen Fällen aus?

Ich selbst habe mich nicht sehr um die Überprüfung dessen bemüht, was meine Klienten während der Rückführungen berichten. Bei mir steht die Hilfeleistung an erster Stelle, alles andere ist für mich eher zweitrangig. Ich bin mir auch bewusst, dass bestätigte Fakten dort nicht gut ankommen, wo man die Wahrheit nicht wissen, sondern sie lieber nach eigener Auffassung gestalten will und deshalb alles versucht, um solche Fakten wegzuerklären. Es gibt ja, wie wir gesehen haben, schon genug Fälle, die von Kritikern nicht beachtet, sondern totgeschwiegen werden. Und in diesen Fällen wurde viel mehr in die Nachforschung von Daten investiert, als ich mir zeitlich und finanziell leisten will.

Mir wurde allerdings von dem einen oder anderen Klienten berichtet, dass er oder sie selbst Bestätigungen für die während der Rückführung gemachten Angaben gefunden hat. Ich hätte diese Fakten vielleicht sammeln sollen, habe es aber aus dem eben genannten Grund nicht getan. In zwei besonderen Fällen ergab sich jedoch eine konkrete gegenseitige Bestätigung. Darüber habe ich bereits in anderen Büchern berichtet [5, 27]. Wenn der Klient erlebt, dass er eine Person, die er heute kennt, bereits in einem früheren Leben (in ihrer damaligen Inkarnation) kannte, gibt es manchmal die Gelegenheit, auch diese andere Person in eben dieses frühere Leben zurückzuführen. Ich fordere dann die zuerst zurückgeführte Person auf, der zweiten Person vorher nichts zu erzählen, so dass diese nicht beeinflusst wird. Man kann damit rechnen, dass die andere Person während ihrer Rückführung (aus ihrer damaligen Sicht) Gleiches erlebt. Sollte zuerst ein anderes Leben auftauchen, kann man sie anschließend in jene Zeit versetzen, in der die beiden sich kannten – und braucht sich nicht zu wundern, wenn das Erlebnis der anderen Person bestätigt wird. Ich hatte zwei bemerkenswerte Fälle dieser Art, worüber in den genannten Büchern von mir berichtet wird.

19. Gibt es Kinder, die sich spontan an ihre Vorleben erinnern?

Der bekannteste Wissenschaftler, der sich mit dieser Frage auseinandersetzte, war Ian Stevenson. Daher behandle ich das Thema im Zusammenhang mit seiner Person – auch deshalb, weil er ungefähr ein Jahr vor Fertigstellung einer frühen Fassung des Manuskripts zu diesem Buch (der Ausgabe im Heyne-Verlag 2008) starb. Die folgende Darstellung darf also auch als Nachruf auf diesen bemerkenswerten Menschen verstanden werden.

Ian Stevenson, Galileo der Reinkarnation

Der Psychiater Harold Lief schrieb über den bekannten, in Montreal geborenen Reinkarnationsforscher Ian Stevenson (1918-2007): »Er hat sich entweder kolossal geirrt, oder er wird als Galileo des zwanzigsten Jahrhunderts bekannt werden.« Ich wette auf Letzteres, aber wie die meisten großen Menschen wird wohl auch Stevenson erst nach seinem Tod die Anerkennung finden, die er verdient hat. Wer zuletzt lacht, lacht am besten, heißt es, und in manchen Fällen darf eben erst nach dem Tod so richtig gelacht werden. Dann allerdings werden einige vermutlich gar nicht mehr lachen, nämlich die Kritiker. Stevenson hatte natürlich reichlich davon, denn er beschäftigte sich mit einem Thema, bei dem viele, die sich für echte »Wissenschaftler« halten, die Nase rümpfen. Und doch ging er wissenschaftlicher vor als alle anderen.

Die finanzielle Förderung durch Chester Carlson (den Erfinder der Xerox-Maschine, der nach seinem Tod sogar einen Fond für diesen Zweck hinterließ) machte es ihm möglich, in ferne Länder zu reisen und unter hohem Zeitaufwand Fälle zu erforschen, in denen Kinder erklärten, schon einmal gelebt zu haben. Stevenson untersuchte eine große Anzahl solcher Fälle und konnte in den meisten davon beweisen, dass die Person, die das Kind behauptete gewesen zu sein, tatsächlich gelebt hatte [28]. Es stellte sich heraus, dass es überall auf der Welt – auch in Europa und Amerika – Kinder gab und immer noch gibt, die solche Behauptungen aufstellen. Derartige Erinnerungen verblassen jedoch fast immer zwischen dem fünften und siebten Lebensjahr. Danach wollen die meisten Kinder nichts mehr von dem wissen, was sie vorher erzählt haben.

In einem Nachruf auf Ian Stevenson, der in der schwedischen Zeitschrift *Sökaren* [29] erschien, schreibt der Verfasser, er sei seiner Zeit so weit voraus gewesen, dass seine Verdienste von der wissenschaftlichen Gesellschaft nie anerkannt worden seien. Er war eben kein »Dutzendprofessor«, sondern hatte den Mut, das Establishment herauszufordern und Phänomene zu erforschen, die von der wissenschaftlichen Welt meist mit Aberglauben und Leichtgläubigkeit in Verbindung gebracht werden und deshalb selten Forscher interessieren, die sich Gedanken um Ansehen und Karriere machen. Stevenson war ein echter Pionier und ein wahrhaft unabhängiger Denker von der Sorte, wovon wir in Gesellschaft und Wissenschaft mehr brauchen könnten. Er war auch kein Schreibtischforscher (wie viele seiner Kritiker), sondern betrieb umfassende und eingehende Feldforschungen.

Seine Laufbahn auf diesem Gebiet begann damit, dass er, einem Hinweis folgend, 1961 eine Reise nach Indien und Sri Lanka unternahm, um dort Fälle zu untersuchen, in denen Kindern über Erinnerungen der genannten Art sprachen. In den folgenden 35 Jahren machte Stevenson viele Reisen und studierte fast dreitausend solcher Fälle. Charakteristisch für seine Forschung ist eine fast besessene Liebe zum Detail und die eingehende Überprüfung der Berichte anhand unzähliger Befragungen. Er schrieb mehr als dreihundert Veröffentlichungen zu diesem Thema, darunter 14 Bücher [30]. Besonders erwähnenswert ist sein monumentales Werk *Reincarnation and Biology* (zwei Bände mit insgesamt 2268 Seiten) [31], in dem er äußerst ausführlich und detailliert von fast vierhundert Fällen berichtet, in denen Menschen mit körperlichen Merkmalen geboren wurden, die auf (meistens tödliche) Verletzungen in einem Vorleben zurückzuführen sein dürften. Es handelt sich häufig um außergewöhnliche Muttermale, aber auch um Missbildungen.

Bevor er mit der Untersuchung jener Fälle begann, in denen sich Kinder an frühere Leben erinnerten, hatte er einen eher allgemeinen Artikel über Erinnerungen an frühere Inkarnationen als Indiz für das Überleben des körperlichen Todes [32] veröffentlicht und damit einen Preis gewonnen. Eine weitere frühe Veröffentlichung befasst sich mit einem Fall von Xenoglossie (das Sprechen einer fremden Sprache, die man heute nicht gelernt hat). Eine amerikanische Frau sprach unter Hypnose Schwedisch [33]. Stevenson prüfte verschiedene Erklärungsmöglichkeiten und fand die der Reinkarnation am wahrscheinlichsten. Ein späteres Buch enthält weitere Untersuchungen solcher Fälle [34].

Kritiker wollten einige von Stevensons Fälle bemängeln, indem sie behaupteten, es handle sich hier nicht um Reinkarnation, sondern um Besessenheit oder »Umsessenheit« (eine mildere Form der Besessenheit). Diese Kritik bezieht sich vor allem auf jene Fälle, in denen die Person, die behauptet, ein bestimmtes Kind gewesen zu sein, erst *nach* der Geburt des betreffenden Kindes gestorben ist. Typisch für diese Fälle ist, dass das Kind eine Zeit lang schwer krank oder bewusstlos war, bevor es äußerte, jemand anders gewesen zu sein. Hierfür gibt es eine Erklärung, die vielen Kritikern offenbar nicht bekannt ist und die auch Stevenson nicht erwähnt: sogenannte *Walk-ins* (etwa: »Einsteiger«, s. S. 89) [5]. Es kommt selten vor, dass eine Seele einen Körper, der vorübergehend klinisch tot ist (oder bis an die Grenze zum Tod gelangt), bereits verlässt. Für jene Seele ist dies ein tatsächliches Sterben. Wenn der Körper dann jedoch wiederbelebt werden kann, nimmt eine andere Seele von ihm Besitz. Der Körper wacht also wieder auf, aber mit einer anderen Seele als vorher. Hier spricht man nicht von Besessenheit, sondern vielmehr von einem *Seelenaustausch*. Da die Erinnerung an das Leben vor diesem Ereignis immer noch im Gehirn gespeichert und das Seelenbewusstsein unbewusst ist, ist dieser Umstand der betreffenden Person nicht bewusst. Geschieht dies einem Erwachsenen, so glaubt er meist, immer noch der gleiche Mensch zu sein, auch wenn er (worüber er sich selbst wundert) plötzlich eine neue Persönlichkeit und ganz andere Interessen hat als vorher. Bei einem Kind kann es allerdings vorkommen, dass es nun von sich selbst so spricht, als sei es vor der Krankheit oder Bewusstlosigkeit ein anderer gewesen – was ja auch den Tatsachen entspricht. Dieses seltene Phänomen dürfte meiner Meinung nach die Erklärung für jene wenigen Fälle sein, gegen die sich Stevensons Kritiker wenden – und wohl auch eine Erklärung, von der sie nichts wissen wollen, da sie ja mit ihrer Kritik anderes beabsichtigen …

Viele der Personen, die ihren eigenen Berichten nach in einem Vorleben solche Kinder waren, sind in jenem Leben einen plötzlichen oder gar gewaltsamen Tod gestorben – normalerweise vor der Geburt des Kindes. Einige Gegner der Reinkarnationshypothese meinen, der gewaltsame Tod spreche für eine »Umsessenheit«, da er »ein Herumirren der Seele und ihr Eindringen in einen lebenden Körper begünstige«. Auch hier gibt es eine andere und bessere Erklärung, die übrigens ganz allgemein auf die angesprochenen Fälle zutrifft (nicht nur auf *Walk-ins*): Wer gewaltsam stirbt, reinkarniert meist viel schneller als jemand, der einen natürlichen und vielleicht sogar angenehmen Tod hatte. Die schnell wieder inkarnierte Seele kann sich in dem neuen Körper offenbar leichter an ihr Vorleben erinnern, da dieses nicht lange zurückliegt – anders als eine Seele, die erst nach langem Aufenthalt in einem Zwischenzustand wieder inkarniert.

Manche Kritiker der Reinkarnation halten es auch für möglich, dass eine Seele unter den gerade genannten Umständen in einen lebendigen (und bereits beseelten) Körper »eindringen« kann. Warum dann nicht in einen soeben gezeugten, aber noch nicht beseelten Fötus? Das wäre wohl noch eher möglich, und es wäre ja gleichermaßen Reinkarnation …

Stevenson hielt nicht viel von Rückführungen, obwohl er sich durchaus positiv über den Fall Bridey Murphy äußerte [20]. Er hat selbst in ein paar Fällen bei Kindern mit spontanen Erinnerungen an frühere Leben eine hypnotische Rückführung versucht – ohne großen Erfolg. Es gibt vielleicht gute Gründe, aus denen er die Rückführung eher ablehnte. Erstens tummeln sich auf diesem Gebiet auch Scharlatane, mit denen er sicher nicht in Verbindung gebracht werden wollte. Zweitens war er ohnehin in einer etwas heiklen Position, umgeben von Kritikern und Skeptikern, die nichts von seiner Forschung hielten. In dieser Situation wollte er seine Position mit so etwas wie Rückführungen sicher nicht noch mehr gefährden. Die Wahrscheinlichkeit, dass er dadurch noch mehr Kritik auf sich gezogen hätte, ist recht hoch.

Stevensons Arbeit wird heute von dem Kinderpsychiater Dr. Jim Tucker [35] weitergeführt, der sich vor allem mit nordamerikanischen Fällen befasst. Der isländische Professor Erlendur Haraldsson hat ähnliche Studien durchgeführt [36-38].

20. Klärung der Begriffe Besessenheit, Umsessenheit und *Walk-in*

Oben wurden drei Arten von Einflussnahme durch eine andere Seele erwähnt. Das bedarf einer näheren Erklärung. Besessenheit und die mildere Form Umsessenheit sind seit alters her definierte Begriffe, aber *Walk-in* ist ein moderner Begriff. Worum handelt es sich dabei?

Ich vergleiche hier den Körper mit einem Auto und die Seele mit seinem Fahrer. Ein durchaus sinnvoller Vergleich.

Besessenheit (lat. *possessio*) ist ein sehr seltenes Phänomen, bei dem eine Seele – oder eine Wesenheit! – den Körper für sich übernehmen will. Der Fahrer sitzt am Steuer, ein Fremder reißt die Tür auf und versucht ihn hinauszuwerfen, was nur sehr selten gelingt, aber es gelingt dem Fremden, den Fahrer gefesselt auf den Rücksitz zu verbannen. Danach setzt er sich ans Steuer und fährt selbst. Umsessenheit (lat. *circumsessio*): Der Fremde setzt sich auf den Beifahrersitz und will nun über den Fahrer bestimmen, wo die Fahrt hingehen soll (auch hier kann es eine Wesenheit sein). Der Fahrer kann sich ihm mehr oder weniger widersetzen.

Walk-in: Das Auto steht leer da, aber der Schlüssel steckt. Entweder läuft der Motor im Leerlauf oder er lässt sich starten. Ein anderer als der eigentliche Besitzer setzt sich ans Steuer und fährt los. In diesem Fall handelt es also nicht um einen Konflikt zwischen zwei Seelen (oder einer Seele und einer Wesenheit), sondern um einen *Seelenaustausch*. Die frühere Seele ist nicht mehr da. Sie hat den Körper verlassen, was für sie wie ein Sterben erlebt wurde, aber der Körper ist noch belebbar. Eine andere Seele nutzt die Gelegenheit und übernimmt ihn. In manchen Fällen ist die alte Seele noch in der Nähe, aber nicht im Körper. Eine andere Seele kommt vorbei und fragt dann sehr oft: »Kann ich den Körper übernehmen?« – »Ja, gerne! Ich brauche ihn nicht mehr!« Es ist in dem meisten Fällen so, dass die Seele, die den Körper verlassen hat, gar nicht mehr in ihn zurück will, denn sie fühlt sich jetzt freier und besser, als sie sich je im Körper gefühlt hat. Die neue Seele hat in manchen Fällen eine Motivation. Sie sieht die günstige Gelegenheit, sich zu ersparen, erst geboren zu werden und 20 Jahre aufzuwachsen, um voll zu leben – vielleicht auch, um eine Aufgabe aufzugreifen. Es gibt aber auch Fälle, in denen der Austausch eher ein Irrtum war. In solchen ist die frühere Seele schon fort und die Hinzugekommene will (eher ausnahmsweise …) doch in den Köper zurück, den sie eine Weile vorher verlassen hat, aber sie erwischt den falschen – oder erkennt, dass jener nicht mehr belebbar ist. Wie kann sich eine Seele dermaßen verirren? Sie hat ein anderes Bewusstsein und eine andere Sicht auf die physischen Körper und erkennt nicht ohne Weiteres den Unterschied.

Der *Walk-in* ist sich nach dem Austausch nicht bewusst, eine andere Seele in diesem Körper zu sein, da ja die ganze Lebensgeschichte des Körpers vor dem Austausch immer noch im Gehirn des Körpers gespeichert ist. Im Körper ist sich die Person ihrer Seele nicht bewusst, und die Ereignisse sind dem rationalen Ich im Unbewussten verborgen. Deshalb meint die Person, nach wie vor die gleiche zu sein, obwohl sie auf einmal andere Interessen hat. Ihr Leben kann sich sogar radikal ändern. War sie zum Beispiel vorher krank, kann sie nun plötzlich gesund sein. Die neue Seele braucht diese Krankheit nicht. Ist sie verheiratet, kann die Ehe auseinandergehen, denn es leben nicht mehr die gleichen Seelen zusammen, sondern nur noch die Körper – oder die Ehe kann besser laufen als früher …

Oben wurden auch Wesenheiten erwähnt. Der wesentliche Unterschied zu einer Seele ist, dass eine Wesenheit noch nicht inkarniert war. Vgl. die Schöpfungsgeschichte aus gnostischer Sicht, wie sie in Kapitel 3 beschrieben wird.

Man kann den Fall des *Walk-in* durchaus als eine besondere Form von Reinkarnation bezeichnen, weil es sich ja nicht um die Gewaltausübung einer Seele über eine andere handelt. Vielmehr handelt es sich in beiden Fällen um einen Körper, der nicht beseelt ist – noch nicht oder nicht mehr. Bei der normalen Reinkarnation ist der Körper ein im Mutterleib gerade entstandener Fötus, beim *Walk-in* ist es ein Körper, der gerade frei geworden (und noch belebbar) ist. Umgekehrt kann man, streng genommen, bei der normalen Reinkarnation auch von einem *Walk-in* sprechen, da eine Seele in einen noch unbeseelten Fötus eingeht. Wer also das Phänomen *Walk-in* an und für sich akzeptiert (im Versuch, damit die Reinkarnation in den erwähnten Fällen Stevensons wegerklären zu wollen), wird auch die normale Reinkarnation akzeptieren müssen, oder er widerspricht sich selbst!

Wir sehen also, der »normale« Fall des *Walk-in* ist keineswegs eine üble Sache, denn die andere Seele, die den Körper verlassen hat, hat ja kein Problem damit. Es kann nur gewisse Probleme für die Person selbst geben, da sie sich über die Wandlung ihrer Persönlichkeit wundern mag, die allerdings durchaus positiv sein kann. Vielleicht betrifft das ebenso ihre Umwelt, die sie nicht mehr wie früher versteht. Der Fall echter Besessenheit hingegen ist wirklich übel, wenngleich zum Glück selten. Auch wenn es der neuen Seele oder Wesenheit gelungen sein sollte, die frühere Seele »aus dem Auto zu werfen«, handelt es sich um ein *Walk-in*, doch in dem Fall wurde es gewaltsam erreicht, und dann ist es natürlich äußerst bedenklich. Solche Fälle dürften aber eher selten sein. Der Fall der Umsessenheit ist unterschiedlich schlimm. Es kommt zum Beispiel vor, dass die Seele eines verstorbenen Alkoholikers sich an eine Person hängt und sie zum Trinken animiert, so dass auch sie alkoholisiert wird. Das ist zwar übel, andererseits hat sich jene Seele vielleicht jemanden ausgesucht, der schon alkoholisiert ist, und so gewissermaßen einen »Saufbruder« gefunden. Das ist zwar nicht gut, aber unter bestimmen Umständen nicht unbedingt gravierend. Entsprechend kann man davon ausgehen, dass Drogensüchtige fast immer von Seelen verstorbener Süchtiger umsessen sind. Solche Probleme kann man in den meisten Fällen durch seriöse Rückführungen klären und lösen. In manchen Fällen lassen sich auch gleich mehrere fremde Seelen beim Klienten finden (oder ein paar Seelen und eine Wesenheit).

Bei Rückführungen wird in solchen Fällen erkannt, dass die Aura des Klienten geschädigt ist, und ebendort findet die andere Seele oder Wesenheit halt. Deshalb ist es wichtig, nach der Rückführung die Aura zu heilen! Unerfahrene Rückführende können da leider einiges falsch machen. Ein solcher Schaden kann durch eine sehr starke negative Emotion entstehen, etwa extreme Wut oder panische Angst, bei der sich die Aura vorübergehend löst. Auch ein Rausch kann das bewirken – bei Alkohol sicher nicht ein leichter »Schwips«, sondern eher, wenn man sich bewusstlos trinkt. Bei harten Drogen wird das immer der Fall sein, beim mäßigen »Kiffen« ist die Gefahr wesentlich geringer.

Man lese hierzu mein Buch *Unsichtbare Einflüsse* [43].

21. Neue bemerkenswerte Fälle von Erinnerungen eines Kindes

Der oben genannte Dr. Jim Tucker untersuchte den Fall eines Jungen in Glasgow. Sein Name war Cameron Macauley, und er berichtete mit vielen Einzelheiten von seinem Vorleben auf der schottischen Insel Barra. Das meiste bestätigte sich erstaunlich genau, aber ein Vorname und ein Todesfall blieben unverifiziert. Ein weiterer Fall ist der von Gus Tucker in den USA, der sich erinnert, sein eigener Großvater gewesen zu sein. Eine Reihe mit fünf Videos berichtet über diese beiden Fälle [39].

Lässt sich ein Vorname und der Tod einer Person, die in jenem Leben als Angehöriger bezeichnet wird, nicht verifizieren, wird das von Gegnern natürlich gerne als »Gegenbeweis« gewertet, ungeachtet der vielen stimmigen Angaben, weil sie nicht zur Kenntnis nehmen wollen, dass sich Informationen anderen Ursprungs mit echten Erinnerungen vermischen können – zum Beispiel von nicht Familienangehörigen, die angeblich damals auch im Haus lebten, oder von einem anderen früheren Leben her. (Vgl. Frage 7, Kapitel 4. Für die Kritiker reicht meistens ein einziger »Fehler«, um »zig« stimmige Angaben zu verwerfen … wobei für sie »nicht verifiziert« bereits als »Fehler« gilt, selbst wenn kein konkreter Gegenbeweis vorliegt und die Frage eher noch offen ist.)

Ein weiterer neuer Fall (der nicht von Tucker untersucht wurde) betrifft einen Jungen namens James Leininger in den USA, der lebhafte Erinnerungen daran hat, wie er als amerikanischer Air-Force-Pilot im Zweiten Weltkrieg von den Japanern abgeschossen wurde und starb. Hierüber wurde ein Video gemacht [40] und ein Buch geschrieben [41].

Referenzen

1. Jan Erik Sigdell: *Durch den Tod ins Leben,* Ansata, München 2007.
2. *Der Wachtturm,* Vol. 128, No. 14, Juli 2007, mit dem Leitthema: »Hat der Mensch eine unsterbliche Seele?« Das Computergleichnis stammt aus einer von mir anlässlich des Zeitschriftenberichts provozierten Diskussion zum Thema im Forum der Zeugen: http://www.razyboard.com/system/user_elisa7975.html, Abteilung »Fragen an Zeugen Jehovas« im Januar 2008.
3. *Der Koran,* übers. von Max Henning, VMA-Verlag, Leipzig o.J., in der Einleitung von Ernst Werner und Kurt Rudolph, Seite 24-25.
4. Jan Erik Sigdell: *Reinkarnation, Christentum und das kirchliche Dogma,* Ibera, Wien 2001.
5. Jan Erik Sigdell: *Reinkarnationstherapie,* Heyne Taschenbuch, München 2005. Diese inzwischen vergriffene Ausgabe ist, erweitert und verbessert, unter dem neuen und besseren Titel *Emotionale Befreiung durch Rückführung* beim AMRA Verlag in Vorbereitung.
6. Linda Tarazi: »The Reincarnation of Antonia«, *Fate Magazine,* Lakeville MN, Bd. 37, Nr. 4, 1984. Ich beziehe mich auf die schwedische Überset-

zung »Antonias reinkarnation« im *Sökaren* (»Sucher«), Skoghall (Schweden), 10/1985, Seite 222-224.

7. Linda Tarazi: *Under the Inquisition – an experience relived,* Hampton Roads, Charlottesville VA, 1987.

8. Linda Tarazi: »An Unusual Case of Hypnotic Regression with Some Unexplained Contents«, *The Journal of the American Society for Psychical Research,* Bd. 84, Nr. 4, 1990, Seite 309-344.

9. http://en.wikipedia.org/wiki/Pope_Joan (Englisch). Auf Deutsch: http://de.wikipedia.org/wiki/Päpstin_Johanna. Hier wird der Untersuchungsstuhl jedoch nicht erwähnt

10. Robert L. Snow: *Als ich Carroll Beckwith war,* Heyne, München 2000.

11. Rick Brown: *The Reincarnation of James, the Submarine Man,* Transcriptions Ultimate 1990. Das Buch ist vergriffen, konnte aber eine Zeit lang im Internet gratis heruntergeladen werden: http://www.ial.goldthread. com/Reincarnation_of_james.doc. [Diese Webseite scheint nicht mehr erreichbar zu sein, vgl. Ref. 12] Siehe auch http://www.amazon.com/ Reincarnation-James-Submarine-Man/dp/157100145X.

12. Rick Brown: »The Reincarnation of James, the Submarine Man«, *The Journal of Regression Therapy,* Riverside CA, Bd. V, Nr. 1, 1991, Seite 62-71. Im Internet: http://www.ial.goldthread.com/james.html. [Diese Webseite scheint nicht mehr erreichbar zu sein, sie ist aber zurzeit in Googles Cache noch zu finden: http://webcache.googleusercontent.com/ search?q=cache:-NLY3vhExS0J:www.ial.goldthread.com/james.html+% 22reincarnation+of+james%22&cd=1&hl=en&ct=clnk&gl=us.] Siehe auch: http://www.afterlife101.com/Submarine.html und http:// www.earth-association.org/library-of-suggested-books/books-directly-related-to-regression-therapy/the-reincarnation-of-james-the-submarine-man.html .

13. Bruce Goldberg: *The Search for Grace,* Llewellyn, St Paul MN, 1997.

14. *Reincarnation,* Soundsense Films, Sidney 1985. Links zu Videodateien sind hier zu finden: http://www.christliche-reinkarnation.com/Ramster. htm.

15. Peter Ramster: *The Search for Lives Past,* Somerset, Sidney 1990, Neudruck 1992.

16. Eine Audiodatei mit dieser Antwort von ihr ist hier erhältlich: http://www. christliche-reinkarnation.com/PDF/Jenny_deutsch.mp3

17. Helen Wambach: *Reliving Past Lives,* Bantam, New York, 2. Druck 1979. Deutsche Übersetzung: *Seelenwanderung, Wiedergeburt durch Hypnose,* Goldmann, München 1978.

18. Morey Bernstein: *Protokoll einer Wiedergeburt,* Knaur, München 1973, mit verschiedenen Beiträgen von William J. Barker zu diesem Thema. Eine neuere Auflage des Buches (Doubleday, New York 1989) enthält

»Update«-Versionen dieser Beiträge als Kapitel 19: »The Case for Bridey in Ireland« und Kapitel 20: »Bridey's Debunkers Debunked«, dazu noch eine neue Einleitung von Barker: »Bridey Murphy and the Skeptics«. Die letzte deutschsprachige Auflage dürfte im Scherz Verlag, München 1990, erschienen sein.

19. Vortrag von Virginia Morrow, früher Tighe, in Denver CO, 1981 (Tonbandaufnahme im Besitz des Verfassers).

20. Ian Stevenson über: »A Scientific Report on ›The Search for Bridey Murphy‹, in: *The Journal of the American Society for Psychical Research,* New York, Bd. LI, Nr. 1, 1957, Seite 35-37.

21. C. J. Ducasse: »How the Case of ›The Search for Bridey Murphy‹ Stands Today«, in: The *Journal of the American Society for Psychical Research,* New York, Bd. LIV, Nr. 1, 1960, Seite 3-22.

22. Milton V. Kline (Hrsg.): *A Scientific Report on* »*The Search for Bridey Murphy*«, Julian Press, New York 1956.

23. Helmut Zander: *Geschichte der Seelenwanderung in Europa,* Wissenschaftliche Buchgesellschaft, Darmstadt 1999.

24. Jeffrey Iverson: *More Lives than One?,* Pan Books, London 1976, S. 30-46. Deutsche Übersetzung: *Leben wir öfter als einmal?,* Hirthammer, München 1987.

25. Melvin Harris: *Investigating the Unexplained,* Prometheus, Buffalo NY, 1986, S. 159-161.

26. *An Inventory of the Historical monuments in the City of York,* Bd. V, Royal Commission on Historical Monuments, England (ohne Ortsangabe) 1981, S.30-36.

27. Jan Erik Sigdell: *Rückführung in frühere Leben – Praxisbuch,* Ansata, München, 3. Aufl. 2006.

28. Ian Stevenson: »Twenty Cases Suggestive of Reincarnation«. *Proceedings of the American Society for Psychical Research,* Boston MA, Bd. 26, Seite 1-362.
- *Twenty Cases Suggestive of Reincarnation.* University Press of Virginia, Charlottesville VA, 2. Verbesserte Ausgabe 1974 (1. Ausgabe 1966).
- *Cases of the Reincarnation Type,* Bd. 1: *Ten Cases in India,* gleicher Verlag, 1975.
- – Bd. 2: *Ten Cases in Sri Lanka,* gleicher Verlag, 1977.
- – Bd. 3: *Twelve Cases in Lebanon and Turkey,* gleicher Verlag, 1980.
- – Bd. 4: *Twelve Cases in Thailand and Burma,* gleicher Verlag, 1983.
- *Children Who Remember Previous Lives: A Question of Reincarnation,* Jefferson, McFarland, Jefferson NC, 2. Ausgabe 2001 (1. Ausgabe: University Press of Virginia, Charlottesville VA, 1987).
- *European Cases of the Reincarnation Type,* McFarland, Jefferson NC, 20 Deutsche Übersetzungen:

- *Reinkarnation,* Aurum, Freiburg i.Br., 5. Aufl. 1986 (Übersetzung von *Twenty Cases Suggestive of Reincarnation,* Neuausgabe 2003).
- *Reinkarnation in Europa,* Aquamarin, Grafing 2005.

29. Sven Magnusson: »En modig pionjär« (»Ein mutiger Pionier«) in *Sökaren* (»Sucher«), Skoghall (Schweden), 3/2007, Seite 7-8.

30. http://www.healthsystem.virginia.edu/internet/personalitystudies/publicationslinks/Stevenson-s-Obit-Emily.pdf.

31. Ian Stevenson: *Reincarnation and Biology. A Contribution to the Etiology of Birthmarks and Birth Defects,* Bd. 1 und 2, Praeger, Westport CT, 1997. Populärwissenschaftliche Kurzfassung im gleichen Verlag und Jahr: *Where Reincarnation and Biology Intersect.* Vom letzteren Buch liegt eine deutsche Übersetzung vor: *Reinkarnationsbeweise,* Aquamarin, Grafing 1999.

32. Ian Stevenson: *The Evidence for Survival from Claimed Memories of Former Incarnations,* M.C. Feto, Tadworth, Surrey (UK), 1961. Sonderdruck eines Artikels in *Journal of the American Society for Psychical Research,* New York, Bd. LIV, 1. Teil April und 2. Teil Juli 1960.

33. Ian Stevenson: *Xenoglossy,* John Wright and Sons, Bristol o. J. Auch: University Press of Virginia, Charlottesville, VA 1974 und als Bd. 31 von *Proceedings of the American Society for Psychical Research,* Boston MA, 1974.

34. Ian Stevenson: *Unlearned Language: New Studies in Xenoglossy,* University Press of Virginia, Charlottesville VA, 1984.

35. http://en.wikipedia.org/wiki/Jim_B._Tucker.

36. Haraldsson, Erlendur: »Children Claiming Past-Life Memories. Four Cases in Sri Lanka«, in: *Journal of Scientific Exploration,* Lawrence KS, Bd. 5, Nr. 2, 1991, Seite 233-261. Auch: Reprint Series No. 18, Social Science Research Institute, Reykjavík, Island.

37. Haraldsson, Erlendur: »Replication Studies of Cases Suggestive of Reincarnation by three Independent Investigators«, in: *The Journal of the American Society for Psychical Research,* New York, Bd. 88.

38. http://www.hi.is/~erlendur/english/JournalArticles.htm.

39. http://cosmicwords.blogg.no/1286738963_memories_of_a_past_li.html und Videos in fünf Teilen: http://www.youtube.com/watch?v=cdmMEKPFDTY&feature=related, http://www.youtube.com/watch?v=dOUIEh1bDMw&feature=related, http://www.youtube.com/watch?v=lGlUSIhU3yg&feature=related, http://www.youtube.com/watch?v=_Rn2iycj7gg&feature=related, http://www.youtube.com/watch?v=rv_U8NROISo&feature=related.

40. http://www.reversespins.com/proofofreincarnation.html, http://www.youtube.com/watch?v=-5JEVvv-sQk.

41. Andrea und Bruce Leininger et al.: *Soul Survivor: The Reincarnation of a World War II Fighter Pilot,* Grand Central, New York NY, 2009.

42. Dieter Hassler: *Indizienbeweise für ein Leben nach dem Tod und die Wiedergeburt*, Shaker Media, 2011.
43. Jan Erik Sigdell: *Unsichtbare Einflüsse. Befreiung von anhänglichen Seelen und aufdringlichen Wesenheiten*, Amra, Hanau 2012.

2

Karma, freier Wille und das Problem des Leids

1. Was ist Karma?

Das Sanskritwort *Karma* – eigentlich *karman*, woraus in Wortverbindungen *karma* wird – kommt von der Wurzel *kri,* die im weitesten Sinne »tun« bedeutet. Es bezieht sich 1) auf unser Tun / unsere Handlungen und 2) auf die Auswirkungen unserer Taten. Wir tun immer etwas. Es ist nicht möglich, nichts zu tun. Selbst das Nichtstun ist ein Tun. Es ist oft auch das, was wir statt etwas anderem tun, und damit ein Tun, das im Unterlassen besteht. Untätigkeit ist ebenfalls eine Tätigkeit. Wenn wir uns in eine Ecke setzen und gar nichts tun, tun wir genau das: gar nichts. Auch wenn wir schlafen, tun wir etwas: Wir schlafen – vielleicht lieber, als etwas anderes zu tun. Wahrscheinlich träumen wir auch, und wer weiß, was wir auf der Seelenebene in unseren Träumen so tun, selbst wenn es uns anschließend nicht mehr bewusst ist. Die einzige Möglichkeit, nichts zu tun, scheint die tiefe Bewusstlosigkeit zu sein, das Koma, aber vielleicht ist nicht einmal das Nichtstun. Wer weiß, was die Seele alles tut, während der Körper ganz auf Null steht? Im Grunde ist bereits das Denken ein Tun. Gute und schlechte Gedanken über andere Menschen können diese beeinflussen. Das einzige mögliche Nichtstun ist das Nichtsein. Sein ist grundsätzlich Tun. Auch im Seelenzustand zwischen den Leben tun wir ständig etwas.

Das primäre Tun hat in dem meisten Fällen mit anderen Menschen oder Lebewesen zu tun. Es ist eine *Interaktion* zwischen mir und anderen. Deshalb muss mir auch bewusst werden (jedenfalls in meiner Seele), wie sich diese Interaktion auf den jeweils anderen auswirkt – gut oder schlecht. Das ist unvermeidlich, und wenn da Tun negativ ist und ich es nicht wissen will, werde ich irgendwann in einer ähnlichen Situation auf der anderen Seite stehen und es doch erfahren müssen. Der andere ist häufig ein Mensch, es kann aber genauso irgendein Lebewesen sein. Auch wenn ich Tieren Übles antue oder rücksichtslos und ausbeutend mit der Natur umgehe, bringe ich schlechtes Karma für mich hervor. Viele fragen sich, was es mit Karma zu tun haben kann, wenn jemand zum Beispiel Opfer einer Naturkatastrophe wird. Es *könnte* die Auswirkung von Karma mit der Natur sein. Hätte es nicht einen Sinn, wenn jemand, der Naturzerstörung betreibt, später in einer Naturkatastrophe stirbt, um selbst zu erleben, was er der Natur angetan hat? Das muss freilich nicht immer die Erklärung dafür sein, dass Menschen durch Naturkatastrophen ums Leben kommen, aber es könnte in manchen individuellen Fällen einiges erklären.

Reinkarnation und Karma sind untrennbar miteinander verbunden. Der Sinn von Reinkarnation besteht darin, dass eine Verbindung zwischen aufeinander folgenden Verkörperungen besteht, und zwar im Sinne einer Entwicklung: Wir lernen aus den Erfahrungen, die wir machen, und entwickeln uns dadurch immer mehr zum Besseren hin. Wäre es nicht so, hätte Reinkarnation keinen Sinn. Ein rein zufälliger Wechsel von einer Verkörperung zur anderen, aus den einen Umständen in andere, mal gut und mal schlecht, mal oben und mal unten, mal hier und mal dort – das wäre sinnlos. Die Folgen unserer Taten müssen sich in späteren Verkörperungen zeigen. Gute Taten haben gute Folgen, schlechte Taten haben schlechte Folgen, nämlich derart, dass wir an uns selbst erleben, wie es jenen ging, die damals unter unseren Taten leiden mussten. Täter werden unter ähnlichen Umständen zu Opfern. Das wird oft als »Strafe« bezeichnet, doch hier geht es nicht um Strafe im Sinne von Rache oder Vergeltung. Es ist nicht so, dass wir geschlagen werden, bis wir gehorchen. Vielmehr sollen wir am eigenen Leib erfahren, wie es unseren Opfern ging, um dann zu verstehen, wie falsch wir gehandelt haben, damit wir so etwas nie wieder tun. Bei dem, was uns angetan wird – Gutes oder Schlechtes –, handelt es sich meistens um die belehrende Fortsetzung unserer eigenen Taten. Wenn wir Gutes erfahren, ist dies eher die Bestätigung, dass wir richtig gehandelt haben, als eine Belohnung.

Dazu sagt die Bibel: »Wer Menschenblut vergießt, dessen Blut wird auch durch Menschen vergossen werden« (1. Mos. 9,6). »Und wie ihr wollt, dass euch die Leute tun sollen, also tut ihnen auch« (Luk. 6,31). »Richtet nicht, auf dass ihr nicht gerichtet werdet. Denn mit welcherlei Gericht ihr richtet, werdet ihr gerichtet werden, und mit welcherlei Maß ihr messt, wird euch gemessen werden« (Matth. 7,1-2). »... denn wer das Schwert nimmt, der wird durch das Schwert umkommen« (Matth. 26,52). »Was der Mensch sät, das wird er ernten« (Gal. 6,7).

Wo in der Welt erfüllen sich diese Worte? Viele Verbrecher leben und sterben im Wohlstand, weil sie bestechen, geschickt mit dem weltlichen Gesetz umgehen oder einfach nicht erwischt werden. Betrüger und skrupellose Geschäftsleute, die sich auf Kosten anderer bereichern und ihre Konkurrenten ruinieren, leben und sterben im Reichtum. Mancher Mörder entkommt, wird nie gefasst und stirbt in Freiheit an Altersschwäche. Kinderschänder leben unerkannt, vielleicht sogar höchst geachtet in der Nachbarschaft. Die Mörder der Kriege werden geehrt. Generäle, die Angriffskriege als »Verteidigung« bezeichneten, sind Staatsmänner geworden und stehen in den Geschichtsbüchern ... Wenn diese Bibelworte wahr sein sollen, wo erfüllen sie sich dann? Im Jenseits? Wie dort? Gibt es dort auch Kriege, Gewalt und Betrug? Oder in einer neuen Inkarnation? Letzteres wäre doch wirklich sinnvoll und gerecht.

Gegen Karma wird, sofern es leidvoll ausfällt, immer wieder vorgebracht, es sei grausam. Aber: Wäre es nicht sehr viel grausamer, *grundlos* leiden zu müssen? Auch wird behauptet, Karma sei sinnlos, da man ja nicht wisse, weshalb man leidet. Wie oben dargestellt, wissen wir es sehr wohl, nur nicht im bewussten Ich. Man wirft der Karmalehre gern vor, unbarmherzig zu sein, aber ist die Aussicht auf ewige Verdammnis – und das wahrscheinlich für die Mehrzahl der Seelen – nicht noch viel unbarmherziger? Nach der Lehre von Reinkarnation und Karma ist keine Seele für immer verloren. Jede bekommt eine neue Chance. Es ist wohl eher so, dass wir Menschen den Folgen unserer negativen Taten am liebsten entgehen möchten, ohne die Mühen der Weiterentwicklung auf uns zu nehmen. Die Karmalehre ist viel eher unbequem als ungerecht.

Ich habe die Lehre vom Karma hier als das dargestellt, was sie nun einmal ist und schon immer war: die Folge der eigenen Taten. Üble Taten, die man selbst begangen hat, führen zu Leid, das man selbst ertragen muss. Wer will das für ungerecht halten? Doch wie sieht es mit der Umkehrung aus? Muss man daraus schließen, dass eigenem Leid immer eigene Übeltaten vorausgehen? Das ist nicht immer der Fall. Wie unten dargestellt, gibt es Ausnahmen, und die sind nicht einmal selten. Aber vielleicht sind sie eher Ausnahmen, welche die Regel bestätigen. Hier stellt sich wieder die bereits erwähnte Frage: Wäre es nicht sehr viel grausamer, *grundlos* leiden zu müssen? Wer hat darauf eine ebenso gute oder gar bessere Antwort? Der diffuse Hinweis darauf, dass Gottes Wille über dem der Menschen stehe und dass das Ganze den Verstand der Menschen übersteige, ist ein eher liebloses Ausweichen und eine Verhöhnung der Leidenden. Außerdem schiebt man so die Schuld am Leid der Welt Gott zu und will die eigene Verantwortung nicht wahrhaben. Schaltet man dann noch einen Teufel ein, wird es nicht besser. Denn wie könnte Gott zulassen, dass der Teufel die Macht übernimmt?

Die wichtigste Lektion der karmischen Seelenschule ist die *Liebe*, wie sie am Ende von Kapitel 3 (Frage 19) beschrieben wird. Und was am meisten negatives Karma verursacht, ist der Mangel an Liebe zu den Mitmenschen.

2. Ist Karma eine Bestrafung?

Wie eben erwähnt, geht es hier nicht um Strafe, nicht um Vergeltung und nicht um Rache, sondern darum, aus der Erfahrung zu lernen. Karma ist an sich neutral. Es kann gut oder, wenn es zu Leid führt, auch schlecht sein. Was Menschen in Zusammenhang mit Reinkarnation am meisten beschäftigt, ist das schlechte Karma. Vom guten Karma wird weniger geredet. Negatives Karma kann man unterschiedlich betrachten, zum Beispiel, wie eben erwähnt, als Lektion. Wenn ich Täter war, habe ich mich in keiner Weise darum gekümmert, wie es meinen Opfern ging, sonst hätte ich wohl nicht getan, was ich getan habe. Ich war nur auf meinen Vorteil bedacht, auf die Befriedigung meines Egos, auf Macht, Gewinn oder gar Spaß und Genuss. Wenn ich in einem späteren Leben in einer ähnlichen Situation auf der Opferseite bin, erfahre ich am eigenen Leib, wie es meinen Opfern damals ging. Auf der Seelenebene lerne ich nun, wie falsch solches Tun ist, so dass ich es nicht wiederholen werde. Man kann dies auch als eine Erfahrungsergänzung sehen. Als Täter hatte ich sozusagen nur ein halbes Erlebnis. Ich bekam nicht mit, was meine Opfer fühlten. Das muss ich nun nachholen, damit meine Erfahrung vollständig wird. Erst dann kenne ich beide Seiten des Erlebnisses und kann es richtig verstehen.

Es gibt natürlich auch so etwas wie mildernde Umstände. Wenn ich zu einer Tat gezwungen werde und sie nur widerwillig ausführe, sind die Folgen weniger schwerwiegend. Wenn ich beispielsweise als Soldat einen Schießbefehl bekomme, erfordert es sehr viel Mut, ihn zu verweigern, wohl wissend, dass ich dafür vors Kriegsgericht käme und später wahrscheinlich selbst erschossen würde. Ich könnte es natürlich auch so machen wie jener Mann aus Deutschland, der mir vom Krieg erzählte: »Ich habe immer daneben geschossen, und keiner hat es gemerkt.«

Karma ist also keine Bestrafung, denn wir haben es *selbst gewählt*, indem wir eine Tat wählten. Die Wahlfreiheit geht allerdings nicht so weit, dass man die Folgen der betreffenden Tat sozusagen abwählen könnte. Zusammen mit der Tat wähle ich, ohne es zu verstehen, automatisch auch die Folgen. Dann kommt es natürlich darauf an, wie weit ich mich in der Zwischenzeit entwickelt habe. Bin ich auf der Seelenebene einigermaßen zur Einsicht gekommen, werden die

Folgen nicht allzu hart für mich sein. Verweigere ich jedoch stur jede Einsicht, wird es sicher sehr bitter.

Wir wählen aber auch im Zwischenzustand zwischen zwei Leben. Sofern ich Falsches oder gar Böses getan habe, erlebe ich nach dem Tod Schuld, Scham und Schande, den sogenannten »Brand des Gewissens« (vgl. Kapitel 3, Frage 16 unter »Was kommt nach dem Tod?«). In diesem Zustand *entscheide ich mich als Seele* für eine lehrreiche Erfahrung und wähle ein entsprechendes neues Leben.

Karma, wie es sich auf der Basis von Rückerinnerungserlebnissen darstellt, ist nicht unausweichlich, sondern funktioniert eher nach dem Motto: »Wer nicht verstehen will, muss fühlen.« Es wird durchaus auch Versöhnung und Wiedergutmachung beinhalten. Man »verabredet« sich zwischen zwei Leben mit der Seele eines anderen, dessen Opfer man war oder an dem man zum Täter geworden ist. Dann wird man in einem neuen Leben wieder zusammen sein, um sich auf Seelenebene zu versöhnen. Das gelingt nicht immer gleich, und dann muss man es wiederholen. Es scheint, dass wir nicht darum herumkommen, uns mit allen zu versöhnen, die unsere Opfer waren und deren Opfer wir gewesen sind. Am Ende muss nämlich die Liebe siegen und die Trennung aufhören, bevor wir jenen Zustand erreichen, von dem aus wir nicht mehr inkarnieren müssen.

Eine Voraussetzung, um aus dem Kreislauf der Reinkarnationen aussteigen zu können, ist nämlich, dass wir die Liebe endlich ganz begreifen und leben. Eine weitere ist, dass es keine Seelen mehr gibt, mit denen wir uns noch versöhnen müssen.

3. Wie kann es gerecht und sinnvoll sein, für etwas leiden zu müssen, wovon man gar nichts mehr weiß?

Wie bereits erwähnt, weiß nur unser bewusstes, rationales Ich nicht, weshalb uns so etwas widerfährt. Das unbewusste Ich weiß es sehr wohl. Der Kopf hat kaum eine Ahnung, aber die Seele ist sich dessen bewusst.

Wir müssen zwischen zwei Ebenen des unbewussten Ichs unterscheiden. Die eine hängt mit dem bewussten Ich zusammen, jedenfalls so weit, als dieses, solange der Körper lebt, seinen Sitz im Gehirn hat. Wir haben auch in unserem jetzigen Leben schon vieles erlebt, was wir anschließend völlig vergessen haben – weil es entweder lange zurückliegt und einfach nicht mehr aktuell ist oder aber, weil wir es aus unserer Erinnerung verdrängt haben. Die Erinnerung an diese Erlebnisse ist aber nicht fort, wir sind nicht frei davon. Sie ist lediglich auf jener Ebene des Gedächtnisses versteckt, die wie eine mit dem bewussten Ich verbundene »Abstellkammer« ist, ein verschlossenes Archiv. Daher kann sie, ausgelöst durch bestimmte äußere Reize, wieder auftauchen und mehr oder weniger bewusst werden.

Die andere Ebene ist das Gedächtnis unserer Seele, das gar nicht im Gehirn liegen kann, weil die Seele es in diese Verkörperung mit hineinbringt. Es wird wohl auch während der Verkörperung in der Seele bleiben und ist deshalb weniger zugänglich. Erinnerungen, die in jenem Gedächtnis gespeichert sind, werden normalerweise nicht mehr durch irgendwelche Auslöser bewusst. Es kann allenfalls passieren, dass es beispielsweise zu schwer greifbaren Déjà-vu-Erlebnissen kommt. Oft tauchen auch alte Gefühlsenergien, wie zum Beispiel Angst, in bestimmten Situationen wie ein Spuk aus dem unbewussten Ich auf, und wir wissen nicht, woher sie kommen und warum. Es braucht spezielle Methoden, um solche Erinnerungen bewusst zu machen. Wie Rückerinnerungserlebnisse zeigen, werden, wenn wir sterben und die Seele den Körper verlässt, alle im Gehirn gespeicherten Erinnerungen – bewusste und unbewusste – auf das Seelengedächtnis übertragen. Sonst gingen sie ja der Seele verloren. Manche Menschen, die in Todesnähe waren, berichten, ihr ganzes Leben sei wie ein Film vor ihnen abgelaufen. Ich nehme an, dass es sich bei solchen Lebensfilmen um eine Art Datenübertragung vom Gehirn zum Seelengedächtnis handelt. Wenn sie abgeschlossen ist, sind wir uns als Seele bewusst geworden und verfügen als solche wieder über ein Seelengedächtnis, ergänzt durch die neuen »Daten« aus der soeben beendeten

Verkörperung. Dies wird als eine deutliche Bewusstseinserweiterung erlebt. Es gibt kein unbewusstes Ich mehr, alles ist bewusst. Nun sehen wir die Dinge klar. Nun verstehen wir. Nun wird uns bewusst, weshalb wir erleben mussten, was in der Verkörperung geschah. Nun erkennen wir sowohl den Zusammenhang zwischen karmisch bedingten Erlebnissen und deren Ursachen in frühere Existenzen, als auch die Gerechtigkeit dahinter. So kommt es zum Lerneffekt auf der Seelenebene [1].

4. Kann man einem Menschen Karma abnehmen?

Bislang sind mir keine Rückerinnerungen bekannt, die darauf hinweisen, dass es möglich wäre, einem anderen Menschen Karma abzunehmen. Das wäre wohl auch ziemlich sinnlos. Man würde ihm ja nur helfen, eine Lektion zu schwänzen. Es wäre ungefähr so, als schmuggle man sich an seiner Stelle in die Abiturprüfung, so dass er sie auf dem Papier besteht, obwohl er in Wirklichkeit nicht dazu imstande wäre. Oder als mache man für ihn die Fahrprüfung, die er sonst nicht bestanden hätte, damit er anschließend im Straßenverkehr zu einer echten Gefahr für seine Mitmenschen werden kann. Das alles bedeutet natürlich nicht, dass ich einem Leidenden nicht helfen soll, aber ich kann ihm definitiv nicht dadurch helfen, dass ich die ganze Last für ihn trage. Wenn ich ihm das Tragen erleichtern kann, soll ich es natürlich tun. Solange er selbst noch den wesentlichen Teil seiner karmischen Last trägt, nehme ich ihm kein Karma ab.

Man mag vielleicht denken, es sei bei zwei Menschen, die im Leid miteinander verbunden sind – zum Beispiel in einer Ehe –, möglich, dass der eine mit dem anderen »mitleidet« und ihm dadurch hilft, sein Karma zu tragen. Es ist aber wohl eher so, dass sie ein *gemeinsames* Karma haben.

Daskalos (Stylianos Atteslís), der berühmte zypriotische Heiler und spirituelle Lehrer (1912-1995), soll gesagt haben, dass eine Person einem von ihr geliebten Menschen zwar einen geringeren Teil des Karmas abnehmen kann, aber nur, wenn eben dieser Mensch die eigentliche Lektion bereits gelernt und den größeren Teil seiner »Schuld« selbst gezahlt hat. Danach würden 90 Prozent der »Restschuld« von oben erlassen und der andere könne einen Teil der verbliebenen 10 Prozent tragen helfen. Sonst sei das nicht erlaubt [2].

5. Greift man in das Karma eines Menschen ein, wenn man ihm hilft?

Manche Menschen zögern, einem Leidenden zu helfen, weil sie meinen, es stünde ihnen nicht zu. Der Leidende soll doch seine Lektion haben … und wenn ich eingreife, könnte ich einen Teil seines Karmas übernehmen. Wie ich eben angedeutet habe, glaube ich nicht, dass man das Karma eines anderen so ohne Weiteres übernehmen kann. Wohl aber kann man, wenn man ihm *nicht* hilft, durch eben diese Unterlassenstat eigenes Karma schaffen. Wenn wir helfen können, ist es unsere Pflicht, es auch zu tun. Was kann dabei geschehen? Entweder nimmt der andere die Hilfe nicht an, und dann soll es wohl so sein. Oder er nimmt sie an, aber es hilft ihm nicht. Dann soll es wohl ebenfalls so sein, und er muss seine Lektion erst noch lernen. Es kann aber auch sein, dass meine Hilfeleistung wirklich dazu beiträgt, das Leid des anderen zu lindern oder ihn gar davon zu befreien. Dann habe ich ihm sicher kein Karma abgenommen. Vielmehr hat er dann wohl schon genug von seiner Lektion gelernt und noch etwas dazu, nämlich dass ein Mensch das tun kann, wozu er früher wahrscheinlich selbst nicht bereit war: einem Leidenden in Liebe beistehen. In Zukunft wird er also hoffentlich selbst Gleiches tun.

Hier gilt es allerdings auch, die Spreu vom Weizen zu trennen. Es gibt Menschen, die ihr Leid nutzen, um sich auf Kosten anderer Vorteile zu verschaffen oder bequemer zu leben. Solchen Zeitgenossen sollte man natürlich besser nicht helfen. Wie erkennt man das? Am besten hört man auf sein Herz. Oder man hilft zunächst versuchsweise und schaut, wie der andere reagiert. Nimmt er die Hilfe dankbar an und nutzt sie zur Verbesserung seiner Situation, sollte man weiter helfen. Ist er jedoch stets unzufrieden und will nur noch mehr, ohne sich selbst zu bemühen, ist die Hilfe höchstwahrscheinlich verfehlt, weil der Empfänger sein Karma nicht abträgt, sondern eher noch vermehrt.

Stellvertretendes Leid ist im Prinzip das Gleiche wie ein Abnehmen von Karma, und hier wie dort stellt sich die Frage nach dem Sinn des Ganzen. Nun will man Jesu Tod am Kreuz ja als stellvertretend für die Menschheit hingenommenes Leid darstellen. Ist die Welt danach besser geworden? Wenn durch den Kreuzestod Jesu Sünden und Karma getilgt worden sein sollen, weshalb gibt es dann immer noch so viel Grausamkeit und Leid auf der Welt? In absoluten Zahlen ausgedrückt gibt es heute sogar viel mehr davon, weil die Weltbevölkerung seit damals um ein Vielfaches gestiegen ist. Jesu Tod am Kreuz war die schändlichste Tat, die je begangen wurde, aber für sein Schicksal wird es wohl eher (oder auch) eine andere Erklärung geben.

6. Wie steht es mit unserem freien Willen?

Entweder hat der Mensch keinen freien Willen, sondern unterliegt dem Willen Gottes – seiner Allmacht und seinem Allwissen. Wenn der Mensch Böses tut, wäre dies also Gottes Wille! Und wenn der Mensch tut, was Gott will, warum sollte er dafür leiden müssen? Dann würde Gott übrigens auch Böses wollen …

Oder der Mensch hat einen, ihm von Gott gegebenen freien Willen. Wenn er dann Böses tut, macht er von diesem freien Willen Gebrauch. Das ist in diesem Fall sein von Gott zugesichertes Recht. Warum also sollte er dafür leiden müssen? Und wie frei ist der Wille, wenn die eine Wahl belohnt und die andere bestraft wird? »Du darfst alles tun, was du willst … aber *das* hättest du nicht tun dürfen … Das hast du nicht gewusst? Dein Problem!« Wo bleiben da Sinn und Gerechtigkeit?

Wie man es auch dreht und wendet, es scheint schwierig zu sein, in der Schöpfung wahre Willensfreiheit zu erkennen und diese mit Himmel und Hölle in Einklang zu bringen. Oder machen wir es uns zu einfach? Geht es in Wirklichkeit um etwas anderes, oder haben wir etwas übersehen?

Wie hilfreich ist es, einen Widersacher Gottes ins Spiel zu bringen – den Teufel, Luzifer, Satan? Löst dies das Problem mit dem freien Willen? Auch wenn der Mensch nach dem Willen des Widersachers handelt, gebraucht er doch wohl immer noch seinen von Gott gegebenen freien Willen. Man will es dann so darstellen, dass der »böse« Mensch bei der Wahl zwischen Gott und dem Widersacher den Letzteren gewählt habe. Und wenn der Mensch das gar nicht weiß? Wenn ihn der Widersacher ausgetrickst hat? Soll er keine Chance haben, seine Wahl zu ändern, wenn er schließlich dahinterkommt – leider erst nach seinem Tod? Würde Gott damit nicht dem Widersacher in die Hände spielen und ihm immer mehr Seelen überlassen, während für seinen Himmel nur eine kleine Minderheit übrig bliebe? Offenbar hat man da bei den kirchlich-christlichen Erklärungsversuchen nicht weit genug gedacht – vielleicht weil ein Weiterdenken zum Konflikt mit dem Dogma und zur Bedrohung der klerikalen Macht geführt hätte.

Und es gibt noch weitere Ungereimtheiten, zum Beispiel die folgende: Wenn Gott allwissend ist, weiß er natürlich auch, wie sich ein Mensch in einer bestimmten Situation entscheiden wird. Die Wahl wäre damit vorausbestimmt und die angebliche Wahl- und Willensfreiheit wäre gar keine. Man versuchte, dieses Paradox zu lösen, indem man behauptete, es gebe eigentlich keine Zeit und für Gott seien Vergangenheit, Gegenwart und Zukunft gleich. Wie aber könnte es dann eine Entwicklung geben? Und wo hätte der freie Wille Platz?

Eine eher einleuchtende Möglichkeit wäre diese: Gott ist allmächtig. Er könnte also zum Beispiel gesagt haben: »Ich will es so einrichten, dass nicht einmal ich weiß, wie der Mensch wählen wird, damit sein Wille wirklich frei ist.« Damit kommen wir dem kabbalistischen Begriff Zimzum (Tsimtsum) nahe, der besagt, dass

Gott sich zusammen- und zurückgezogen hat, so dass ein leerer Raum entstand, in dem eine besondere Schöpfung initiiert wurde, die danach weitgehend selbstständig ablief. Hier konnte dann eine wirkliche Willensfreiheit herrschen.

Nun nähern wir uns auch dem Weltbild der gnostischen Christen. Sie sagten, dass Gott durch den »Fall der Engel« gezwungen worden sei, neue Welten zu erschaffen, in denen diese »Engel« ihre Willensfreiheit ausleben konnten [3]. Was dann geschah, habe ich im Anhang in Form eines Märchens dargestellt.

Es gibt aber noch ein anderes Paradox im Zusammenhang mit dem freien Willen. Der Sklavenbesitzer lebt seinen freien Willen gegenüber seinem Sklaven so aus, dass dessen freier Wille stark eingeschränkt wird. Er raubt also dem Sklaven seine Willensfreiheit und nimmt sich seine eigene auf dessen Kosten. Wie geht das zusammen? Auch darauf gibt das »Märchen« im Anhang eine Antwort.

7. Gibt es demnach kein Leid ohne Grund?

Das wäre ja noch schlimmer! Es ist ja schon schlimm genug, dass wir aus karmischen Gründen leiden, wenn auch als Lektion und nicht als Strafe. Aber grundlos zu leiden, wäre doch das Grausamste und Ungerechteste, das es geben könnte. Das würde wirklich Gottes Liebe und Gerechtigkeit sehr infrage stellen! Das wäre unerklärbar!

Wenn Leid irgendwie und irgendwo einen Grund hat, ist es zumindest erklärbar.

Der Grund ist aber nicht immer karmisch, vielmehr gibt es Ausnahmen, auf die ich noch zurückkommen werde.

Man kann dem Karma nicht vorwerfen, dass es ungerecht sei, weil die wahre Ungerechtigkeit darin bestünde, ohne Grund zu leiden, und das wäre obendrein sinnlos. Man könnte ihm eher vorwerfen, grausam zu sein, aber das wäre eine subjektive Betrachtung. Karma ist sicher unbequem. Es ist unbequem, wenn ich den Kuchen selbst essen muss, den ich gebacken habe. Wenn ich leide, möchte ich viel lieber die Schuld anderen in die Schuhe schieben und selbst als Unschuldslamm da stehen. Und was ist, wenn ich mir damit eine Illusion mache? Wie ein schwedisches Sprichwort sagt: »Wenn zwei streiten, ist nie nur der eine schuld.«

8. Welche Erklärungen gibt es für das Problem des Leids auf der Welt?

Mit dem Problem des Leids haben sich viele Religionen intensiv befasst. Es kann wie folgt dargestellt werden:
- Gott ist die absolute Güte und Liebe.
- Gott ist allmächtig und allwissend.
- Diese Welt ist voll von Leid.

Wie passt das zusammen? Dieses Problem wird in der Theologie als das Theodizeeproblem bezeichnet, und um es zu lösen, hat man verschiedene Ansätze ausprobiert, zum Beispiel die Annahme, dass eines dieser Postulate falsch sei [4-6].

Dann ergeben sich folgende Möglichkeiten:

Hypothese 1. Gott ist nicht nur gut, sondern hat auch eine böse Seite

Könnten wir ihn, wenn es so wäre, als Gott anerkennen? Nach meinem Gefühl nicht. Deshalb sehe ich darin keine Lösung. Die gnostisch-christliche Vorstellung, dass derjenige, der sich uns als Gott ausgibt, gar nicht der wahre höchste Gott und Urschöpfer ist, sondern vielmehr ein Demiurg, passt da schon eher. Jener Demiurg hat erwiesenermaßen auch eine grausame Seite (siehe Kapitel 3, Frage 14), aber er ist nicht wirklich Gott.

Hypothese 2. Gott ist nicht allmächtig und nicht allwissend

Gott hätte demnach – wie der Zauberlehrling – etwas in Gang gesetzt, worüber er dann die Kontrolle verlor. Nun kann er nicht mehr verhindern, dass so viel Leid entsteht: ein Schöpfungsunfall. Das ist ebenfalls ein schwer anzunehmender Erklärungsversuch. Es sei denn, wir beziehen dies wiederum auf einen Demiurg.

Hypothese 3. Leid ist Illusion

Dieser überhebliche Erklärungsversuch der von Leid verschont Gebliebenen kann nicht akzeptiert werden. Damit werden Leidende nur verhöhnt.

Gibt es wirklich einen Gott?

Man könnte das Ganze auch leugnen und behaupten: Es gibt gar keinen Gott, und Leid kann nicht verhindert werden. Es kann nur durch die menschliche Unvollkommenheit erklärt und vielleicht durch eine langsame menschliche Eigenentwicklung überwunden werden. Das ist die materialistische Anschauung, die einfach vor der Fragestellung kapituliert. Man kann sich dem Problem aber auch annähern, indem man ein viertes Postulat hinzufügt, dessen unterschiedliche Versionen sich wie folgt darstellen:

Hypothese 4a. Leid erzieht und veredelt

Man kann natürlich behaupten, Leid wirke veredelnd und erziehend, aber leider bewirkt es nur allzu oft das Gegenteil: Es kann Menschen verbittert und erst recht böse machen. Jemand, der das Gefühl hat, unschuldig zu leiden, wendet sich vielleicht gerade deshalb dem Bösen zu, nach dem Motto: »Wenn ich schon leiden muss, dann ...« Er nimmt dann sozusagen Rache an Gott und der Welt. Jemand hat einmal gesagt: »Was ist das für eine Erziehung ..., die so viele Schüler umbringt?« [7]

Die Behauptung, Leid wirke erziehend, kann also nicht einfach so hingenommen werden – es sei denn in Zusammenhang mit Reinkarnation und Karma. In dieser Verbindung stellt sich die Sache in der Tat ganz anders dar.

Hypothese 4b. In einem zukünftigen, wunderbaren Zeitalter wird alles wieder gut

Genügt uns ein solches Endzeitversprechen? Dass der Leidende am Ende vielfach entschädigt werde und der Übeltäter einen ganz anderen Lohn empfange, ist leicht gesagt und als Ausrede nur allzu beliebig einsetzbar. Warum man denn nun gelitten hat, ist damit nicht erklärt, und die Tatsache, dass man gelitten hat, wurde nicht beseitigt, sondern lediglich kompensiert.

Hypothese 4c. Der freie Wille erfordert die Möglichkeit, auch Böses zu tun

Wenn der Wille vollkommen frei sein soll, gibt es keine Einschränkungen, etwa nach dem Motto: Nur Gutes, kein Böses! Aber gibt es das Böse in der Welt, damit wir diese Wahlmöglichkeit haben? Haben manche Menschen deshalb die Tendenz, Böses zu wollen? Müssen Menschen leiden, damit jene auch die Wahl haben? Das ist wohl ebenfalls eine schwierige Frage, denn welche Wahl hätten dann die Leidenden? Eine solche Theodizee reicht außerdem nicht aus, um Leid ohne Täterschaft zu erklären, zum Beispiel durch Naturkatastrophen.

Erweiterung der Theodizee des freien Willens

Man muss hier zwei Fragen unterscheiden. Erstens: »Wie kommt es, dass Menschen zu Tätern werden?«, und zweitens: »Warum sollen dann auch noch andere darunter leiden?«

Damit, dass uns Gott die volle Willensfreiheit zugesichert hat, muss er uns auch die Möglichkeit eingeräumt haben, sie für Böses zu gebrauchen. Sonst wäre der Wille ja nicht vollständig frei. Wer nun noch unentwickelt ist und die Liebe noch nicht versteht, erliegt nur allzu leicht der Versuchung, eigene Vorteile auf Kosten anderer zu suchen. Nun kann man sich in unserem Zusammenhang fragen: Warum müssen andere Menschen darunter leiden, dass jemand Böses tut? Was haben sie getan? Wo ist da die Gerechtigkeit?

Wenn jemand zuschlagen will, kann Gott nicht gut verhindern, dass er es tut, denn damit würde dessen Willensfreiheit eingeschränkt. Aber er kann wohl verhindern, dass Menschen (oder vielmehr ihre Seelen), *die es nicht verdient haben,* vom Schlag getroffen werden! Wer getroffen wird, hätte es also irgendwie »verdient«. Womit? Damit, dass er früher einmal selbst in ähnlicher Weise zugeschlagen hat. Es muss noch einmal betont werden, dass das »Verdienen« hier nichts mit Strafe zu tun hat. Es handelt sich vielmehr um eine Lektion. Wie sollte sich die in der Bibel mehrfach (in verschiedenen Formulierungen) gemachte Aussage »Was du anderen tust, wird auch dir getan werden« sonst bewahrheiten?

Das ist die, wie ich zugeben muss, sehr einfache Darstellung *einer* Erklärung für die Entstehung von Leid durch Karma. Wie wir noch sehen werden, gibt es auch andere Ursachen für Leid. Leid ohne *irgendeine Ursache* ließe sich jedoch niemals mit der Liebe und Gerechtigkeit Gottes vereinbaren.

Der Einwand, dass der freie Wille nicht sehr frei wäre, wenn die eine Wahl »bestraft« und die andere belohnt würde, gerät hier in ein ganz neues Licht. Eigentlich ist Karma *neutral.* Gute Taten haben angenehme, üble unangenehme oder gar schmerzliche Folgen. Ob etwas gut oder schlecht ist, wird also durch die Tat bestimmt. Daraus sollen wir als Menschen lernen, unseren freien Willen nicht absolut durchzusetzen, sondern nur relativ. »Absolut« heißt in diesem Fall, dass ich das, was ich will, egoistisch durchsetze, egal, wer darunter leiden muss. Ich bin also nur auf *mein eigenes Bestes* aus – was aber kurzsichtig ist, denn wenn die Rechnung kommt, zeigt sich meist, dass es doch nicht zu meinem Besten war …

Den freien Willen »relativ« durchzusetzen bedeutet demgegenüber, das *gemeinsame Beste* für alle Beteiligten zu suchen, auch wenn dies in manchen Fällen wie ein Kompromiss aussehen mag. Das hat mit Liebe zu tun und ist das Entwicklungsziel der »Reinkarnationsschule« für die Seele. Ich suche nur dann mein eigenes Bestes, wenn niemand anderer dafür bezahlen muss.

Diese kurze Darstellung bezieht sich auf die wichtigsten Lösungsansätze für das sogenannte Theodizeeproblem. Das Wort Theodizee kommt aus dem Griechischen (*theos* = Gott und *dike* = Recht, Gerechtigkeit, Rechtspruch) und bedeutet »Gottesrechtfertigung« oder »Verteidigung der Gerechtigkeit Gottes«.

Andere Ansätze zur Lösung dieses Problems können wie folgt zusammengefasst werden:

Der Mensch kann nicht beurteilen, was gut und böse ist. Gott steht so weit über uns und weiß es viel besser als wir.

Was wir für böse halten, ist in Wirklichkeit gut, aber wir sind nicht fähig, das zu erkennen. Der Mensch ist überheblich, wenn er über Gott urteilen will.

Mithilfe des Bösen können wir lernen, das Gute umso mehr zu schätzen.

Solche Aussagen sind eigentlich keine Lösungsansätze, sondern eher eine Form der Entmündigung des Menschen. Sie können sogar als Ausreden gewertet werden – als Ausreden für Täter oder als Ausreden dafür, dass man keine bessere Antwort geben kann.

9. Müssten die Zustände auf der Welt nicht eigentlich immer besser werden?

Wie sieht die Welt heute aus, verglichen mit vor zweitausend Jahren? Erstens leben gegenwärtig mehr als sieben Milliarden Menschen auf diesem Planeten. Damals waren es schätzungsweise 200 Millionen (nach anderen Schätzungen bis zu 400 Millionen). Wir sind also fünfunddreißig Mal mehr, und jeden Tag werden weitere 215.000 Menschen geboren! Das ergibt eine erschreckende Differenz. Zweitens haben wir auf Grund der Entwicklung, die in der Waffen- und Kriegstechnologie stattgefunden hat, heute ungleich mehr Möglichkeiten, Schaden anzurichten. Damals konnte ein Soldat auf dem Schlachtfeld nur einige wenige Gegner töten, bis er selbst getötet wurde. Heute kann ein General per Knopfdruck oder ein Präsident mit einem einzigen telefonischen Befehl schlagartig Millionen Menschenleben auslöschen. Die Kriegsführung ist außerdem sehr viel raffinierter und hinterhältiger geworden. Das muss man alles in den Vergleich einbeziehen.

In früheren Zeiten war die Sklaverei weit verbreitet, mittlerweile gibt es sie nur noch in wenigen, eher rückständigen Teilen der Erde. Heute haben wir größtenteils Presse- und Redefreiheit und können unsere Meinung einigermaßen frei äußern (jedoch ist das mit der Pressefreiheit ziemlich relativ geworden, da auch in unserem »demokratischen« Teil der Welt heute die öffentlichen Medien anscheinend recht stark kontrolliert werden). Das war in früheren Epochen und vielen Kulturen nicht oder nur in viel geringerem Maße der Fall.

Damals gab es Händler und Handwerker, die, wenn überhaupt, vielleicht einen oder zwei Angestellte hatten. Heute gibt es große Konzerne, die einen Kleinbetrieb nach dem anderen ruinieren und sich auf diese Weise bereichern. Die Bosse in den Chefetagen solcher Konzerne setzen bei »Bedarf« gerne auch mal viele Angestellte auf die Straße, um ihre Gewinne aufzubessern. In der sogenannten Dritten Welt werden Menschen ausgebeutet, um für uns billig Kleider, Bananen und Kaffee zu produzieren (eine modernere Form der Sklaverei), während die Zwischenhändler den Profit einstecken. Beispiele wie diese ließen sich noch viele anführen. Immer sind es verhältnismäßig wenige Täter, die im großen Stil Übles anrichten. Die Angestellten in ihren Unternehmen bekommen davon meist kaum etwas mit (sofern sie es überhaupt wissen wollen …).

Sind die heutigen Menschen ganz allgemein bewusster als vor zweitausend Jahren? Prozentual gerechnet? Auch wenn die Menschheit in absoluten Zahlen ausgedrückt nicht besser geworden ist, ist sie es relativ gesehen vielleicht doch? Wir sind fünfunddreißig Mal mehr Menschen als vor zweitausend Jahren. Wird auch fünfunddreißig Mal mehr gemordet, vergewaltigt, gestohlen und betrogen? Oder vielleicht nur zwanzig Mal mehr? Oder gar fünfzehn Mal? Die Betroffenen sind zahlenmäßig viel mehr, zumindest in absoluten Zahlen, aber sind die Täter, die wahrhaftig großen Übeltäter, wirklich so viel mehr geworden? Jene Bosse, Herrscher und Heerführer, die das alles in die Wege leiten? Gibt es von ihnen auch fünfunddreißig Mal mehr?

Ich glaube nicht. So gesehen hat sich die Welt wohl doch ein Stück weit verbessert. Doch leider können die Übeltäter heute viel mehr anrichten.

10. Warum lässt Gott das alles zu?

Wenn Gott wirklich allmächtig ist, könnte er doch Möglichkeiten zur Entwicklung und Besserung zur Verfügung stellen, die kein Leid beinhalten. Oder er hätte die Menschen von Anfang an gut erschaffen können. Warum hat er das nicht getan? Die Antwort hat – wieder einmal – mit dem freien Willen zu tun, den Gott uns gab. Mit diesem freien Willen ermöglichte Gott jedem Menschen, alle möglichen Ideen in die Tat umzusetzen und auszuprobieren, auf dass er aus den Folgen lernen und einsehen möge, dass er manches besser nicht tun sollte. Wir lernen also, wenn auch langsam, dass es uns auf die »böse« Weise doch nicht so gut geht. Es kostet andere und am Ende uns selbst viel zu viel.

»Ich habe es probiert, aber es war falsch.« Dies zu sagen ist allemal besser, als ständig eine Idee mit sich herumzutragen, die man nie auszuprobieren wagt. In diesem Fall bleibt ein Keim des Bösen in uns verborgen, in jenem, dem zuerst Genannten, ist er endgültig beseitigt. Das »Märchen« im Anhang dürfte dies noch deutlicher machen.

11. Warum lässt der Mensch das zu?

Warum lassen wir zu, dass man uns zu etwas zwingt und dass man Dinge mit uns tut, die wir nicht wollen? Dass wir ausgenutzt und ausgebeutet werden? Dass wir zum Spielball anderer werden? Darauf gibt es in den meisten Fällen zwei Antworten.

Erstens wissen wir tief in uns, dass dies unser Karma ist und dass wir diese Erfahrung als Lektion brauchen. Wir wissen auf jener Ebene in unserem Innern, dass wir dieser Erfahrung vor unserer Geburt zugestimmt haben. Wir waren mit dem Pensum für unser neues Leben einverstanden, weil wir begriffen haben, dass wir unserer Weiterentwicklung zuliebe da durch müssen.

Zweitens ist die Angst da. Fast alle haben Angst. Angst vor Schmerzen und davor, dass es vielleicht noch schlimmer wird. Angst vor dem Verlust von Eigentum, Wohlstand, Existenz, sozialem Stand. Angst wird uns systematisch angezüchtet. Angstmacherei ist Methode geworden. Über uns hängt die ständige Bedrohung wie ein Damoklesschwert. Wenn wir nicht mitmachen, geht es uns schlecht. Am Ende kommen wir womöglich sogar in die Hölle.

Nun ist in der Psychologie wohl bekannt, dass Angst Gefahr anzieht. Was wir fürchten, passiert oft gerade deshalb, *weil* wir es fürchten. Wer keine Angst hat, lebt besser und freier. Er wird vielleicht mehr Auseinandersetzungen haben als der Ängstliche, aber sie sind es ihm wert – auch wenn er daran sterben sollte, denn das Leben geht weiter, erst auf der Seelenebene und dann in einer neuen Verkörperung.

12. Gibt es auch ein Gruppen- und Völkerkarma?

Es gibt esoterische Theorien über ein gemeinsames Karma von Gruppen und Völkern. Rückführungserlebnissen kann man aber keine deutlichen Hinweise darauf entnehmen. Da geht es immer um Einzelerlebnisse, und man erkennt das persönliche Karma, das dazu führte, dass man Leid erfahren musste, auch wenn dieses viele Menschen gleichzeitig traf.

Es ist eine üble Sache und reiner Unsinn, wenn man – wie es leider manchmal vorkommt – den Holocaust mit einem »jüdischen Volkskarma« rechtfertigen möchte, etwa mit dem Hinweis, dass »die Juden Jesus ermordet« hätten. Vor dem Haus des Pilatus stand ja nur eine Handvoll Menschen, die erst *gegen* die Kreuzigung war, bis Agenten des Hohen Priesters sie aufstachelten. Was also konnten die damaligen Juden dafür? Und was kann das jüdische Volk dafür? Es ist übrigens nicht minder übel und wahrscheinlich sogar karmaträchtig, den Holocaust leugnen zu wollen. Es liegen viele konkrete Augenzeugenberichte von Rückführungsklienten und -klientinnen vor, die in ihrem letzten Vorleben im KZ starben!

Nun ist natürlich die Frage berechtigt, woher wohl diese Personen ihr Karma hatten. Auch bei ihnen ergibt sich ein karmischer Hintergrund, der aber gar nichts mit einem Volkskarma zu tun hat. Hier findet man ganz persönliche Vorgeschichten von noch früheren Leben her, die individuell und sehr unterschiedlich sind und weit auseinandergehen. Etwas Gemeinsames ist da nicht zu erkennen, und eine Art »Rechtfertigung« für den Holocaust kann hieraus *keineswegs* abgeleitet werden. Die Erklärung für dieses horrible Geschehen wird ganz woanders liegen, sofern es überhaupt eine solche gibt.

13. Wie passt die Lehre von der Reinkarnation mit dem Bevölkerungswachstum zusammen?

Man spricht heute von einer Bevölkerungsexplosion. Die Anzahl der auf der Erde lebenden Menschen verdoppelt sich heute in 60 bis 70 Jahren (vor 50 Jahren wurde sogar mit weniger als 30 Jahren gerechnet). In jeder Sekunde gibt es fast drei Menschen mehr. Jeden Tag 215.000 mehr – Geborene minus Gestorbene. Wo kommen all diese Seelen her? Und wo sollen sie am Ende alle hin?

Reinkarnationserlebnisse zeigen, dass wir heute sehr viel schneller reinkarnieren als zum Beispiel vor zweitausend Jahren. Damals konnte eine Seele hundert Jahre oder länger warten, bis sie wieder inkarnierte (und sie will ja normalerweise auch nicht so schnell zurückkommen). Heute kommen die meisten Seelen schon wenige Jahre nach dem Tod wieder auf die Erde – nach zwanzig, zehn oder fünf, in seltenen Fällen sogar schon nach einem oder zwei Jahren.

Wie kommt das? Es scheint, dass die *Größenordnung* der Seelen, die auf unserem Planeten inkarnieren (nicht ihre absolute Zahl) schon lange etwa gleich ist. Einige Seelen konnten gehen, aber es kamen einige neue hinzu. Dabei werden immer mehr Körper gezeugt. Wenn ein Kind zur Welt kommen soll, braucht es allerdings drei, nicht zwei: die beiden, die Vater und Mutter werden, und eine Seele, die sich inkarniert. Sonst funktioniert die Zeugung nicht, oder es kommt zu einer frühen Totgeburt. Manchmal geht der noch sehr kleine Embryo so früh ab, dass die Mutter nicht einmal merkt, dass sie kurz schwanger war.

Da also immer mehr Zeugungen stattfinden, muss der Bedarf durch eine »schnellere Rotation« gedeckt werden. Die Seelen, die sich im Zwischenzustand zwischen zwei Inkarnationen befinden, werden gebraucht. Sie müssen schneller wieder antreten, um den Bedarf zu decken. Es ist wie bei Angebot und Nachfrage. Die Nachfrage steigt ständig, und das Angebot muss immer früher bereitgestellt werden. Vielleicht kommt es deshalb immer häufiger vor, dass Ehen kinderlos bleiben. Es ließ sich einfach nicht schnell genug eine Seele anziehen.

Es gibt aber noch etwas anderes, das manchen Menschen große Schwierigkeiten bereitet. Wir sind nicht allein im Kosmos. Es gibt da draußen noch viele andere Zivilisationen. Wir wollten zwar immer glauben, dass wir die einzige Menschheit der Schöpfung seien, aber die Wissenschaft muss vor den Tatsachen kapitulieren, was sie nur sehr zögerlich tut. Die Religionen wollen schon gar nichts vom Leben auf anderen Himmelskörper hören, denn davon steht ja nichts in den Schriften.

Man schätzt heute, dass es im Kosmos 10^{24} Sterne gibt, das heißt Sonnen. Eine Quadrillion! Eine Eins mit 24 Nullen! Das ist unvorstellbar viel – im wahrsten Sinne des Wortes astronomisch … Nun haben sicher nicht alle Sonnen gleich viele Planeten. Manche haben vielleicht zwanzig, andere gar keine. Man kann wohl davon ausgehen, dass die Anzahl der Planeten im Kosmos grob in der gleichen Größenordnung liegt wie die Anzahl der Sonnen. Es muss jedenfalls *Billionen* von Planeten geben. Die Schulastronomie schätzt die

Größenordnung sogar auf *Trillionen* … Und dass von *Trillionen* Planeten *nur ein einziger* biologisches Leben trägt ist sowohl von der astronomischen Statistik als auch von der Logik her *völlig unmöglich.* Höchstwahrscheinlich gibt es Milliarden von Planeten, auf denen biologisches Leben entstanden ist – vielleicht ähnlich unseren Lebensformen, vielleicht auch auf einer ganz anderen Basis. Warum sollte es nicht Lebensformen geben, die Methangas statt Sauerstoff atmen oder deren Biochemie auf Silizium statt auf Kohlenstoff beruht? Oder Lebewesen, die gar nicht atmen müssen, sondern auf Planeten ohne Atmosphäre leben können. Das ist alles durchaus denkbar, und damit erhöhen sich die Möglichkeiten noch mehr.

Warum sollten uns dann Zivilisationen einiger dieser Planeten in der Entwicklung nicht deutlich voraus sein? Warum sollte es dort nicht Menschen geben, die schon längst können, was unsere Wissenschaft erst zu ahnen beginnt? Menschen, welche die Raumfahrt schon lange beherrschen und uns möglicherweise manchmal besuchen? Sie werden sich aber wohl hüten, in allzu engen Kontakt mit unserer mörderischen Zivilisation zu kommen und vielleicht militärische Schießbefehle auszulösen. *Auch sie sind von Gott erschaffen!* Auch sie haben Seelen!

Könnte eine Seele dann nicht zwischen den Inkarnationen den Planeten wechseln? Materielle Strukturen bräuchten dafür ja enorm viel Zeit. Da gibt es schließlich die Barriere der Lichtgeschwindigkeit. Aber unsere Wissenschaft beginnt schon Möglichkeiten zu erahnen, um selbst diese Barriere zu überwinden (was einige wenige andere Zivilisationen wohl schon können). Und gilt diese Beschränkung auch für immaterielle Seelen? Anscheinend nicht!

In seltenen Rückerinnerungen erlebt sich die betreffende Person als jemand, der vorher auf einem anderen Planeten gelebt hat. Wir können so etwas in keiner Weise beweisen. Aber ist es angesichts des oben Besprochenen wirklich unmöglich? Sicher nicht! Also könnten sich auf unserer Erde tatsächlich Seelen von anderen Welten inkarnieren. Das ist weder undenkbar noch unmöglich, auch wenn viele sich gegen diesen Gedanken sträuben – wohl eher emotional als rational.

Im gnostisch-christlichen Weltbild, von dem in Kapitel 3 noch ausführlicher die Rede sein wird, gibt es eine unterste Ebene: die Ebene der Dämonen und Widersacher. Die nächste Ebene darüber ist die der Menschen. Nach der gnostisch-christlichen Auffassung werden mit der Zeit auch die Wesen dieser untersten Ebene nach oben aufsteigen. Auch sie sind »gefallene Engel«, nur tiefer gefallen als wir, und auch sie werden irgendwann ins göttliche Licht zurückkehren. Die erste Stufe ihres Aufstiegs ist die Ebene der Menschen. Gibt es also auch von jener Ebene »Nachschub«? Und könnte das nicht einiges von dem erklären, was sich momentan auf der Welt abspielt?

14. Ist Karma für alles verantwortlich?

Nein, Karma ist nicht für alles verantwortlich. Dass wir in leidvolle Situationen geraten, kann auch andere Gründe haben, zum Beispiel Angst. Wie wir bereits erfahren haben, tendiert Angst dazu, genau das anzuziehen, was man fürchtet. Es ist eine Erfahrungstatsache, dass demjenigen, der vor einer bestimmten Situation Angst hat, in eben dieser Situation eher etwas passiert, als einem anderen, der keine Angst davor hat. Angst kann uns darüber hinaus sogar in etwas hineinziehen, das sich durchaus hätte vermeiden lassen. Darum ist es sehr wichtig, die Ursachen von Ängsten aufzudecken und die Ängste aufzulösen.

Weitere Leidverursacher sind bestimmte Verhaltens- und Reaktionsmuster, die in der Vergangenheit durch seelische Verletzungen entstanden sind und nun das Leben des Betreffenden verkomplizieren, besonders in Beziehungen und Partnerschaften. Manche haben unbewusst eine unsichtbare Mauer um sich herum aufgebaut, die verhindert, dass sie Gefühle an sich heranlassen und eigene Gefühle zeigen. Sie glauben, sich dadurch vor Verletzungen schützen zu können, aber diese unsichtbare Mauer »schützt« vielmehr gegen Liebe! Diese Menschen leiden, weil sie meinen, keine Liebe zu bekommen, und erkennen nicht, dass ihnen diese nicht gegeben wird, *weil sie selbst keine Liebe geben.* Wer Angst hat, nicht geliebt zu werden, wird manchmal gerade deshalb nicht geliebt. In Beziehungen erfahrenes Leid ist in vielen Fällen eine Widerspiegelung der eigenen Liebesunfähigkeit. Das heißt nicht unbedingt, dass man nicht lieben kann, aber man kann es nicht so zeigen, dass es beim anderen ankommt. Das hat sehr oft damit zu tun hat, dass man in seiner Kindheit keine wirkliche Liebe erlebte, sondern allenfalls materielle Zuwendung [8].

Viele Menschen ziehen Leidvolles an, weil sie unbewusste Schuldgefühle haben. Diese Schuldgefühle können im schlimmsten Fall ein unbewusstes Selbstbestrafungsmuster bilden, welches dazu führt, dass der Betreffende der Meinung ist, er habe ein besseres Leben gar nicht verdient. Solche Schuldgefühle können aus einem früheren Leben stammen, wo sie vielleicht begründet waren. Höchstwahrscheinlich hat der Betreffende aber seither aus karmischen Lektionen gelernt und muss dieses Schuldgefühl nicht mehr haben. Dann kann es im Rahmen einer Rückführungstherapie aufgelöst werden. Manche Schuldgefühle sind jedoch völlig unbegründet. Dazu gehören vor allem jene aus der Kindheit, die uns unsere Eltern in Unwissenheit oder gar in verfehlter erzieherischer Absicht vermittelt haben (normalerweise ohne zu verstehen, was sie da taten) [9].

Sind also die Eltern an unserem Leid schuld? So scheinen es manche gern zu sehen … Doch auch für Probleme aus der Kindheit, die unser Leben komplizieren, wird es einen karmischen Grund geben. Vielleicht waren wir in einem früheren Leben selbst solche Eltern. Auf jeden Fall ist, wo es einen Konflikt gibt, niemals nur der andere schuld. Wir sind immer mitschuldig an einer problematischen oder gar leidvollen Beziehung (direkt oder karmisch). Indem wir dem anderen die ganze Schuld in die Schuhe schieben, machen wir es nur schlimmer.

Es gibt natürlich noch viel mehr Möglichkeiten, eigene Probleme auf die Umwelt zu projizieren und mehr oder weniger leidvolle Widerspiegelungen davon zu erfahren, doch leider durchschauen wir die Regeln dieses unbewussten Spiels meistens nicht. Manche entziehen sich dem Spiel, indem sie sich ebenso unbewusst in Gesundheitsprobleme und Krankheiten flüchten. Meiner Meinung nach gibt es kaum eine Krankheit, die nicht *auch* eine psychische Ursache hat.

15. War auch ich einmal ein Täter?

Die Geschichte der Menschheit ist voll von Gewalt, Grausamkeit und Leid. Es gab unzählige Täter, und es gibt jeden Tag neue. Wenn Reinkarnation eine Tatsache ist (und das ist ja der Ausgangspunkt unserer Diskussion), ist es rein statistisch betrachtet ziemlich unwahrscheinlich, dass ausgerechnet ich nie ein Täter war. Wir denken ja gern: Ich sicher nicht, nur andere. Die logische Folgerung ist aber eher: Ich sicher auch. Vor allem wenn ich schon einiges habe erleiden müssen, kann ich nach dem Gesetz des Karmas unter diesen Voraussetzungen davon ausgehen, dass ich höchstwahrscheinlich irgendwann ein Täter war. Das sollte eigentlich zu einer versöhnlichen Haltung gegenüber unseren Mitmenschen führen. Wenn uns jemand etwas antut, sollten wir zunächst davon ausgehen, dass uns dies geschieht, weil wir daraus etwas zu lernen haben, vielleicht weil wir selbst einmal anderen etwas Ähnliches antaten.

Diese Antwort mag Ihnen unangenehm erscheinen. Aber bedenken Sie mal die statistischen und logischen Aspekte sowie die Wahrscheinlichkeit! Wir sitzen alle im gleichen Boot …

16. War ich vielleicht ein großer Wohltäter oder eine berühmte Person?

In der Geschichte der Menschheit gab und gibt es Massen von Tätern (auch jeder Soldat und jeder Vollstrecker ist einer …), aber nur eine »Handvoll« großer Wohltäter und wirklich berühmter Persönlichkeiten (außerdem waren manche Berühmtheiten auch Täter). Letztere werden wahrscheinlich heute wieder inkarniert sein, aber wer einmal berühmt war, wird es heute vielleicht nicht mehr sein.

Und aus rein statistischen Gründen ist es durchaus unwahrscheinlich, dass ich einer davon war. Wäre ich ein großer Wohltäter gewesen, wäre ich in meiner Entwicklung vielleicht sogar schon so weit, dass ich überhaupt nicht mehr inkarnieren müsste.

17. Wie hat alles angefangen?

Nach der gnostisch-christlichen Lehre begann alles mit dem Wunsch, Raum für das Ausleben des freien Willens zu bekommen. Wer Mensch wurde, war als Seele noch unentwickelt und hatte noch nicht lieben gelernt. Deshalb war er auch fähig, Böses zu tun. Es war ihm gleichgültig, wie es anderen dabei ging. Wir müssen also vor allem lernen, dass es in Wirklichkeit alles andere als gleichgültig ist.

18. Wie hört es auf?

Nach der gnostisch-christlichen und den meisten anderen Lehren von der Reinkarnation hat das Reinkarnieren einmal ein Ende. Jeder wird irgendwann zum letzten Mal geboren, um nach dem letzten Tod nicht mehr inkarnieren zu müssen. Was braucht es dazu? Eine Voraussetzung ist wohl, dass es einem endlich gelungen ist, die uneingeschränkte und nicht diskriminierende Liebe zu den Mitmenschen nicht nur zu verstehen, sondern auch konsequent zu leben. Eine weitere scheint zu sein, dass es auf der Welt keine Seele mehr gibt, mit der ich mich noch zu versöhnen habe. Wahrscheinlich gibt es weitere Voraussetzungen, aber diese beiden dürften die wichtigsten sein.

19. Gilt das Gesetz des Karmas für alle?

Nach allem, was wir bisher besprochen haben, müsste das Gesetz des Karmas für alle gelten. Man kann nicht erwarten, dass Seelen reinkarnieren, von denen einige kein Karma haben (außer bei der allerersten Inkarnation). Mit Ausnahmen ist nicht zu rechnen, erst recht nicht in Anbetracht der logischen Schlussfolgerung, dass es einen Grund geben muss, aus dem man leidet. Fälle, in denen jemand freiwillig Leid auf sich nimmt, dürften die sehr seltene Ausnahme sein. Jesus war offenbar eine solche Ausnahme. Er nahm die Kreuzigung freiwillig an, weil er wusste, dass Sein Wirken auf Erden von seinen Widersachern zu einem solchen Ende geführt werden würde. Doch hat Er wirklich gelitten? Auch in dieser Hinsicht wird Er ein Sonderfall gewesen sein. Nur sehr hoch entwickelte inkarnierte Wesen sind in der Lage, schweres Leid freiwillig auf sich zu nehmen, was aber auch bedeutet, dass sie größtenteils über diesem Leid stehen.

20. Hilft Versöhnung, Karma zu überwinden?

Die allermeisten von uns sind von Menschen umgeben, denen sie früher schon einmal als Opfer oder Täter begegnet sind, manchmal auch als beides. Wir treffen einander solange immer wieder, bis wir uns versöhnt haben. Das Prinzip scheint zu sein: »Denjenigen, die du liebst, darfst du wieder begegnen. Denjenigen, die du hasst, *musst* du wieder begegnen.« In ungewöhnlichen Fällen kann das sogar zu einer Art Vendetta führen, zu einer Kette von Konflikten in einer aufeinander folgenden Reihe von Leben, in denen man unbewusst Rache aneinander übt. Es ist merkwürdig, dass wir so viel Zeit mit so etwas verschwenden, statt nach einem glücklichen Leben in Frieden zu streben. Das ist ein kolossaler Irrtum. Eine verhängnisvolle karmische Beziehung kann man nämlich nur dadurch beenden, dass man sich miteinander versöhnt.

Wie aber kann man verzeihen? Wenn man einmal begriffen hat, dass der Schmerz, den man durch die Taten eines anderen erfährt, nur die Widerspiegelung einer Situation aus der Vergangenheit ist, in der man anderen Ähnliches angetan hat – dann verzeiht man. Nach dem Gesetz des Karmas kann man immer davon ausgehen, dass eigenes Leid höchstwahrscheinlich eine Folge eigener Täterschaft ist. Buddha soll einmal gesagt haben: »Betrachte jeden, der dir weh tut, als deinen Lehrer!« Das ist nicht leicht, aber sicher richtig.

Versöhnung mit destruktiven Eltern und früheren Partnern

Wir sollten auch danach streben, im heutigen Leben erlittenen Schmerz zu verzeihen – unseren Eltern, ehemaligen Partnern und so weiter. Sonst werden wir es wohl in einem neuen Leben nachholen müssen …

Viele haben eine mehr oder weniger traumatische Kindheit erlebt mit Eltern, die nicht fähig waren, Liebe zu zeigen, die streng waren, bestrafend, kontrollierend und alles besser zu wissen meinten als das Kind. Sie respektierten den freien Willen des Kindes einfach nicht. Manche liebten das Kind vielleicht nicht, aber die meisten konnten ihre Liebe wohl nur nicht so zeigen, dass das Kind sie als Liebe verstand. In ihrer Unfähigkeit gaben sie ihm Liebesersatz in Form rein materieller Fürsorge. Susan Forward hat ein lesenswertes Buch zu diesem Thema geschrieben [9]. Über Vergebung heißt es darin: »Du musst nicht verzeihen … Es ist tatsächlich nicht notwendig, deinen Eltern zu verzeihen, um dich besser zu fühlen oder dein Leben zu ändern.« Warum schreibt sie das, und warum bin ich *nicht* damit einverstanden?

Sie beschreibt zwei Aspekte des Verzeihens: (1) das Bedürfnis nach Rache aufzugeben (was sie und auch ich als wichtig anerkennen) und (2) jemanden ohne Hinterfragen von seiner gerechten Verantwortung zu entbinden. Letzteres, so meint sie, sollten wir nicht einfach so tun. Aber genau *darum* geht es. Nicht »einfach so«. Es geht vielmehr darum einzusehen, dass das, was die andere Person uns angetan hat, nicht von ungefähr kam. Es gab einen Grund, weshalb wir es so erfahren sollten, und der Grund ist meistens karmisch. Die Person hat uns, ohne es selbst zu wissen und zu verstehen, genau die Lektion ermöglicht, die unsere Seele gesucht hat. Wenn wir das verstehen und aus dieser Einsicht heraus verzeihen, tappen wir nicht in die »Vergebnisfalle«, wie Susan Forward es nennt. Indem wir aus dieser Einsicht heraus verzeihen, *befreien wir uns selbst von jenem erlittenen Trauma.* Wichtig ist, dass wir uns selbst sagen können: »Es macht mir nichts mehr aus. Nun kann ich es verstehen und bin frei davon. Es ist vorbei!« Dahin führt das richtige Verzeihen.

21. Was sagt die Bibel zu Karma?

Obwohl die kirchliche Theologie nichts von »Karma« wissen will, wird es in der Bibel wiederholt und deutlich genug erwähnt.

1. Mos. 9,6: »Wer Menschenblut vergießt, dessen Blut wird auch durch Menschen vergossen werden ...«

2. Mos. 21,12: »Wer einen Menschen schlägt, dass er stirbt, der soll des Todes sterben.«

4. Mos. 14,18: »Der Herr ... lässt niemanden ungestraft, sondern heimsucht die Missetat der Väter an den Kindern bis ins dritte und vierte Glied« (nach dogmatischer Deutung: »bis in die dritte und vierte Generation«). Vgl. **5. Mos. 5,9.**

Die gnostischen Christen verstanden hier: »... dritte und vierte Inkarnation«. Wenn die übliche Deutung stimmen würde, wäre dies eine himmelschreiende Ungerechtigkeit, wenn jedoch die gnostische stimmt, ist es gerecht.

Vgl. hierzu **5. Mos. 24,16**: »Die Väter sollen nicht für die Kinder noch die Kinder für die Väter sterben, sondern ein jeder soll für seine [eigenen] Sünden sterben«, und **Hesek. 18,20**: »... der Sohn soll nicht tragen die Missetat des Vaters ...«

Diese Bibelstellen widersprechen der dogmatischen Deutung.

Psa. 7,16-17: »Er hat eine Grube gegraben und ausgehöhlt und ist in die Grube gefallen, die er gemacht hat. Sein Unglück wird auf seinen Kopf kommen und sein Frevel auf seinen Scheitel fallen.«

Sprüche 22,8: »Wer Unrecht sät, der wird Mühe ernten ...«

Jeremia 4,18: »Das hast du zu Lohn für dein Wesen und dein Tun. Dann wird dein Herz fühlen, wie deine Bosheit so groß ist.«

Hiob 4,8: »Wie ich wohl gesehen habe, dass die da Mühe pflügten und Unglück säten sie auch einernteten.«

Hosea 10,12-13: »Darum sät euch Gerechtigkeit und erntet Liebe ... Denn ihr pflügt Böses und erntet Übeltat ...«

Obadja 15: »... wie du getan hast, so soll es dir wieder geschehen, und wie du verdient hast, so soll es dir auf deinen Kopf wiederkommen.«

Matth. 5,7: »Selig sind die Barmherzigen, denn sie werden Barmherzigkeit erlangen.«

Matth. 6,14-15: »Denn wie ihr den Menschen ihre Fehler vergibt, so wird euch euer himmlischer Vater auch vergeben. Wo ihr aber den Menschen ihre Fehler nicht vergibt, so wird euch euer Vater eure Fehler auch nicht vergeben.«

Matth. 7,1-2: »Richtet nicht, auf dass ihr nicht gerichtet werdet. Denn mit welcherlei Gericht ihr richtet, werdet ihr gerichtet werden, und mit welcherlei Maße ihr messt, wird euch gemessen werden.«

Matth. 7,12: »Alles nun, das ihr wollt, dass euch die Leute tun sollen, das tut ihr ihnen. Das ist das Gesetz und [das sind] die Propheten.« Vgl. **Luk. 6,31**.

Matth. 7,17-18: »Also, ein jeglicher guter Baum bringt gute Früchte, aber ein fauler Baum bringt arge Früchte. Ein guter Baum kann nicht arge Früchte bringen und ein fauler Baum kann nicht gute Früchte bringen.«

Matth. 23,12: »Denn wer sich selbst erhöht, der wird erniedriget; und wer sich selbst erniedriget, der wird erhöht.« Vgl. **Luk. 14,11** und **18,14**.

Matth. 26,52: »... denn wer das Schwert nimmt, der wird durch das Schwert umkommen.«

Luk. 6,37-38: »Richtet nicht, so werdet ihr auch nicht gerichtet. Verdammt nicht, so werdet ihr nicht verdammt. Vergebt, so wird euch vergeben. Gebt, so wird euch gegeben. Ein vollgedrücktes, gerütteltes und überflüssig gefülltes Maß wird man in euren Schoß geben. Denn eben mit demselben Maße, womit ihr messt, wird man euch wieder messen.«

Joh. 5,14: »Sündige fortan nicht mehr, so dass dir nicht etwas Schlimmeres widerfahre.«

Joh. 8,34: »… wahrlich, wahrlich ich sage euch: Wer Sünde tut, der ist der Sünde Knecht.«

Genauer übersetzt: »Jeder, der sich verirrt, ist Sklave der Verirrung.« Die Verfehlung beherrscht uns in unserem Schicksal. Siehe unten: Kommentar zu Luk. 13,1-5.

Röm. 7,9-10: »Ich aber lebte einmal ohne das Gesetz. Da aber das Gebot kam, wurde die Sünde wieder lebendig. Ich aber starb, und es befand sich, dass das Gebot mir zum Tode reichte, das mir doch zum Leben gegeben war.«

Diese Stelle wurde von einigen gnostischen Christen als Hinweis auf die Reinkarnation verstanden. Dass »die Sünde wieder lebendig« wurde, könnte auf das »Aufleben« (als Karma) der vergangenen Taten in einer neuen Verkörperung hinweisen.

1. Kor. 3,8: »Der aber pflanzt und der da begießt, ist einer wie der andere. Ein jeglicher aber wird seinen Lohn empfangen nach seiner Arbeit.«

2. Kor. 9,6: »… wer da kärglich sät, der wird auch kärglich ernten; und wer da sät im Segen, der wird auch ernten im Segen.«

Gal. 6,5-7: »Denn ein jeglicher wird seine Last tragen … Was der Mensch sät, das wird er ernten.«

Offb. 13,10: »So jemand in das Gefängnis führt, der wird in das Gefängnis gehen; so jemand mit dem Schwert tötet, der muss mit dem Schwert getötet werden…«

Offb. 14,13: »… denn ihre Werke folgten ihnen nach.«

Als der Lehre vom Karma widersprechend wollte man folgende Stellen sehen:

Luk. 13,1-5: »Es waren aber zu der Zeit etliche dabei, die verkündigten ihm von den Galiläern, deren Blut Pilatus mit ihrem Opfer vermischt hatte. Und Jesus antwortete und sprach zu ihnen: Meinet ihr, dass diese Galiläer vor allen Galiläern Sünder gewesen sind, dieweil sie das erlitten haben? Ich sage: Nein; sondern so ihr euch nicht bessert, werdet ihr alle auch also umkommen. Oder meinet ihr, dass die 18, auf welche der Turm in Siloah fiel und erschlug sie, seien schuldig gewesen vor allen Menschen, die zu Jerusalem wohnen? Ich sage: Nein; sondern so ihr euch nicht bessert, werdet ihr alle auch also umkommen.«

Man wird diese Stelle wohl eher so verstehen müssen: »Ihr seid nicht besser als sie. Bessert euch, damit es euch nicht auch so geht!« Hier wurde das Wort hamartolos *mit »Sünder« übersetzt. Es bedeutet aber eher »Verirrter, vom Weg Abgekommener«. Metanoēte (metanoē´sēte) wurde mit »bessert euch« übersetzt, bedeutet aber eher »denkt um, ändert euer Denken«. Die Antwort »Nein« dürfte sich darauf beziehen, dass es nicht um ein »Sündigen« im jetzigen Leben handele, sondern in einem früheren. Auch dürfte es nicht um ein »Sündigen« vor Menschen gehen, sondern vor Gott. Außerdem: Was Menschen für »Sünde« halten, ist nicht immer Sünde vor Gott. Was sie nicht für »Sünde« halten, ist aber oft Sünde vor Gott.*

Joh. 9,2-3: Der Blindgeborene. Diese Stelle wird in Kapitel 3 behandelt.

Referenzen

1. Jan Erik Sigdell: *Durch den Tod ins Leben*, Ansata, München 2007.
2. Kyriacos C. Markides: *The Magus of Strovolos*, Arkana, London 1985. Deutsche Übersetzung: *Der Magus von Strovolos*, Schirner Verlag, Darmstadt 2004.
3. Origenes: *Vier Bücher über die Prinzipien*, übersetzt, kommentiert und von anderen Quellen her teilweise ergänzt durch Herwig Görgemanns und Heinrich Karpp, Wissenschaftliche Buchgesellschaft, Darmstadt, 2. Auflage 1985, I 6.3, Seite 255, vgl. I 7,5, Seite 247.
4. *Encyclopædia of Religion and Ethics*, hrsg. von James Hastings, Bd. XII, T. &. T. Clark, Edinburgh 1921, »Theodicy«, Seite 289-291.
5. *The Encyclopedia of Religion*, hrsg. von Mircea Eliade, Bd. 14, MacMillan, New York, 1987, »Theodicy«, Seite 430-441.
6. Jan Erik Sigdell: *Reinkarnation, Christentum und das kirchliche Dogma*, Ibera, Wien 2001, Kapitel 1.
7. *The Encyclopedia of Religion*, hrsg. von Mircea Eliade, Bd. 14, MacMillan, New York, 1987, »Theodicy«, Seite 433.

8. Jan Erik Sigdell: *Rückführung in frühere Leben – Praxisbuch,* Ansata, München 2004.

9. Susan Forward: *Toxic Parents, Overcoming their Hurtful Legacy and Reclaiming your Life,* Bantam, New York 1990. Deutsche Übersetzung: *Vergiftete Kindheit. Vom Missbrauch elterlicher Macht und seinen Folgen,* Goldmann, München 1993.

Theologische Fragen 3

1. Welche Religionen lehren die Reinkarnation?

Die einzigen bedeutenden Religionen, welche heute die Reinkarnation konkret ablehnen, sind das Christentum und der Islam (in fast all ihren Varianten). Das Judentum steht der Frage offiziell eher neutral gegenüber, obwohl viele Juden an Reinkarnation glauben. So ist für die jüdischen Chasidim (oder Hasidim, »die Frommen«) der Glaube an Reinkarnation ein zentrales Element. Die Chasidim bildeten vor dem Holocaust die Mehrheit des europäischen Judentums und sind noch heute eine der größten jüdischen Gruppierungen. Berühmte Kabbalisten wie Isaak Luria (Jitzchak Lurija) (1534-1572) und sein Schüler Chaim (Chajjim) Vital (1543-1620) haben die Reinkarnation gelehrt (vgl. Anhang).

Im Judentum sind und waren die Meinungen über Reinkarnation allerdings geteilt. Einige lehnten und lehnen sie ab, andere glaubten daran und tun es noch heute. Der Basler Anwalt David Schweizer (Präsident der Zionistischen Vereinigung in Basel) schrieb in einem Leserbrief an die *Basler Zeitung* (als Kommentar zu einem Zeitungsbericht): »In diesem Artikel wird behauptet, dass die Mehrheit der religiösen Juden nicht an Reinkarnation glaubt. Das ist falsch. Die Wiederverkörperung (Gilgul) ist im religiösen Judentum weitgehend anerkannt … Es sind vor allem nichtreligiöse Juden, die den Gedanken von Reinkarnation ablehnen« [1].

Das folgende Zitat bezieht sich auf die Ablehnung der Reinkarnation durch einige jüdische Denker: »Die Meinung ist begründet, dass viele der gegen sie argumentierenden Denker anders denken würden, hätten sie nur die kabbalistische Tradition gekannt. Ein bekannter Philosoph des 14. Jahrhunderts, Rabbi Chisdai Crescas [Hasdai Kreskas], sprach sich gegen Reinkarnation aus. Er bemerkte aber [später], dass er anders gedacht hätte, hätte er dies aus der Kabbalah erfahren. Ähnlich schrieb Rabbi Dan Jitzchak Abrabanel, dass der große Maimonides [Moses oder Mosheh Ben-Maimon] die ihm früher nicht bekannte kabbalistische Tradition erst erfuhr, als er sich dem Ende seines Lebens näherte. Danach äußerte er, dass er viele seine Belehrungen zurückgezogen hätte, wäre ihm diese Tradition früher bekannt gewesen« [2].

Diese Erkenntnisse über den jüdischen Glauben bilden eine wichtige Grundlage für die Beurteilung der Frage, inwieweit die Bibel mit der Vorstellung von Reinkarnation vereinbar ist. In der kirchlichen Theologie will man es nämlich so darstellen, als habe man im Judentum nie wirklich an Reinkarnation geglaubt und als gehörten jene, die anders darüber dachten, unbedeutenden Randgruppen an. So einfach ist es aber nicht.

Es gibt in der ganzen Welt kaum eine Religion, die nicht irgendeine Form von Reinkarnationslehre kannte oder noch kennt. Dazu gehören natürlich die asiatischen Religionen Hinduismus und Buddhismus, weshalb viele meinen, der Glaube an Reinkarnation sei dort entstanden, was erwiesenermaßen nicht stimmt. Die Inkas, die Mayas und andere Indianervölker sowie die Wikinger, die Kelten, die Eskimos und viele afrikanische Völker hatten (und einige haben noch) ebenfalls Reinkarnationsvorstellungen, aber mit Sicherheit keine Kontakte zu Indien. Der Reinkarnationsglaube scheint sich wie ein roter Faden durch alle Kulturen und Glaubensformen zu ziehen. Und wo es ihn heute nicht mehr gibt, hat es ihn früher auch gegeben.

Der Behauptung, die Lehre von der Reinkarnation sei eine indische »Erfindung« und habe sich von Indien aus verbreitet, widerspricht sogar eine katholische Enzyklopädie: »Mehr oder weniger umfassende Lehren über die Seelenwanderung sind in der Welt weit verbreitet gewesen und traten in Asien, Afrika, Australien,

Ozeanien und unter den nord- und südamerikanischen Indianern sowie in Teilen Europas auf. Es ist höchst unwahrscheinlich, dass die Lehre sich aus einem gemeinsamen Zentrum heraus verbreitet hat. Sie kann sich tatsächlich ohne Weiteres in diesen Gebieten getrennt entwickelt haben ...« [3]. Hinzufügend behauptet man dann: »... um die Ähnlichkeit zwischen Kindern und ihren Eltern oder anderen Verwandten zu erklären – als eine pseudowissenschaftliche Theorie der Genetik.« Das ist eine fast beleidigende Abwertung der Philosophie früherer Kulturen. Eine viel bessere und eher einleuchtende Erklärung, die auf Tatsachen beruht, wird unten gegeben (siehe Frage 8).

Im Islam wird die Lehre von der Reinkarnation heute abgelehnt, aber in früheren Zeiten haben einige islamische Gelehrte darüber geschrieben und mehrere Volksgruppen, die dem Islam angehören oder ihm zumindest nahe stehen, glauben oder glaubten daran: Jesiden, Aleviten, Yarsanen, Ismailiten, Noshairis, Kurden und Drusen. Die Sufis stehen der Lehre weitgehend offen gegenüber [4-7]. (Vgl. Anhang.)

Darüber, ob die alten Ägypter an Reinkarnation glaubten, gehen die Meinungen der Gelehrten auseinander. Der altgriechische Philosoph Herodot schrieb, dass die Ägypter an Reinkarnation glaubten und dass die Griechen ihre Reinkarnationslehre von dort hätten. Es scheint aber keinen Beleg dafür in ägyptischen Schriften zu geben. Ägyptologen sind eher der Meinung, dass in dem Fall von der späteren Periode der ägyptischen Kultur, also nach der persischen Eroberung, die Rede ist und dass die Ägypter die Vorstellung von den Persern übernommen hätten [7, 8].

Die alten Griechen haben bekanntlich Texte über Reinkarnation geschrieben: Empedokles, Plato, Pythagoras, Plotin, Pherekydes, die Neuplatoniker und die Orphiker [7, 8]. (Vgl. Anhang.) »Einwirkungen Indiens sind, jedenfalls in der älteren Zeit, nicht nachweisbar« [9].

Im Christentum gilt die Lehre von der Reinkarnation als Irrlehre. Es ist aber bekannt, dass die christlichen Gnostiker sowohl die Präexistenz (die Existenz der Seele vor der Zeugung) als auch die

Wiederverkörperung der Seele lehrten und mehrere Bibelstellen im Sinne der Reinkarnation verstanden haben. Die Ebioniten sind eine weitere frühchristliche Gruppe, in der Reinkarnation gelehrt wurde. Es gibt auch heute noch christliche Randgruppen, in denen man an Reinkarnation glaubt. Dazu gehören zum Beispiel die russisch-orthodoxen Doukhoboren. Zwei vor allem in Europa nicht unbedeutende reinkarnationsgläubige christliche Bewegungen sind die anthroposophische Christengemeinschaft und die theosophisch orientierte Liberal-Katholische Kirche.

2. Warum lehnt das kirchliche Christentum die Reinkarnationslehre ab?

Der Grundstein für die heutige Kirche wurde 325 im Konzil von Nicäa gelegt, und zwar von Kaiser Konstantin, der das Christentum zur Staatsreligion erklärte. Er wollte offensichtlich nichts von Reinkarnation wissen. Daher ließ er die Gnostiker in der Konzilsversammlung nicht zu Wort kommen, sondern übergab ihre Anträge und Bittschriften ungeöffnet dem Feuer [10]. Was hatte Konstantin gegen die Reinkarnationslehre?

Es ist der Macht einer Staatskirche durchaus zuträglich, wenn die Menschen glauben, ohne ihren Beistand der ewigen Verdammnis preisgegeben zu sein. Dem würde die Reinkarnationslehre widersprechen, und damit würde sich natürlich auch die Bedeutung der Kirche relativieren. Jemandem, der an Reinkarnation glaubt, dürfte es ziemlich egal sein, welcher Religion er angehört. Nach der Lehre der Reinkarnation kommt es nämlich mehr darauf an, dass man friedvoll, ehrlich und liebevoll lebt und alle Menschen ohne Ausnahme wie seine Geschwister behandelt und respektiert. So hat es ja auch Jesus gelehrt: »Was du nicht willst, dass andere dir antun, das tue auch ihnen nicht an«, denn »Was du anderen antust, wird auch dir angetan werden« und »Wer zum Schwert greift, wird durch das Schwert sterben«, »Liebet eure Feinde« und so weiter.

3. Stammt die Reinkarnationslehre nicht aus Indien?

Es wird oft behauptet, sie stamme aus Indien, um die Reinkarnationslehre als dem Christentum so fremd wie nur möglich erscheinen zu lassen, doch wie wir oben gesehen haben, stimmt das nicht.

Eine Bewegung, die mit dem Hinduismus in Verbindung gebracht wird, ist die Theosophie der Helena Petrovna Blavatsky. Es wird gern behauptet, sie habe den Reinkarnationsglauben in den Westen gebracht, was ebenfalls nicht stimmt, denn es gab den Glauben an die Wiederverkörperung in Europa schon sehr lange vor der Theosophie. Im Mittelalter lebte die Reinkarnationsvorstellung in sogenannten »Geheimgesellschaften« weiter, die vor allem deshalb entstanden, weil man sich vor den Gefahren der mörderischen Inquisition schützen musste. Diese Gefahr besteht aber nicht mehr und deshalb sind jene Gesellschaften nicht mehr so geheim, ihr Reinkarnationsglaube auch nicht.

4. Kann die Reinkarnationslehre das Problem des Leidens in der Welt lösen?

Ja, aber nicht allein, sondern in Verbindung mit der Lehre vom Karma und vom freien Willen. Dieses Thema wurde in Zusammenhang mit dem sogenannten Theodizeeproblem bereits ausführlich behandelt (vgl. Kapitel 2).

5. Wie passt die Reinkarnationslehre mit Gottes Liebe und Gnade zusammen?

Man stellt die Reinkarnationslehre gern als Widerspruch zu Gottes Gnade dar, denn seine Gnade sei doch, dass der Gerechte nach einem einmaligen Tod erlöst werde und ihm die paradiesische Auferstehung bevorstehe. Aber was ist mit den anderen, die offensichtlich in der Mehrheit sind? Mit jenen, welche die »Anforderungen« nicht erfüllen und deshalb angeblich in die ewige Verdammnis abwandern müssen? Welche Gnade wird ihnen zuteil?

Es ist doch die allergrößte Gnade, dass Gott *niemanden verloren gehen lässt* und dass am Ende *alle* erlöst werden, weil sie alle in neuen Leben neue Chancen bekommen, und zwar solange, bis sie es schaffen. Nur wenige erreichen die Erlösung nach nur einer Inkarnation. Die meisten brauchen viele Inkarnationen, manche sogar sehr viele.

6. Und wie passt die Reinkarnationslehre zur Liebe und Gnade der Menschen?

Könnte man das Dogma vom Himmel und von der ewigen Verdammnis nicht als *Erlösungsegoismus* bezeichnen? Wer daran glaubt, strebt doch in erster Stelle nach seiner *eigenen* Erlösung. Wenn er einige andere davon überzeugen kann, so dass auch sie erlöst werden, umso besser. Aber die meisten sind der Hölle geweiht, und um die muss er sich ja nicht kümmern. Für die muss er nicht einmal allzu viel mitmenschliche Liebe aufbringen, denn sie sind ja praktisch schon verloren. Er liebt dann eher seine Familien- und Gemeindemitglieder, aber die draußen umso weniger, je weiter ihre Auffassung von seiner entfernt ist. Später, so hofft er, ist er im Himmel. Was kümmern ihn da diejenigen, die in der Hölle schmoren? Sie sind ja selbst schuld! Und dann wirft er den Reinkarnationsgläubigen noch vor, nach »Selbsterlösung« zu streben und eine »unbarmherzige« Lehre zu vertreten.

Könnte es sein, dass sich jener Himmel, in den die ach so Gerechten zu kommen hoffen, als eine kleine Spezialhölle für diejenigen entpuppt, die eine besonders herzlose Form von Religionsrassismus betrieben haben?

7. Was ist zu den oft vorgebrachten Einwänden gegen Reinkarnation zu sagen?

Reinkarnation bedeutet eine Verlängerung der Mühsal

Dem gegenüber würde die ewige Verdammnis eine *Verewigung* der Mühsal bedeuten. Hat uns Jesus gelehrt, dass uns das Schicksal und die Mühsal anderer Seelen egal sein sollen?

Reinkarnation steht im Widerspruch zur Auferstehung

Reinkarnation *ist* ja eine Auferstehung – in Stufen. Und weil sie stufenweise vor sich geht, kommen schließlich alle mit und keine Seele geht verloren. Das ist wahrhaftig die Liebe und Barmherzigkeit Gottes!

Reinkarnation ist für Christen in Hinblick auf das »nahe Ende« uninteressant

Auf dieses »nahe Ende« warten wir nun schon fast zweitausend Jahre lang. In dieser Zeit könnten wir mehrmals wiedergeboren worden sein.

Jesus ist für uns gestorben und hat damit bereits alles schlechte Karma vergeben

Was ist denn mit all dem neuen Karma, das in diesen zweitausend Jahren angehäuft wurde? Wie die gnostischen Christen lehrten, hat uns Jesus einen neuen Weg gezeigt, der schneller aus der Reinkarnation herausführt, aber sicher nicht mit sofortiger Wirkung. Sonst sähe die Welt heute anders aus.

Dieses Leben bietet genug Gelegenheiten, sich zu entwickeln, so dass es keiner Reinkarnation bedarf

Wo sehen wir das in den Nachrichten? Man braucht ja nur die Zeitung aufzuschlagen, um Tag für Tag zu sehen, dass es offenbar nicht so einfach ist. Und was wäre dann mit all jenen, die sich nicht entwickeln?

Es geht nicht um einen Prozess, sondern um eine Entscheidung

Und wer sich falsch entscheidet, hätte jede Chance verspielt? Noch einmal: Wo bleiben da Liebe, Gnade, Gerechtigkeit und Barmherzigkeit?

Diese und ein paar weitere Einwände werden in einem anderen Buch von mir ausführlicher erläutert [11].

8. Woher kommt die Vorstellung von Reinkarnation?

Die Reinkarnationsvorstellung ist mit größter Wahrscheinlichkeit folgendermaßen entstanden: Es hat zu allen Zeiten Menschen gegeben, die von *Spontanerinnerungen* an frühere Existenzen berichteten. Solche Fälle gibt es noch heute, doch waren und sind sie selten. In alten Zeiten konnte man vermutlich offen darüber reden und wurde angehört. Im finsteren Mittelalter aber wurde dies lebensgefährlich, denn wer so etwas erzählte, musste damit rechnen, auf dem Scheiterhaufen zu enden oder zumindest in den Folterkammern der Inquisition zu landen. Bestenfalls wurde man als »Spinner« betrachtet, geächtet und aus der Gemeinschaft ausgeschlossen. So kam es wohl, dass solche Erlebnisse, sofern jemand sie überhaupt hatte, verschwiegen wurden. Man kann sich fragen, ob nicht auch manche Visionen mittelalterlicher Heiliger und christlicher Mystiker derartige Erinnerungen enthielten, die man, weil man sie nicht offen auszusprechen wagte, vorsichtig »allegorisch« umschreibend formulierte.

Menschen mit seherischen Fähigkeiten, die zum Teil sogar erleuchtet waren, haben Reinkarnation erschaut und darüber berichtet. So haben Priester der alten Religionen, indische Rishis, Mystiker, Schamanen und andere immer wieder solche Einsichten gehabt, doch wenn kirchenchristliche Priester und Mystiker sie hatten, wurden sie bestimmt sorgsam verschwiegen.

Nahtodserlebnisse, nach denen man sich bewusst an einen vorübergehenden Körperaustritt erinnert, wird es zu allen Zeiten gegeben haben. Viele Menschen haben bei solchen Gelegenheiten auch erkannt, dass sie schon existierten, bevor sie geboren wurden, so wie es noch heute Menschen während solcher Erlebnisse tun. Interessanterweise glauben etwa 70 Prozent aller Menschen, die in der heutigen Zeit Nahtoderlebnisse hatten, an Reinkarnation [12].

Es hat also überall in der Welt Reinkarnationsvorstellungen gegeben, die später aber oft aus der Kultur (oder mit der Kultur) verschwanden. Weshalb? Unter anderem lag es im Interesse der kirchenchristlichen Missionare, solche Auffassungen zu bekämpfen und auszumerzen, was dazu führte, dass das Wissen darüber in Europa sowie in Nord- und Südamerika allmählich verloren ging. Ähnliches gilt für viele andere Teile der Welt, die vorübergehend als Kolonien europäischer Staaten ausgebeutet und damit weitgehend europäisiert wurden. Nur in Ländern, in denen die alte Kultur stark war und eine große Überlebenskraft hatte, hat dieses Wissen überlebt. Dazu gehören vor allem die Länder, in denen Hinduismus und Buddhismus in all ihren Varianten praktiziert werden.

Interessanterweise haben neuere statistische Erhebungen aber auch gezeigt, dass ungefähr ein Viertel der Katholiken an Reinkarnation glaubt. Eine interessante Erkenntnis aus einer solchen Studie [13] ist:

»Der Glaube an Reinkarnation hat wenig mit der Zugehörigkeit zu einer Kirche zu tun.

Er hat wenig mit dem sogenannten New Age zu tun … Die Befragten haben nicht auffallend viel für besondere Lebensweisen,

Hoffnungen in das Wassermann-Zeitalter oder New-Age-Holistik übrig.

Reinkarnation bietet eine Möglichkeit, mit Fragen zum Leid zurechtzukommen, mit welchen das Christentum seine Schwierigkeiten hat. Diese Privatlösung muss aber nicht zu einem Austritt aus der institutionalisierten Kirche führen.«

9. Gibt es auch in kirchlichen Kreisen Befürworter der Reinkarnation?

Karl Rahner gehörte zu den größten katholischen Theologen der Gegenwart. Er wurde 1904 in Freiburg im Breisgau geboren und starb 1984 in Innsbruck, wo er Professor war. In »Zur Lehre vom ›Reinigungsort‹« (er zog die Bezeichnung »Purgatorium« – eben: Reinigungsort – dem Begriff »Fegfeuer« vor) schrieb er: »Hier ist noch vieles zu tun, und manche Schwierigkeiten gegen die Lehre vom Zwischenzustand, vom Fegfeuer, können sicher noch ausgeräumt werden. Es sei noch auf die Frage hingewiesen, ob nicht in der katholischen und zunächst so altmodisch anmutenden Vorstellung von einem ›Zwischenzustand‹ ein Ansatz gegeben sein könnte, um besser und positiv mit der in den östlichen Kulturen so verbreiteten und da als selbstverständlich betrachteten Lehre von einer ›Seelenwanderung‹, ›Reinkarnation‹, zurechtzukommen, wenigstens unter der Voraussetzung, dass eine solche Reinkarnation nicht als ein niemals aufhebbares, zeitlich immer weitergehendes Schicksal des Menschen verstanden wird.« [14]

In einer anderen Schrift [15] bezog er sich auf Menschen, die keine Wahlfreiheit haben, sondern durch Macht, Gewalt oder widrige Umstände zu einer für sie unvermeidlichen Lebensweise genötigt werden, sowie auf Menschen, denen die Heilsbotschaft nicht gegeben wurde: »Aber in den hier zu bedenkenden Fällen hat ja diese Freiheitsgeschichte überhaupt noch nicht begonnen ... dann könnte ich mir denken, dass die Möglichkeiten des ›Fegfeuers‹ auch noch den Raum bedeuten könnten für eine post-mortale Freiheitsgeschichte bei dem, dem eine solche Geschichte in seinem irdischen Leben versagt war. Wenn ich ehrlich bin, so will mir ein Gedanke an so etwas wahrscheinlicher scheinen als die Vorstellung, dass es Menschen gäbe, die in ihrer Existenz bleiben und denen Gott für alle Ewigkeit versagt hat, dass diese ihre Ewigkeit auch die Endgültigkeit ihrer Freiheitstat sei ... Ich finde eine solche Vorstellung schrecklich ... Ich habe selber wahrhaftig nichts übrig für ›Seelenwanderung‹ und ähnliche Vorstellungen. Aber wenn man die ungeheure Verbreitung dieser Vorstellung in Raum und Zeit erwägt, die heute ja keinem engeren Kulturkreis allein angehört, wenn man dieses abendländische Empfinden nicht gar zu schnell und selbstverständlich als das allein richtige einschätzt, dann kann man sich fragen, ob an dieser Lehre von der Seelenwanderung nicht doch etwas Richtiges sein könnte. Dann könnte man ... sich fragen, ob für eine solche gemäßigte Seelenwanderungslehre nicht doch auch innerhalb der christlichen Dogmatik von der Fegfeuerlehre her ein Platz frei wäre. Ich sage: gemäßigt, weil von der Fegfeuerlehre her ein solcher Platz für *die* als denkbar eingeräumt werden könnte, die in diesem irdischen (oder ersten) Leben nicht zu einer letzten personalen Entscheidung gekommen sind, und natürlich nicht für andere.«

Was er in seiner komplizierten Sprache sagen will, ist, dass die Vorstellung von einem »Fegfeuer« oder einem Reinigungsprozess für denjenigen, der es braucht und sich dadurch entwickeln könnte, auch Reinkarnation einen Weg zur »Seelenreinigung« beinhalten könnte. Das wäre wahrhaftig gerechter und mehr in Einklang mit Gottes Liebe, als dass derjenige, der aus Unreife oder Mangel an Gelegenheiten nicht zu einer »letzten personalen Entscheidung« kommen konnte, der ewigen Verdammnis preisgegeben sei.

10. Welche Bibeltexte können auch anders übersetzt oder verstanden werden?

Da gibt es gleich mehrere. Ein besonders beeindruckendes Beispiel ist das folgende:

Das Nikodemusgespräch

Jesus sagte: »Wahrlich, wahrlich, ich sage dir: Es sei denn, dass jemand von Neuem geboren werde, kann er das Reich Gottes nicht sehen.« Nikodemus fragte ihn: »Wie kann ein Mensch geboren werden, wenn er alt ist? Kann er auch wiederum in seiner Mutter Leib gehen und geboren werden?« (Joh. 3,3-4, vgl. Joh. 3,7). Nikodemus verstand demnach nicht, dass es eine neue Mutter sein müsse. In modernen Bibeltexten wird diese Stelle anders übersetzt und Jesus wird wie folgt zitiert: »Es sei denn, dass jemand von oben her geboren werde …« Das will die Theologie folgendermaßen erklären: Das griechische Wort *anothen* ist zweideutig und bedeutet beides. Jesus soll »von oben her« gemeint und Nikodemus ihn als »von Neuem« missverstanden haben. Das ist insofern eine Irreführung, *weil Jesus und Nikodemus nicht Griechisch sprachen, sondern Aramäisch.* Die aramäische Sprache hat kein doppeldeutiges Wort, das hier passen würde, wohl aber ein eindeutiges Wort, *mill^e'ela,* das »von oben her« bedeutet, und ein ebenfalls eindeutiges Wort, *tanejanut,* das »wieder, noch einmal, von Neuem« bedeutet. Von einem Missverständnis kann also keine Rede sein, und Nikodemus' Antwort weist darauf hin, dass Jesus zweifellos das zweite Wort verwendet hat.

Ein wenig später im Text folgt eine merkwürdige Äußerung: »Der Wind bläset, wo er will, und du hörest sein Sausen wohl; aber du weißt nicht, von wannen er kommt und wohin er fährt. Also ist ein jeglicher, der aus dem Geist geboren ist« (Joh. 3,8). Wer kann das verstehen? Das griechische Wort *pneuma* wurde hier auf zwei Arten übersetzt, nämlich erst mit »Wind« und dann mit »Geist«. Griechische Wörterbücher erklären uns, dass die Übersetzung »Geist« nur im »übertragenen Sinn« gilt. Die übliche Bedeutung in theologischen Zusammenhängen ist »Lebenshauch« oder »Seele«, also das, was den Körper lebendig macht. Außerdem ist das Wort *phone* mit »Sausen« nicht gut übersetzt, denn es bedeutet eher »Stimme«. Somit kommen wir zu der folgenden, sprachlich richtigen Übersetzung: »Die Seele geht, wie sie will, und du hörst wohl ihr Flüstern; aber du weißt nicht, woher sie kommt, noch wohin sie geht. So ist es mit jedem, der mit einer Seele geboren ist.« Hier spricht Jesus offenbar über die Vorexistenz der Seele, denn sie kommt ja von irgendwo her, wo sie vor der Empfängnis war. Vorexistenz bedeutet nicht automatisch Reinkarnation, aber Reinkarnation setzt Vorexistenz voraus.

War Johannes der Täufer Elias?

Über Johannes sagte Jesus: »Und so ihr es wollt annehmen: Er ist Elias, der da soll zukünftig sein« (Matth. 11,14). »Und seine Jünger fragten ihn und sprachen: ›Wieso sagen denn die Schriftgelehrten, Elias müsse zuvor kommen?‹ Jesus antwortete und sprach zu ihnen: ›Ja, Elias soll zuvor kommen und alles zurecht bringen; doch ich sage euch, dass Elias schon gekommen ist ...‹ Da verstanden die Jünger, dass er von Johannes dem Täufer zu ihnen gesprochen hatte« (Matth. 17,10-13). Dieses viel diskutierte Bibelzitat kann wörtlich so verstanden werden, dass Johannes eine Reinkarnation von Elias war. Um dies zu widerlegen, wird oft ein anderes Zitat herangezogen: »Und sie fragten ihn (Johannes): ›Was dann? Bist du Elias?‹ Er sprach: ›Ich bin es nicht‹ ...« (Joh. 1,21). Wenn nun aber Jesus sagt, dass er tatsächlich Elias sei, sollen wir dann nicht eher ihm glauben als Johannes?

Johannes' Antwort ist ja in jedem Fall richtig. Er *ist*, als er befragt wird, tatsächlich nicht Elias, sondern Johannes. Das schließt aber nicht aus, dass er einmal Elias *war*. Vielleicht wusste er selbst, was Jesus von ihm wusste, und antwortete deshalb bewusst in diesem Sinne. Vielleicht wusste er es aber ebenso wenig, wie wir wissen, wer wir in einem früheren Leben waren, und antwortete dementsprechend. Allein die Tatsache, dass man Johannes diese Frage stellte, zeigt allerdings, dass Menschen es für möglich hielten, dass er eine Reinkarnation von Elias war.

Hatte Johannes der Täufer ein Karma?

Johannes wurde geköpft. Hatte dieses Schicksal eine karmische Ursache? Die Bibel berichtet, dass Elias 450 Propheten Ba'als am Bach

Kishon eigenhändig tötete (1. Könige 18,22 und 40). Elias hatte also gemordet! Sollte er als Johannes deshalb erleben, wie es ist, geköpft zu werden?

Der Blindgeborene – eine Reinkarnation?

Jesus heilte einen Mann, der von Geburt aus blind war. Ein Jünger stellte ihm dann die Frage: »Meister, wer hat gesündigt? Dieser oder seine Eltern, so dass er blind geboren wurde?« (Joh. 9,2).

Wer so fragt, denkt zweifellos an eine Existenz der Seele vor der Geburt, da seine Formulierung sonst keinen Sinn hätte. Wie reagiert Jesus auf diese unmissverständliche Andeutung? Er weist den Gedanken, der so offenbar in der Frage liegt, nicht zurück, sondern sagt stattdessen: »Es hat weder dieser gesündigt, noch seine Eltern, sondern die Werke Gottes sollen an ihm offenbar werden« (Joh. 9,3). Man hat wiederholt versucht, hierin eine Ablehnung des Reinkarnationsgedankens durch Jesus zu sehen, aber dafür bietet die Bibelstelle keinen logischen Halt. Man kann ihr höchstens entnehmen, dass das Leid in *diesem besonderen Fall* nicht die Folge eines früheren Vergehens zu sein scheint.

In Anlehnung an Siémons [16] kann man dies durchaus so verstehen, dass nicht gerade jener Blindgeborene – also jener beseelte blinde Körper, der da saß – gesündigt habe, sondern *derjenige, der jene Seele vorher in einer anderen Verkörperung war.* Es wäre hier also ähnlich wie mit der Antwort des Johannes auf die Frage, ob er Elias sei.

Man bekommt eher den Eindruck, dass Jesus ausweichend antwortete, weil er das Thema in der Öffentlichkeit nicht aufgreifen wollte.

Weitere Bibelstellen

Eine Anzahl ähnlicher Bibelstellen werden in einem anderen Buch von mir [11] ausführlich besprochen.

11. Steht nicht im Hebräerbrief, dass der Mensch nur einmal stirbt?

Diese Bibelstelle (Hebr. 9,27-38) wird derart oft als Einwand gegen die Reinkarnationsidee ins Feld geführt, dass es wichtig ist, sie hier zu untersuchen. In der üblichen Übersetzung lautet sie: »Und wie den Menschen gesetzt ist, einmal zu sterben, wonach aber das Gericht folgt, also ist Christus einmal geopfert worden, um die Sünden vieler wegzunehmen. Wenn er ein zweites Mal kommt, wird er ohne Sünde zu ihrer Seligkeit denjenigen erscheinen, die auf Ihn warten.«

In der üblichen Übersetzung ist also die Rede von *einmal* sterben, und dann könne man auch nur *einmal* leben. Deshalb gäbe es keine Reinkarnation. Was hier mit »einmal« übersetzt wird, ist das griechische Wort *hapax*. Das Wort kann auf unterschiedliche Weise übersetzt werden. Die einschlägigen Wörterbücher geben unter anderen die folgenden Möglichkeiten an: (1) »ein (einziges) Mal«; (2) »irgendein Mal«; (3) »ein für alle Mal«, (4) »auf einmal« und (5) »einmal« in Verbindung mit Wiederholung, das heißt, »wieder einmal, noch einmal«. Wie ist das Wort hier zu verstehen?

Das Wort *einmal* kann hier eher allgemein verstanden werden, etwa so, wie wenn ich sage: »Ich war einmal in London und dann …«, was nicht bedeutet, dass ich nur ein einziges Mal dort war. Es bedeutet eher »ein von mehreren Malen« und kann oft auch mit »eines Tages« ausgedrückt werden. Wir können Hebr. 9,27-28 also auch folgendermaßen verstehen: »Und wie den Menschen gesetzt ist, eines Tages zu sterben, wonach aber das Gericht folgt, also ist Christus eines Tages geopfert worden, um die Sünden vieler wegzunehmen. Wenn er ein zweites Mal kommt, wird er ohne Sünde zu ihrer Seligkeit denjenigen erscheinen, die auf Ihn warten.«

Bezüglich des einmaligen Opfers Jesu sei Folgendes angemerkt. Es wird mit Sicherheit niemand behaupten wollen, dass Jesus erst im Leib der Maria entstanden ist und vorher nicht existierte. Man leugnet zwar die Präexistenz der Menschen, kann aber die Präexistenz Christi niemals leugnen, da er ja von sich selbst sagt: »Bevor

Abraham war, bin ich« (Joh. 8,58). (Den präexistenten Christus können wir nicht gut Jesus nennen, da ihm dieser Name ja erst von Joseph und Maria gegeben wurde.) Jesus war also eine Inkarnation des präexistenten Christus. Von ihm wird an dieser Stelle der Bibel klar gesagt, dass er ein zweites Mal kommen wird, ohne dass darin ein Widerspruch zu »einmal« läge. Warum sollte man dann uns betreffend einen Widerspruch hineindeuten wollen?

Wenn Christus also von Anbeginn der Zeit an existierte, wie können wir dann ausschließen, dass er schon vorher einmal (oder mindestens einmal) in verkörperter Gestalt erschienen ist, und zwar ebenfalls mit einem Heilsauftrag? Und sollte es so sein, wird er natürlich auch damals in irgendeiner Weise (körperlich gesehen) gestorben sein. Auch deshalb bedeutet das Wort *hapax* in Hebr. 9,28 in Bezug auf Ihn nicht »nur ein einziges Mal«.

Schließlich muss hervorgehoben werden: Was im Hebräerbrief steht, ist die persönliche Auffassung des Paulus. Es sind nicht Jesu eigene Worte. Die Wortklauberei *beiderseits* – auf der Seite der Reinkarnationsgegner und deshalb auch in meiner Antwort – ist also ein Streit um Argumente und höchstens um Indizien, hat aber *keinen definitiven Beweiswert* in dieser Sache.

12. Wer waren die gnostischen Christen?

Im Frühchristentum gab es vor allem zwei Bewegungen: die paulinischen und die gnostischen Christen. Saulus hatte Christen verfolgt, bis er konvertierte und zu Paulus wurde. Das Jahr seiner Konvertierung liegt Schätzungen zufolge zwischen 33 und 35 nach Christus. Erst danach begann sich das paulinische Christentum zu entwickeln. Welche Christen hatte Paulus dann verfolgt? Es werden besonders die sogenannten Judenchristen gewesen sein. Mit diesem Begriff bezeichnete man alle Gruppierungen des frühesten Christentums, deren Mitglieder geborene Juden waren – wie Jesus selbst und seine Jünger. Dieses Judenchristentum wird also das ursprünglichste und echteste Christentum gewesen sein, auch wenn die Bezeichnung in der Theologie fast ein wenig abwertend gebraucht wird, etwa im Sinne von »keine richtigen Christen« (wohl auch, weil sie sich an jüdische Gebräuche hielten, was aber ihr gutes Recht war). Paulus kam durch seine Einstellung in Konflikt mit diesem Urchristentum [17]. Demnach ist das paulinische Christentum nicht aus dem ursprünglichen Judenchristentum entstanden, und mit Paulus, der Jesus selbst nicht gekannt hatte, begann ein offenbar abgewandeltes Christentum, das sich vom ursprünglichen jesusnahen Christentum distanzierte.

Die gnostischen Christen hatten ihr Zentrum in Alexandrien, und jemand, der ihnen nahestand, war Origenes. Mit dem Konzil von Nicäa im Jahre 325 war das Ende dieser Bewegung besiegelt. Kaiser Konstantin, der das Konzil einberufen hatte, weil er eine vereinheitlichte Kirche als Werkzeug seiner Macht haben wollte, ließ die anwesenden Vertreter der gnostischen Christen überhaupt nicht zu Wort kommen, sondern übergab ihre Anträge und Bittschriften ungeöffnet dem Feuer [10]. Eine Folge des Konzils war, dass die gnostisch-christliche Bewegung fortan als Häresie betrachtet wurde und mit der Zeit wunschgemäß von der Bühne verschwand. Ein wichtiger Zweig der Bewegung – die Katharer – blieb jedoch bis Ende des 13. Jahrhunderts im Süden Frankreichs erhalten, bis er in einem veritablen Völkermord von der Inquisition ausgerottet wurde. Auch die Katharer lehrten die Reinkarnation. Ein weiterer Zweig, der sich aber etwas getrennt entwickelte, nämlich die Manichäer, überlebte noch länger, allerdings kaum auf europäischem Boden, sondern hauptsächlich im asiatischen Raum.

Rehabilitation der Katharer

Die Katharer sind in der religionshistorischen Forschung mittlerweile rehabilitiert worden. So bezeugt eine hoch geachtete und berühmt gewordene moderne theologische Enzyklopädie: »Die Christlichkeit ihres Lebens, aber auch ihres Glaubens ist in allen Punkten nachweisbar … Neuere Forschungsergebnisse machen eine Revision des überkommenen Katharer-Bildes notwendig. Insbesondere kann festgestellt werden, dass gerade die Lehre der Katharer in vielen Punkten, bewusst oder unbewusst, verzerrt wurde, sei es durch Überbetonung von Randproblemen …, sei es durch Apriori-Urteile, in deren Licht dann Quellenaussagen genau in die gewünschte Richtung hin interpretiert wurden. Vor allem die jüngere französische Forschung … beweist, dass die Wertung der Katharer als ›unchristlich‹ nicht mehr aufrechterhalten werden kann« [18]. Über die Manichäer, die ebenfalls die Reinkarnation lehrten, sagt dieselbe Enzyklopädie: »Wenn man bedenkt, dass Mani aus dem judenchristlichen Täufertum, dann aus einem dem Markionitismus ähnlichen Gnostizismus herstammt …, wenn er sich selbst als Apostel Jesu Christi bezeichnete, so muss der Historiker die Initiative für die Gestaltung von Manis System in einem häretischen Christentum suchen« [19]. Was dem Gnostizismus im Allgemeinen betrifft, hat man sich bemüht, diese Form von Christentum dahingehend abzuwerten, dass man seinen Ursprung in einer vorchristlichen jüdischen oder griechischen Gnosis suchen wollte. Das ist gescheitert, denn jene Enzyklopädie weist solche Bemühungen zurück und erklärt, dass es keine Beweise für derartige Behauptungen gibt und dass der Gnostizismus deshalb als eine frühe Form des Christentums gesehen werden muss: »Keiner der Texte erlaubt die Annahme einer vorchristlichen Gnosis, aber auch mit Vorstufen wird nicht gerechnet … so gilt eingeschränkt auch den Gnostikern eine versteckte Sympathie des modernen Theologen« [20].

Das Wort »Katharer« bedeutet »die Reinen«, und aus der höchst unrühmlichen Verbindung mit jener schändlichen und zutiefst unchristlichen Volksvernichtung ist das deutsche Wort »Ketzer« entstanden, das man nunmehr eher als Mahnmal sehen sollte … Deshalb verwende ich lieber das Wort »Häretiker«.

13. Wie ging die Glaubensentwicklung weiter?

Origenes lehrte die Präexistenz der Seele und, wie noch gezeigt werden wird, höchstwahrscheinlich auch die Reinkarnation als

Stufenweg zurück zu Gott. Um das Jahr 300 nach Christus stellte Methodius (Geburtsjahr unbekannt, gestorben 311; zur Unterscheidung von einem anderen Methodius auch Pseudo-Methodius genannt) eine neue Lehre auf. Danach sei der ganze Mensch mit Leib und Seele ursprünglich unsterblich gewesen, und der Tod mit der durch ihn bewirkten Trennung von Leib und Seele sei durch den Neid des Teufels in die Welt gekommen. Gott werde den Menschen nach seinem Tod durch die Auferstehung mit Leib und Seele, also im Fleisch, wiederherstellen. Origenes hatte außerdem gelehrt, Gott sei ein ungewordener Schöpfer, aus dem Christus als Sohn und höchste Schöpfung hervorgegangen sei. Nun entstand aber noch eine andere Meinung, nämlich dass Gott und Christus identisch seien. Die Kluft zwischen diesen Glaubensmeinungen wurde immer größer.

Zusätzlich entstand auch noch ein monotheistisches Heidentum, von dem sich das Kaisertum bedroht fühlte, denn in einem polytheistischen Glaubenssystem konnte der Kaiser selbst als Gott dastehen. Dass diese monotheistischen Heiden mehr Zuneigung zu den Christen empfanden als zu den Polytheisten, war dem weltlichen Herrscher ebenfalls ein Dorn im Auge. Manchem Vertreter des Kaisertums passte dann noch eher die Vorstellung von einer ungewordenen und unerschaffenen Identität von Christus und Gott (statt dass Christus von Gott erschaffen war) sozusagen als Kompromiss, mit dem man im Grunde wieder *zwei* Götter hätte [21]. Dies dürfte ein Hintergrund des arianischen Streites gewesen sein, der schließlich zum Konzil von Nicäa führte.

Arius (Areios, geboren ca. 256-260, gestorben 336) war ein origenistisch geprägter Christ, der die Meinung vertrat, Christus sei von Gott erschaffen. Da seine Schriften auf Befehl Kaiser Konstantins fast vollständig verbrannt wurden, kennen wir seine Lehren heute nur aus den Äußerungen seines Kritikers. Ob er auch die Präexistenz oder gar Reinkarnation gelehrt hat, ist deshalb nicht mehr festzustellen. Die Streitigkeiten um Gottesidentität beziehungsweise das Erschaffensein des Christus wurden im Machtkampf um die klerikale Herrschaft ausgenutzt. Alexander, der Gegner von Arius, regte diesen Streit für eigennützige Zwecke an, da er hierdurch Bischof von Alexandria werden konnte. Schließlich mischte sich auch Kaiser Konstantin in die Auseinandersetzungen ein.

Kaiser Konstantin

Um Konstantins Rolle im Konzil von 325 und seine Absichten besser verstehen zu können, ist es hilfreich, einiges von seiner Geschichte zu kennen (die in kirchlichen Darstellungen erheblich geschönt ist).

Konstantin wurde 274 in Naissus, heute Niš in Serbien, als unehelicher Sohn des Cäsaren Constantius Chlorus und einer Schankwirtin namens Helena geboren. Er war nach geltendem Recht kein legitimer Nachfolger seines Vaters. Also versuchte er, ohne großen Erfolg, Karriere in der Armee zu machen. Viel mehr Erfolg hatte er durch Intrigen am Hof des Kaisers Diokletian und seines Nachfolgers Galerius in Nikomedien am Marmarameer in der heutigen Türkei.

Konstantins Vater war ein monotheistischer Heide. »Konstantin [hingegen] war ein Erzheide, der aber geschickt auf die Karte der Eingottgläubigen setzte. Damit erweckte er den Anschein, er stünde den Christen nahe … Er pflegte für seine Pläne und Entscheidungen vorher *Orakel* zu befragen. Das war im Heidentum gang und gäbe« [21].

Nach dem Tod des Vaters wurde der damals zweiunddreißigjährige Konstantin im Jahre 306 in Trier von den Soldaten zum Kaiser ausgerufen. Ungefähr gleichzeitig ließ sich Maxentius in Rom zum Kaiser ausrufen. Nach dem Tod von Kaiser Galerius im Jahre 311 bestand das römische Reich aus vier Teilen mit zwei westlichen Regenten, Konstantin und Maxentius, und zwei östlichen, Licinius und Maximinus Daia. Konstantin strebte in jahrelangen blutigen Kämpfen die ganze Macht für sich allein an und begann mit einem Krieg gegen Maxentius, in dem seine Soldaten das Christusmonogramm auf ihren Schilden trugen. »Später glaubte man zu wissen, dass Christus Konstantin erschienen sei und ihn ermahnt habe, das

Zeichen als Schutzmittel anbringen zu lassen. Weit glaubwürdiger dürfte jedoch sein, dass es dasselbe *Orakel* war« [21]. »Obwohl sogar christliche Quellen Maxentius' tolerante Haltung bezeugen, machte der Klerus aus einem Raubüberfall bald eine Art Religionskrieg und aus Maxentius ein wahres Untier« [22]. In Wirklichkeit hatte Maxentius die Christenverfolgung eingestellt.

Es ist wirklich eigenartig zu beobachten, wie es gerade denjenigen entgangen ist, die es hätten wissen müssen: Die unsinnige Geschichte einer Christuserscheinung steht in direktem Widerspruch zum Evangelium. Jesus lehrte uns den Frieden, unsere Feinde zu lieben und dass, wer zum Schwert greift, durch das Schwert vernichtet werde. Christus hätte niemals zum Krieg aufgefordert, hätte niemals erlaubt, dass in seinem Namen getötet wird, und hätte einen gewaltsamen Überfall niemals unter seinen Schutz gestellt. Sofern es diese Erscheinung wirklich gegeben hat, muss sie also von woanders gekommen sein ...

Im Anschluss an diese Schlacht kam Maximinus Daia an die Reihe. Der Friede und die Religionsfreiheit in seinem Land waren Konstantin nicht geheuer. Er gab Licinius seine Schwester zur Frau. Zusammen besiegten sie Maximinus Daia, wofür Konstantin Licinius dadurch seine Dankbarkeit erwies, dass er auch gegen ihn Krieg führte und ihn später ermorden ließ ... [22].

Einen Streit um den Christenlehrer Arius nahm Konstantin zum Anlass, sich unter den Christen als Vermittler aufzuspielen. So lud er im Jahre 325 kaum ein Drittel der christlichen Geistlichkeit zum Konzil nach Nicäa ein. Auf diesem Konzil wurde das Glaubensbekenntnis der Arianer ihrem Sprecher entrissen und zerfetzt, bevor es zu Ende gelesen war. Es entstand Lärm und Tumult. Beschwerden und Streitschriften übergab der Kaiser ungeöffnet dem Feuer. Arius wurde verurteilt und verbannt. Die Verbrennung seiner Bücher wurde befohlen und ihr Besitz mit Todesstrafe bedroht [22]. Nun waren die »Heidenchristen« an der Macht ...

»Durch seine scheinbare Hinwendung zum Christentum, die in Wahrheit eine Einmündung des Christentums in Konstantins ›monotheistisches‹ Heidentum war, hob der Kaiser die äußere, bisher für jedermann klar erkennbare Trennlinie zwischen Heidentum und Christentum auf und öffnete dem Scheinchristentum Tür und Tor« [21]. Mit dem origenistisch geprägten Arius war auch der Origenismus in Ungnade gefallen, zumindest was seine Lehre von der Natur Christi betrifft.

Zu den politischen Absichten Konstantins wird die Lehre des oben erwähnten Methodius viel besser gepasst haben als die des Arius oder der gnostischen Christen, weshalb er auch diese anerkannte. Die neue Lehre, die zum Zeitpunkt des Konzils erst vierzehn Jahre alt war, beinhaltete keine Reinkarnationsidee.

14. Was lehrten die Gnostiker über Reinkarnation?

Zuerst ist es sinnvoll, die gnostisch-christliche Auffassung bezüglich des Gottes des Alten Testaments – den sie besonders mit der Reinkarnation verbanden – und den von Jesus erwähnten »Vater« darzustellen.

Für die Gnostiker war der Schöpfer dieser Welt nicht der wahre Urschöpfer, sondern ein *Demiurg,* ein »Handwerker«, ein gefallener Engel, der auch eine böse Seite hat. Während Gott, der wahre Urschöpfer (den Jesus »Vater« nennt), uneingeschränkt gut ist, hat ein unvollkommener Demiurg eine unvollkommene Welt erschaffen. Die Gnostiker setzten diesen unvollkommenen Gott nachweislich mit dem Gott des Alten Testaments gleich, also mit Jahweh, den sie auch Jaldabaoth nannten, der die Menschen im Zustand der Unkenntnis und in der materiellen Welt belasse und ihre Versuche bestrafe, Wissen und Einsicht zu erlangen (»vom Baum der Erkenntnis zu essen«). Der Demiurg ist ein geringerer Gott, der für den einzigen Gott gehalten werden will [23]. In der Schrift *Die Apokryphe des Johannes* (oder *Das Geheime Buch des Johannes*) steht Folgendes über ihn: »Und er ist gottlos in seiner Arroganz, die in ihm ist. Denn er sagt: ›Ich bin Gott und es gibt keinen Gott neben mir‹, da er von Gottes Macht unwissend ist und von dem Ort, woher er selbst kommt« [24]. (Vgl. 2. Mos. 20,23 und 5. Mos. 5,7.) Könnte das eine Erklärung für die vielen unfassbaren Grausamkeiten sein, die nun einmal »schwarz auf weiß« im Alten Testament stehen? [25]. Oder ist umgekehrt die gnostisch-christliche Theorie entstanden, um solche Gräuelgeschichten zu erklären? Das hat mit der gnostischen Reinkarnationslehre viel zu tun, wie wir bald sehen werden, auch wenn über diesen Zusammenhang bisher wenig gesprochen wurde und er deshalb eher nur Kirchenhistorikern bekannt war.

Eine andere für die Theologie wahrscheinlich ziemlich peinliche Tatsache ist, dass die moderne religionsgeschichtliche Forschung an renommierten Universitätsinstituten in den letzten Jahrzehnten eindeutig nachweisen konnte, dass die ursprüngliche hebräische Religion keine monotheistische war, sondern erst im ägyptischen Exil eine zu werden begann [26]. Ursprünglich hatte es mehrere Götter und Göttinnen gegeben und über ihnen *einen* höchsten Gott 'El 'Elijon. Einer seiner siebzig Söhne war Jahweh, dessen Gemahlin die Göttin 'Asherah war. Das passt gut mit der Auffassung der gnostischen Christen zusammen. Ist 'El 'Elijon der »Vater«, von dem Jesus spricht? Diese Tatsachen sind bis heute kaum an die Öffentlichkeit gelangt, und es wird hauptsächlich in religionshistorischen Fachzeitschriften und -büchern darüber berichtet. Im hebräischen Text der Bibel wird 'El 'Elijon in 1. Mos. 14,18-20 und 14,22 sowie in Psalm 78,35 erwähnt, und im Psalm 82,1 und 82,6 steht: »Die Götter ['Elohim] stehen in der Versammlung Gottes ['El], inmitten der Götter ['Elohim] richtet er. ... Ich habe gesagt: Ihr seid Götter ['Elohim], und Söhne des Höchsten ['Elijon] ihr alle!«

Hier mag man die folgenden Worte von Paulus bedenken: »Und wiewohl solche sind, die Götter genannt werden, es sei im Himmel oder auf Erden (sintemal es sind viele Götter und viele Herren), so haben wir doch nur einen Gott, den Vater, von welchem alle Dinge sind und wir zu ihm; und einen Herrn, Jesus Christus, durch welchen alle Dinge sind und wir durch ihn« (1. Kor. 8,5-6). Sollte der Gott des Alten Testaments also tatsächlich eine Art

»Zwischengott« sein, der für den einzigen Gott gehalten werden wollte, während der »Vater«, von dem Jesus sprach, der eine wahre und höchste Gott und Urschöpfer ist? »Du sollst keine anderen Götter neben mir haben« (2. Mos. 20,3, 5. Mos. 5,7) kann ja auch so verstanden werden, dass es zwar andere »Götter« gibt, aber dass Jahweh uns verbieten wollte, mit ihnen zu tun zu haben. Es könnte ein »Konkurrenzverbot« sein ... Das soll nicht bedeuten, dass wir nach Lust und Laune von einem »Gott« zum anderen wechseln können (was uns sicher noch länger im Kreislauf der Reinkarnationen festhalten würde), wohl aber, dass wir uns lieber an den allerhöchsten Gott halten sollen, den Jesus »Vater« nannte, als an irgendeinen »Zwischengott«. Der gelehrte Kirchenkritiker Karlheinz Deschner stellt im ersten Band seines monumentalen Werks *Kriminalgeschichte des Christentums* (das nach meiner Meinung besser »Kriminalgeschichte des Kirchentums« heißen sollte) den Gott des Alten Testaments noch krasser negativ dar, als es die gnostischen Christen taten, doch finde ich in seinem Werk leider keinen hilfreichen Hinweis auf Jesu »Vater« [27].

Im folgenden Zitat fasse ich zusammen, was der spanische Theologe Antonio Orbe (1917-2003), Professor für Gnostizismus an der Päpstlichen Universität Gregoriana, über die gnostische Sicht der Reinkarnation schrieb [28]:

»Christus nahm nicht den Platz zur Rechten Jahwehs ein, nur um die Verehrung der Himmel zu bekommen. Als Belohnung für seine Dienste (bzw. den Tod auf dem Kreuz) eröffnet sich eine neue Ordnung – entlang dem Neuen Testament – entgegen dem, was bisher vorherrschend war. Es war nicht seine Sache, den Engeln und Archonten das Evangelium zu predigen. Die Offenbarung des Vaters ist mit der Person des Sohnes verbunden, des Erlösers. Es lag auch nicht an ihm, Jahweh in seinem Wirken als Demiurg zu verdrängen. Streng genommen setzt er solches Wirken unter einem neuen Zeichen fort. Der Schöpfer ›produziert‹ keine neuen Welten und gestaltet auch keine neuen Menschen.

Was bleibt dann für Christus, um eine neue Ordnung zu eröffnen? Christus macht der Wiederverkörperung ein Ende. Er schwächt Jahweh, entzieht ihm seine Herrschaft über alle, die an das Evangelium Jesu geglaubt haben, und befreit sie aus dem ›Kreislauf der Geburten‹.

In der Zeit des Alten Testaments kam Jahweh und bemächtigte sich an der Wurzel des Todes aller Menschen …, Heiden wie Israeliten, der guten und der schlechten, und er zwang sie dazu, aufs Neue einen Körper auf der Erde anzunehmen (zumindest einen menschlichen). Somit entstand eine Generation nach der anderen, ohne Hoffnung darauf, die Kette der Geburten zu sprengen. Die unterirdische Hölle war überflüssig. Es war nutzlos, die Verstorbenen *ad hoc* zu diesem Zweck an einem Ort zu sammeln. Es reichte, sie dazu zu zwingen, aufs Neue in einem anderen Körper und in anderen Umständen (von Familie und Ort) zu leben, ohne die Erde zu verlassen. Sogar die Guten zahlten ihr Soll an den Demiurgen und an den ›Kreislauf der Geburten‹, in den er sie hineinbrachte.

Das Aufbrechen einer solchen Ordnung kündigte sich durch die Ankunft Jesu in der Welt mit dem Triumph über das Schicksal an … Zur Rechten des Jahweh sitzend, mit Herrschaft über ihn, befreit Christus alle dem Evangelium der Wahrheit Ergebenen. Keiner von jenen, die sich zum Vater als Gott und zum einmalgeborenen Sohn als Erlöser bekannt haben, gerät in den fatalen Kreislauf der Geburten. Sie befreien sich auf ihrer nachtodlichen Reise alle aus den Händen des Jahweh und gehen in die des Christus über.

Die Ungläubigen, das heißt, alle, die auf dem alten Glauben bestehen und in der Verehrung des Jahweh als einzigem wahren Gott verharren, setzen die alte Ordnung des Alten Testaments fort. Sie reinkarnieren weiter und gehen – im Tod – von einem Körper in einen anderen. Wer die Wohltat für ihr Heil (und ihre Erlösung) ablehnt, die Jesus in die Welt gebracht hat, setzt zur Strafe fort, Sklave des Jahweh und ebenso Gegenstand seiner Launen zu sein, in dieser Welt die Masse seiner Verehrer durch Wiedergeburt nährend …«

Das wird nicht bedeuten, dass Jahweh in seiner Region die Reinkarnation *eingeführt* hatte, sondern, dass er sie für sich *kaperte!* Sie war immer da gewesen, und der Glaube daran (oder eher das Wissen darüber) ist so alt wie die Menschheit und gehört zu praktisch allen alten Kulturen und Religionen – auch zum ursprünglichen, gnostischen Christentum und in wesentlichen Teilen selbst zur hebräischen Religion. Sogar im Islam gab es und gibt es noch reinkarnationsgläubige Gruppen. Jahweh wollte, dass die Seelen in seiner Region bleiben und deshalb dort wieder reinkarnieren sollten. Zu diesem Zweck wollte er, dass Menschen durch Gewalttätigkeit und negatives Verhalten sich schlechtes Karma machen sollten, um ihre Rückkehr in seine Region zu sichern. Das funktioniert besser, wenn Menschen nicht an Reinkarnation glauben. Deshalb erstrebte er die Beseitigung dieses Wissens in seiner Religion. Darum haben die Kirchen und der Islam diesen Glauben verloren, wie auch ein Teil der hebräischen Religion (obwohl das Wissen zu einem bedeutenden Teil in der Kabbalah erhalten blieb).

Gemäß der gnostisch-christlichen Lehre kam Christus also in die Welt, um dem Reinkarnieren ein Ende zu bereiten. Dies bedeutet nicht, dass Christus sofort jene von der Reinkarnation befreit, die zu ihm halten, aber er hat uns durch seinen Botschafter Jesus *den Weg aus ihr heraus* gezeigt, womit wir den »Kreislauf der Wiedergeburten« stark kürzen und schneller herauskommen können (die meisten von uns werden noch »Restkarma« zum Abarbeiten haben). Es ist offensichtlich, dass das dem Jahweh nicht gefiel …

Im Buch *Pistis Sophia,* einer alten gnostischen Schrift, wird beschrieben, wie Jesus nach seinem Kreuzestod den Jüngern erschien und sie weiter belehrte. An mehreren Stellen ist auch von Reinkarnation die Rede. Maria Magdalena (die von den Gnostikern als »Musterschülerin« Jesu verehrt wurde) fasst den Vorgang wie folgt zusammen:

»Wenn die Seele aus dem Körper herausgeht und auf dem Wege wandelt mit der ›Spiegelseele‹ [dem auf das Materielle gerichteten ›Nachahmegeist‹], und wenn sie das Mysterium der Auflösung aller Banden und der Siegel, die an die ›Spiegelseele‹ gebunden sind, nicht gefunden hat, so dass sie [die ›Spiegelseele‹] aufhört, ihr zuteil zu sein … so führt die ›Spiegelseele‹ die Seele zu der Lichtjungfrau, der Richterin. Die Lichtjungfrau prüft die Seele und findet, dass sie gesündigt hat, und da sie auch nicht die Mysterien des Lichtes bei ihr gefunden hat, so übergibt sie sie einem ihrer ›leuchtenden Mitarbeiter‹, und diese führt sie und wirft sie in den Körper, und nicht kommt sie aus den Verwandlungen des Körpers, bevor sie den letzten Kreislauf gegeben hat.« [29]

Die Gnostiker verbanden dies mit dem Bibelzitat: »Sei willfährig deinem Widersacher bald, dieweil du noch bei ihm auf dem Wege bist, auf dass dich der Widersacher nicht dermaleinst überantworte dem Richter, und der Richter überantworte dich dem Diener, und werdest in den Kerker geworfen. Ich sage dir wahrlich: Du wirst nicht von dannen herauskommen, bis du auch den letzten Heller bezahlest« (Matth. 5,25-26, Luk 12,58-59). Der »Widersacher« war für sie die genannte »Spiegelseele«, der »Richter« die Lichtjungfrau und der »Diener« der »leuchtende Mitarbeiter«.

Nach Auffassung der Gnostiker sprach Jesus hier wie auch an anderen Bibelstellen über Reinkarnation. Es wird wohl niemand bestreiten wollen, dass er seinen Jüngern vieles gesagt hat, was er nicht in der Öffentlichkeit äußerte und was deshalb nicht mit ins Neue Testament aufgenommen wurde. Er sagte selbst: »Ich habe euch noch viel zu sagen, aber ihr könntet es jetzt nicht ertragen« (Joh. 16,12). Zu den Themen, die er ohne Zweifel im inneren Kreis seiner Jünger angesprochen hat, gehört nach Meinung der Gnostiker auch das Thema Reinkarnation.

Eine weitere Bibelstelle, welche die Gnostiker mit Reinkarnation in Verbindung brachten, ist: »Der Herr … lässt niemanden ungestraft, sondern heimsucht die Missetat der Väter über Kindern ins dritte und vierte Glied« (4. Mos. 14,18). So, wie diese Stelle üblicherweise aufgefasst wird, ist sie eine horrible Ungerechtigkeit, denn was können denn die Kinder dafür? Die Gnostiker meinten, es handle sich hier um die dritte und vierte Inkarnation der gleichen Seele. Vgl. »Die Väter sollen nicht für die Kinder noch die Kinder für die Väter sterben, sondern ein jeder soll für seine [eigenen] Sünden sterben« (5. Mos. 24,16) und »… der Sohn soll nicht tragen die Missetat des Vaters …« (Hesek. 18,20), wo der üblichen Deutung von 4. Mos. 14,18 widersprochen wird. Was bleibt dann noch übrig, außer der gnostischen Deutung?

15. Lehrten die Katharer auch die Reinkarnation?

Die Auffassung der Katharer war weitgehend ähnlich wie oben beschrieben. Auch sie vertraten eine dualistische Auffassung, nach der es neben einem höchsten Gott einen Demiurgen gab. Die Seele ist in dieser Welt dem Gesetz der Reinkarnation unterworfen, bis sie endlich Befreiung erlangt. Aus diesem Grund hatten die Katharer eine ungewöhnliche Einstellung zur Sexualität, die ihnen nicht an sich Sünde war, sondern nur deshalb schlecht, weil aus ihr Kinder entstehen, die nur neue Untertanen des Herrn dieser Welt werden und Seelen anziehen, die deshalb wieder inkarnieren müssen.

16. Wie verhielt sich Origenes zur Reinkarnation?

Der gelehrte Origenes

Die Kirche in ihrer heutigen Form wurde auf dem Konzil von Nicäa im Jahre 325 gegründet. Deshalb unterscheidet man oft zwischen pränicäanischen und postnicäanischen Kirchenvätern. Origenes war der bedeutendste pränicäanische Kirchenvater und einer der meistgelehrten Menschen seiner Zeit. Er hat mindestens zweitausend Schriften verfasst, welche alle verbrannt wurden, die letzten Ende des 6. Jahrhunderts. Übrig geblieben sind nur wenige Fragmente der Originaltexte in griechischer Sprache und einige Zitate seiner Gegner sowie lateinische Übersetzungen. Die in diesem Zusammenhang wichtigste Schrift ist *Perì Archon* (»Über den Ursprung«), welche von Rufinus (ca. 345 – ca. 410) übersetzt wurde. Einige Reste der Übersetzung des Hieronymus (340 – 419 od. 420) liegen ebenfalls vor, aber vom Originaltext ist fast nichts übrig geblieben.

Rufinus gibt im Vorwort zu seiner Übersetzung selbst offen zu, den Text nach dem Dogma der Kirche »zurechtgelegt« zu haben [30]. Als Entschuldigung für seine Zensur wird vorgebracht, die griechische Textvorlage des Rufinus sei durch Häretiker und böswillige Personen manipuliert gewesen. Rufinus schreibt deshalb, er habe den Text in seinen »ursprünglichen Zustand zurückgeführt«. Wir werden bald sehen, wie es damit aussieht. Ganz sicher ist zunächst, dass jede positive Äußerung des Origenes über Reinkarnation – sofern es solche Äußerungen gab – von Rufinus »zurechtgelegt« wurde.

Im Jahr 1941 fand man in Toura im Norden Ägyptens 28 Papyrusblätter mit einer Originalschrift des Origenes zu einem anderen Thema. Es waren seine Kommentare zum Römerbrief. Nun konnte man zum ersten Mal die Übersetzung mit dem Original vergleichen, was sehr entlarvend war. Diese Arbeit wurde von dem französischen Wissenschaftler Jean Scherrer [31] durchgeführt. Er zeigt, dass Rufinus:

- Textabschnitte hinzugefügt hat, die es bei Origenes nicht gab,
- komplexe Abschnitte zu stark vereinfacht hat,
- Textabschnitte an andere Stellen im Manuskript verschoben hat,
- Abschnitte weggelassen hat,
- Textabschnitte abgeändert hat, in einigen Fällen sogar derart, dass Rufinus' Version das Gegenteil dessen aussagt, was Origenes wirklich geschrieben hatte.

»Ein persönlicher, tiefgreifender und mehrfacher Eingriff im Text ... ist durchgeführt worden ... er ist eine Mischung von authentischen origenistischen Elementen, umgearbeiteten origenistischen Elementen und nicht-origenistischen Elementen« [31].

Es ist damit zu rechnen, dass das Gleiche mehr oder weniger auch für andere Texte des Origenes gilt, die uns ebenfalls nur in Übersetzungen erhalten geblieben sind, und nicht am wenigsten für *Perì Archon*.

Hat Origenes die Reinkarnation gelehrt?

Wenn wir anhand der vorliegenden Texte prüfen wollen, ob Origenes tatsächlich die Reinkarnation gelehrt hat, stehen wir vor gewissen Schwierigkeiten. Hier erweisen sich unter anderem bestimmte Lücken im Test als unerwartet hilfreich. Was man weggenommen hat, wird uns zum Nutzen ... abgesehen davon, dass einige wenige Stellen im Text (eher Andeutungen als klare Aussagen) Rufinus' Zensur offenbar entgangen sind.

Origenes schreibt in *Perì Archon*, dass wir sozusagen gefallene Engel seien. Wir waren in der ursprünglichen Schöpfung alle dabei, aber einige der Wesenheiten in dieser Schöpfung – nämlich wir – wandten sich von Gott ab und wollten etwas anderes erleben als das, was Gottes harmonische und liebevolle Lichtwelt zu bieten hatte. Darum versetzte uns Gott in niederere Bewusstseinszustände auf verschiedenen Ebenen in einer Hierarchie unter Ihm. Die Seelen, die auf die zweitunterste Ebene fielen, wurden – nach Origenes zur Strafe – in Menschenkörper versetzt wie in Gefängnisse. Auf der untersten Ebene, so schreibt er, seien Dämonen und Widersacher [30]. Für Origenes und die Gnostiker gab es keine ewige Verdammnis. Auch wenn die unterste Ebene eine Art Hölle sein dürfte, bleibt, wer dorthin fällt, nur so lange, wie er braucht, um zu Einsicht, Reue und Umkehr zu gelangen.

Nach Dionysios Areopagita [32] befinden sich neun (drei Mal drei) Engelhierarchien zwischen Gott und den Menschen. Die Ebene der Menschen wäre demnach die zehnte und die unterste Ebene die elfte.

Was kommt nach dem Tod?

Was geschieht (immer noch nach Origenes), wenn ein Mensch stirbt? War er gut genug, darf seine Seele auf eine höhere Ebene steigen, wo sie keinen physischen Körper mehr hat. War er aber schlecht, kann die Seele auf die unterste Ebene fallen, die Ebene der Dämonen. Einige ziehen es stattdessen vor, in Tierkörper einzugehen [30].

Hier fällt eine dritte Alternative durch ihre Abwesenheit auf! Was geschieht, wenn der Mensch weder gut genug war, um eine Stufe höher zu steigen, noch schlecht genug, um zur tiefsten Ebene zu fallen? Das betrifft ja die meisten von uns, wird aber im vorliegenden Text nicht erwähnt. Man weiß jedoch, dass Origenes eine umfassende Abhandlung über die Seele geschrieben hatte, die verloren gegangen ist [30]. Darin wurde diese Frage mit Sicherheit beantwortet, denn der Gelehrte hat sie gewiss nicht übersehen. In Origenes' System passt eigentlich nur eine Antwort: Eine solche Seele wird wieder Mensch. Es ist zu vermuten, dass die Schrift gerade deshalb vernichtet wurde ...

Man mag nun versuchen, auf den Begriff Fegfeuer auszuweichen. Aber es zeigt sich, dass der Fegfeuerbegriff des Origenes ein anderer ist als derjenige der Kirche, der zum ersten Mal in Zusammenhang mit dem Konzil von Lyon im Jahre 1245 zum Dogma erklärt wurde (mehr darüber unten). Für Origenes ist das sogenannte Fegfeuer nur die Scham, die Schuldgefühle und die bittere Reue, die in uns aufsteigen. Die Einsicht all des Ungerechten und Bösen, das wir getan haben – diese Einsicht, die nach dem Tod kommt, brennt wie ein Feuer in der Seele. Hieronymus bezeichnete dies als »Brand des Gewissens«. Die Folgen davon zeigen sich bald in einem neuen Leben, denn nach Origenes wird unser Schicksal in diesem Erdenleben von unseren Tugenden und Verfehlungen vor der Geburt bestimmt [30]. Das ist tatsächlich eine Art von Karmabegriff.

Nun hat man sich in der Theologie bemüht, es so aussehen zu lassen, als habe Origenes eine Wiedergeburt in einem neuen Körper gemeint, zu der es nicht in unserem, sondern erst in einem neuen Zeitalter kommen solle, in einer neuen Schöpfung in einem zukünftigen Äon. Auch wenn Rufinus' Textversion an manchen Stellen diesen Eindruck erwecken mag, gibt es offensichtlich keine Garantie dafür, dass Origenes wirklich so etwas geschrieben hat.

17. Wurde der Reinkarnationsglaube beim Konzil in Konstantinopel nicht verboten?

Eine andere Behauptung der Kirche, die sogar durch ihre eigene historische Forschung stark infrage gestellt wurde, ist die von der offiziellen Verurteilung der origenistischen Lehre über die Vorexistenz der Seele auf dem Konzil von Konstantinopel im Jahre 553. Die Verurteilung der entsprechenden Thesen des Origenes fehlt in allen noch vorhandenen Versionen der Konzilsunterlagen, außer in einer, die gegen Ende des 18. Jahrhunderts in Wien gefunden wurde. Ein separates Blatt enthielt Bannflüche gegen Origenes. Man nahm also an, dass diese Bannflüche vom Konzil ausgesprochen worden seien.

Spätere kirchenhistorische Forschungen haben gezeigt, dass dies höchstwahrscheinlich nicht der Fall ist. Die erste Untersuchung wurde 1899 von Franz Diekamp in einer Habilitationsschrift vorgelegt [33]. Später haben sich auch andere Kirchenhistoriker mit dieser Frage befasst [34-36].

Was wirklich geschah

Die Forschungen ergeben das folgende Bild: Im Jahre 543, also zehn Jahre vor dem Konzil, erteilte Kaiser Justinian in einem Brief an den Patriarchen Menas von Konstantinopel den Auftrag, eine Sitzung einer lokalen und ständigen Synode (*synodos éndemousa*) einzuberufen, um eine Anzahl von Bannflüchen gegen origenistische Thesen aufzustellen. Justinian gab in seinem Brief selbst eine Anzahl solcher Bannflüche an, und bei der Sitzung, die im gleichen Jahr stattfand, wurde eine ähnliche Reihe von Bannflüchen formuliert. Letztere stimmen mit dem Text überein, der in Wien gefunden wurde.

Justinian bestätigt in seinem *Edikt* gegen Origenes selbst, dass dieser Reinkarnation gelehrt habe: »Von den geistigen Wesen ist ein Teil, wie er meint, in Sünde gefallen und zur Strafe in Leiber gebannt; nach dem Maße ihrer Sünden werden sie sogar zum zweiten und dritten Male oder noch öfter in einem Leibe eingekerkert, um nach vollendeter Reinigung in ihren früheren sünde- und leiblosen Zustand zurückzukehren« [30].

Mehrere Jahre später entstand die Idee, ein Konzil einzuberufen, um drei schon lange verstorbene Bischöfe wegen ihrer angeblich häretischen Texte zu verurteilen. Keiner dieser Texte hatte mit Origenes zu tun. Außerdem widersprach es der Konzilientradition, eine Person nach ihrem Tod zu verurteilen. Papst Vigilius war gegen das Konzil und wurde von den Soldaten des Kaisers mit Gewalt von Rom nach Konstantinopel gebracht. Dort suchte er Zuflucht in einer Kirche, wurde aber erneut gefangen genommen und in ein luxuriöses Gefängnis im Kaiserpalast gebracht. Er konnte jedoch fliehen, woraufhin der Kaiser in einigen Briefen sehr grobe Worte an ihn richtete, ihm aber schließlich versprach, ihm nichts anzutun, wenn er nur zurückkäme, damit man das Konzil eröffnen könne.

Der Papst wollte nicht

Der Papst kam nicht zur Eröffnungssitzung des Konzils. Während man auf ihn wartete, zog der Kaiser die nunmehr zehn Jahre alten Bannflüche gegen Origenes hervor, vermutlich in einer neuen Niederschrift des gleichen Inhalts, und verlangte die Unterschriften der Bischöfe. Da ein Widerspruch gegen den Kaiser oft mit Lebensgefahr verbunden war (wer widersprochen hatte, wurde nicht selten tot auf der Straße gefunden), werden die meisten ohne große Überzeugung ihre Namen hingeschrieben haben. Das Konzil wurde *nicht* eröffnet, weil der Papst fernblieb.

Man traf sich später wieder, aber der Papst kam immer noch nicht. Nun erklärte der Kaiser das Konzil für eröffnet, und zwar ohne den Papst, was gegen die Konzilientradition war. Bei der nächsten Sitzung wurde der Name des Papstes aus den Diptychen gestrichen, was effektiv bedeutet, dass er abgesetzt war. Der alte Mann wurde zu Fronarbeit verurteilt und musste ein halbes Jahr in einer Grube Steine schleppen, bis er nachgab und den Konzilsbeschlüssen nachträglich schriftlich zustimmte. Er erwähnte dabei mit keinem Wort weder Origenes noch seine Lehren. Vermutlich wusste er über das Vorspiel vor der Konzilseröffnung nicht wirklich Bescheid.

Die Bannflüche sind also kein Konzilsbeschluss, und kein Papst hat Origenes und seine Lehren *ex cathedra* verurteilt. Den Christen wurde demnach nie verboten, an die Präexistenz der Seele und an Reinkarnation zu glauben. Es war und ist nur unerwünscht.

Der erste Bannfluch gegen Origenes

Der erste Bannfluch der Synode von 543 ist eigenartig formuliert: »Wenn jemand die erdichtete Existenz der Seele vor der Geburt und die daraus folgende ungeheuerliche Wiederherstellung vertritt, so sei er im Banne.« Hier steht im griechischen Text für Wiederherstellung das Wort *apokatastasis,* womit man in der Theologie normalerweise die Wiederherstellung von Gottes Schöpfung in ihrer ursprünglichen wunderbaren Ordnung meint, in der alle Seelen wieder mit Gott vereinigt werden. Aber das kann hier nicht gemeint sein, weil ja von einer »ungeheuerlichen« (*teratodi*) Wiederherstellung die Rede ist. Was war dann gemeint? Vielleicht die Wiederherstellung eines neuen Körpers für die Seele? Vielleicht Reinkarnation, ohne sie beim Namen zu nennen? Das wäre für das Dogma in der Tat »ungeheuerlich« ... Vielleicht liegt hierin ein weiteres Indiz dafür, dass Origenes wirklich die Reinkarnation gelehrt hat. Auf jeden Fall lehrte er die Vorexistenz der Seele, wogegen sich der Bannfluch an erster Stelle wendet.

In seinem Brief an Menas hatte Justinian bereits eine eigene Reihe von neun Bannflüchen vorgeschlagen, die in der Synode auf fünfzehn erhöht wurde. Der erste Bannfluch des Kaisers spiegelt Origenes' Lehre von unserer Herkunft und lautet: »Wenn einer sagt oder dafürhält, die Seelen des Menschen seien präexistent gewesen, insofern sie früher Intelligenzen und heilige Mächte gewesen seien; es habe sie aber Überdruss ergriffen an der Schau Gottes und sie hätten sich zum Schlechteren gewendet; darum seien sie abgekühlt von der Liebe zu Gott, hätten davon den Namen ›Seelen‹ bekommen und seien zur Strafe in Körper hinabgeschickt worden – so sei er im Banne« [30].

Zur Lehre von der Vorexistenz der Seele steht in einer großen und berühmten spanischen Enzyklopädie [37]: »Die Kirchenväter hielten besonders gegen die strikte Vorexistenzlehre, weil sie ungleich viel verderblicher (als die gemäßigte Lehre) für das katholische Dogma und dazu im Widerspruch sei.« Die »strikte Vorexistenzlehre« bezieht sich auf die Lehre im Allgemeinen, ob mit oder ohne Reinkarnation, wonach alle menschlichen Seelen reine Geistwesen seien, die zusammen mit den Engeln erschaffen und »zur Strafe in Körper versetzt wurden«. Die »gemäßigte Vorexistenzlehre« (die vor allem von einigen jüdischen Gelehrten vertreten wurde) sieht die Verkörperung nicht als Strafe, sondern als etwas, das entweder auf Wunsch Gottes oder der Seele selbst stattfindet. Es ist ohne Zweifel so, dass die Präexistenzlehre für das Dogma als bedrohlich aufgefasst wird, aber das ist wohl unabhängig davon, ob sie wahr ist oder nicht.

18. Wie passt nun all das mit hervorgerufenen Rückerinnerungen zusammen?

Im ersten Kapitel dieses Buches wurde über Rückführungen und Rückführungstherapie gesprochen. Die Erlebnisse, welche die Menschen dabei haben, stimmen im Allgemeinen auffallend gut mit dem Weltbild und der Seelenlehre der gnostischen Christen überein. In vielen Wissenschaftsbereichen gibt es eine experimentelle Abteilung. Es gibt die experimentelle Physik, die experimentelle Medizin, die experimentelle Psychologie und so weiter. Von »experimenteller Theologie« war bisher noch nie die Rede. Wenn man evozierte Rückerinnerungen an frühere Existenzen sowie an die Zeiten zwischen diesen Existenzen und an den Zustand vor der ersten Inkarnation als »experimentelle Theologie« bezeichnen kann (wogegen Theologen sich natürlich wehren werden), hätte man damit eine gewisse Bestätigung des gnostisch-christlichen

Weltbilds. Das bedeutet natürlich nicht, dass dieses Weltbild damit bewiesen wäre, sondern nur, dass es im Vergleich zu anderen bisher aufgestellten christlichen Weltbildern am besten zu solchen Erlebnissen passt. Das gilt erst recht für jene besonderen und relativ seltenen Fälle, in denen sich herausstellt, dass der Klient von der Seele eines Verstorbenen belästigt wird oder gar von einer negativen Wesenheit (die dann vermutlich von der untersten der oben genannten Ebenen her kommt) [38].

19. Wo hat hier die von Jesus gelehrte Liebe ihren Platz?

In der Lehre Jesu spielt die Liebe eine zentrale Rolle, doch was bedeutet sie wirklich? Sie kann nach Jesu Worten nur eines bedeuten: dass uns alle Menschen, ohne Ausnahme, wie Geschwister sind (da wir alle aus derselben göttlichen Lichtwelt kommen) und dass wir sie entsprechend behandeln: wohlwollend, gütig, hilfsbereit, tolerant und in Respekt vor ihrer Eigenart und ihrer Meinung. Das bedeutet nicht, dass wir ihre Meinung übernehmen, sondern vielmehr, dass wir ihr Recht auf Meinungsfreiheit respektieren und sie nicht indoktrinieren wollen. Wer in Kultur, Herkunft, Sprache, Aussehen und Religionszugehörigkeit anders ist, ist in keiner Weise weniger unser Geschwister als andere. Das betrifft selbstverständlich auch die Gleichstellung der Frauen in der Gesellschaft (sowie das Respektieren eines andersartigen aber gewaltfreien Sexualverhaltens). Es gibt für den Christen keine Feinde. Es gibt höchstens andere, die sich für seine Feinde halten. Alle Menschen sind gleichwertig. Sie stehen zwar auf verschiedenen Stufen der Entwicklung, sind aber deshalb nicht weniger wert. Darin liegt das zentrale Entwicklungsziel der Menschen auf dem Weg durch die Inkarnationen. Erst wenn man das wirklich begreift und danach lebt, hat das Inkarnieren irgendwann ein Ende. Wer anderen hingegen seine Auffassung mit dem Schwert aufzwingen will, hat auf diesem Weg noch eine lange Strecke vor sich.

Sünde ist Sonderung. In der göttlichen Lichtwelt waren wir alle eins, aber dennoch individuell. Wir waren alle miteinander in einer Einheit verbunden. Aus dieser Einheit wollten wir, die gefallenen Engel heraus, um Erfahrungen machen zu können, die man in der Lichtwelt nicht machen kann – Erfahrungen des Egos und des rücksichtslosen Auslebens unseres freien Willens, selbst auf Kosten anderer. Damit entstand die Sonderung, die Trennung zwischen den vorher verbundenen Wesen, die auf die Ebene der Menschen fielen. Wer noch in dieser Trennung lebt, ist bisher nicht reif für die göttliche Welt. Eine notwendige »Qualifizierungsübung« für jene Welt besteht darin, diese verhängnisvolle Trennung schon jetzt einigermaßen aufzuheben. Erst dann kommen wir wirklich weiter. Ich habe dieses Thema in meinen anderen Büchern ausführlicher behandelt [12, 38, 39].

Trennung äußert sich in Diskriminierung, Verachtung, Hass, Kampf, Unterdrückung, Machtausübung, Zwang, Gewalt, Krieg … Das Schwert ist ein Trennungswerkzeug. Solange wir in der »Un-Liebe« der Trennung leben, sind wir noch schrecklich weit vom Ziel unserer Entwicklung entfernt.

20. Gibt es einen verborgenen Zusammenhang zwischen der Lehre vom Fegfeuer und der Reinkarnationslehre?

Zu den Vorstellungen von dem, was nach dem Tod kommt, gehört auch das katholische Dogma von der Seelenreinigung in einem »Fegfeuer«. Die gnostischen Christen sprachen von einer Seelenreinigung durch Reinkarnation und Karma. Gibt es da einen Zusammenhang?

Die Lehre vom Fegfeuer wurde erst im 13. Jahrhundert von der katholischen Kirche zum Dogma erhoben. Die anderen Kirchen lehnen sie als unbiblisch ab. In noch früheren Jahrhunderten gab es vereinzelt Vorstellungen von einer Reinigung durch Feuer, die aber noch nicht Teil einer dogmatischen Lehrmeinung waren.

Manche Äußerungen gnostischer Christen, besonders die des Origenes werden als Darstellungen eines Fegfeuers gedeutet. Origenes schrieb zum Beispiel: »… dass jeder Sünder sich selbst die Flammen seines eigenen Feuers anzündet und nicht in irgendein Feuer geworfen wird, das schon vorher von einem anderen gezündet war und vor ihm selbst existierte … Dann wird das Gewissen selbst durch seinen eigenen Stachel getrieben und gepeinigt; er wird Ankläger und Zeuge gegen sich selbst … Hieraus erkennt man, dass es Qualen gibt, die im Bereich der Seelensubstanz selbst entstehen, unmittelbar aus den schlimmen Affekten der Sünden« [40]. Hieronymus gibt dies kommentierend in eigenen Worten wieder: »Auch das Feuer der Hölle und die Qualen, welche die Heilige Schrift den Sündern androht, sieht er (Origenes) nicht als Strafen an, sondern verlegt sie in das Gewissen der Sünder. Durch Gottes Kraft und Macht wird uns die ganze Erinnerung an die Sünden vor Augen gestellt … Der Geist betrachtet die früheren Lüste und wird vom *Brand des Gewissens* gepeinigt und vom Stachel der Reue verletzt« (meine Hervorhebung) [41].

Letzteres passt – wie übrigens so manche Aussage der gnostischen Christen – erstaunlich gut zu den Erinnerungen an Seelenerlebnisse in früheren Leben. Wenn die Seele nach dem Tod ins Licht geht, erlebt sie eine Bewusstseinserweiterung. Unbewusstes wird bewusst. Es gibt kein unbewusstes Ich mehr. Bewusst wird auch, weshalb wir in der Verkörperung, die wir verlassen haben, bestimmte Erfahrungen machen und gewisse Lektionen lernen mussten. Das Karma wird bewusst. Dies kann für manche ein »böses Erwachen« sein, denn nun wird einem mit voller Wucht klar, was man im verkörperten Leben alles falsch gemacht hat, was man nicht hätte tun dürfen und stattdessen hätte tun sollen, aber unterlassen hat. Das schmerzt, da steigen Schuldgefühle auf und da entsteht Reue, allerdings oft zu spät. Wir haben es versäumt, vor dem Tod zur Einsicht zu kommen und müssen nun zur Kenntnis nehmen, dass wir deshalb eine Lektion in einer neuen Verkörperung zu lernen haben. Das dürfte der *Brand des Gewissens* sein, wenn man so will, eine Art Fegfeuer.

Nun hat aber die Kirche das gnostisch-christliche Weltbild verworfen und will die Dinge anders sehen, als ich sie soeben dargestellt habe. Man ist zu der Auffassung gelangt, es handle sich um ein wirkliches Feuer, in dem der Sünder in irgendeiner Zeit zwischen Tod und Auferstehung gepeinigt und gleichzeitig von seinen eher mäßigen Sünden gereinigt werde (denn die großen Sünder kämen ja direkt in die Hölle). Dogmatisiert wurde diese Auffassung allerdings erst im 13. Jahrhundert. Zwar hatte schon Gregor der Große, der von 590 bis 604 Papst war, etwas Ähnliches vertreten, aber nur als Lehrmeinung ohne dogmatische Fixierung. Zum Dogma erhoben wurde diese Meinung in den Lyoner Konzilien von 1245 und 1274. Im Konzil von Florenz im Jahre 1439 wurde das Fegfeuer gegen den Vorwurf der Schriftwidrigkeit verteidigt, der von den Reformatoren erhoben worden war.

Das Thema Fegfeuer war allerdings schon im 12. Jahrhundert aufgetaucht, nämlich als es darum ging, die Lehre der Waldenser zu bestreiten [42]. Die Waldenser standen in Verbindung mit dem Katharertum, und die Katharer lehrten Reinkarnation, was den Vertretern der Kirche ein besonderer Dorn im Auge war. Der Außenseitertheologe Geddes MacGregor hat die Hypothese aufgestellt, das Purgatorium – wie das Fegfeuer besser genannt wird (da es nichts mit einem wirklichen Feuer zu tun hat) – sei eine Abwandlung der gnostisch-christlichen Lehre von der Reinigung durch Seelenwanderung [43]. Das passt zu den oben gemachten Aussagen, dass (1) die Fegfeuerlehre in den Auseinandersetzungen mit den Waldensern hervorgehoben und (2) die Lehre vom Fegfeuer gerade zu jener Zeit zum Dogma erhoben wurde, in welcher die Ausrottung der Katharer in vollem Gange war. Die Hypothese, dass man gerade diese Lehre brauchte, um sie als »rechtgläubige« Alternative zur Reinkarnationslehre der Katharer hinzustellen (etwa nach dem Motto: »Nein, nicht Reinkarnation. Das ist Häresie. Dafür geben wir euch das Fegfeuer.«) dürfte deshalb nicht allzu weit hergeholt sein.

21. Was sagt die Bibel zur Vorexistenz der Seele?

Die Vorexistenz Jesu ist unbestritten und kann mit verschiedenen Bibelstellen belegt werden (Phil. 2,6-7, Joh. 6,38, 6,62, 16,28, 17,5, vgl. auch Joh. 1,1-3, 1,9, 1,14-15, Kol. 1,15-17, Kor. 8,6, Hebr. 1,2).

Zur Vorexistenz der menschlichen Seele

Prediger (Ecclesiastes) 6,10: »... Ehe ein Mensch auf die Welt kommt, steht schon fest, was aus ihm wird ...«
Übersetzung von Hermann Bauer [44]. Luther: »... wenn einer gleich hoch berühmt ist, so weiß man doch, dass er ein Mensch ist ...« Einheitsübersetzung: »Was auch immer jemand war, ... es war erkannt, dass er nur ein Mensch sein wird ...«
Jerem. 1,4-5: »Und das Wort des Herrn kam zu mir (Jeremias), und sprach: Ich kannte dich, bevor ich dich im Mutterleibe bereitete ...«
Röm. 9,11-13: »Ehe die Kinder geboren waren ... Jakob habe ich geliebt und Esau habe ich gehasst.«
Ephes. 1,4: »... Wie Er (Gott) uns durch Ihn (Christus) gewählt hat, bevor der Grund der Welt gelegt war.«
Wir wurden demnach »gewählt«, noch bevor es die Schöpfung der Welten gab. Es gab uns also schon damals, wie auch die gnostischen Christen sagten.

Aus apokryphen Schriften

Manche alten Bibelausgaben (zum Beispiel die Lutherbibel) enthielten auch die apokryphe Schrift **Das Buch der Weisheit** oder **Die Weisheit Salomos**. Darin heißt es **(8,19-20)**: »Denn ich war ein Kind guter Art und habe eine feine Seele bekommen. Da ich aber wohl erzogen war, wuchs ich zu einem unbefleckten Leibe.«

Aus dem apokryphen **Thomas-Evangelium**: »Selig ist, wer war, bevor er wurde ...« (Log. 19)

Also: ... dessen Seele war, bevor sein Körper wurde.

»Jesus sagte: Wenn das Fleisch wegen des Geistes (der Seele) entstanden ist, ist es ein Wunder. Wenn aber der Geist (die Seele) wegen des Leibes entstanden ist, ist es ein wunderbares Wunder. Aber ich wundere mich darüber, wie sich dieser große Reichtum (offensichtlich: die Seele) in dieser Armut (offensichtlich: im Körper) niedergelassen hat« (Log. 29) (hier wurde *pneuma* mit »Geist« übersetzt, obwohl an dieser Stelle »Seele« richtiger sein dürfte).

Es ist also schon ein Wunder, dass ein Körper für die Seele erschaffen wurde, aber es wäre ein viel größeres Wunder, wenn die Seele nur wegen des Körpers erschaffen worden wäre.

»Wenn ihr eure Spiegelbilder seht, freut ihr euch. Wenn ihr aber eure Bilder seht, die vor euch entstanden sind, die weder sterben noch in Erscheinung treten, wie viel(e) werdet ihr ertragen?« (Log. 84)

Unsere (be)vor uns entstandenen »Bilder« sind also wir, wie wir vor der Geburt waren. Die verborgenen Erinnerungsbilder daran sterben weder, noch treten sie in Erscheinung.

Aus dem apokryphen **Philipsevangelium** (Nag Hammadi Codex II, 3, 64, 10-12): »Selig ist, wer ist, bevor er wurde; denn wer ist, war und wird sein.«

Wer ist, war schon vor der Geburt und wird nach dem Tod immer noch sein.

Ein angeblicher Einwand gegen die Vorexistenz

1. Mos. 2,7: »Und Gott der Herr bildete den Menschen aus Staub von dem Erdboden und hauchte in seine Nase den Odem des Lebens; und der Mensch wurde eine lebendige Seele.«

Die Frage bleibt aber offen, ob er die Seele Adams in dem Moment erschuf, oder ob er eine bereits existierende Seele zum Zweck der Belebung Adams herholte.

22. Sind Körper und Seele also doch trennbar?

Das Dogma lehrt, dass Körper und Seele eins seien. Schon deshalb könne sich die Seele im Tod nicht vom Körper trennen und später in einem neuen Körper inkarnieren. Es könne nur die Auferstehung durch die Wiederherstellung des ehemaligen Leibes geben. In der Zwischenzeit befände sich die Seele in einem Zustand, der wie ein Dämmerzustand sei (»Seelenschlaf«). Oder aber die Seele stirbt auch (»Ganztod«), um bei der Auferstehung ebenfalls wiederhergestellt zu werden.

Wie das jedoch vor sich gehen soll, kann niemand erklären. Wie ein im Grab verrotteter Leib wieder hergestellt werden soll, der zersetzt, zerfallen und von Würmern gefressen ist, kann sich keiner vorstellen. Und wenn es keinen »Ganztod« gibt, wo sind die Seelen dann, bevor sie ihren Leib schließlich wiederbekommen?

Natürlich mag man auf Gottes Allmacht hinweisen und sagen, Ihm sei *alles* möglich, aber es gibt einen sehr viel einfacheren Weg: Wiedergeburt in einem neuen Körper, *der durch den von Gott bereits vorgesehenen Vorgang der Zeugung* entsteht. Und welchen Sinn sollte die andere Alternative schon haben?

Außerdem wären dann sehr viele jener Moleküle durch eine ganze Menge anderer menschlicher Körper gegangen, bevor sie »auferstehen« könnten. Sie hätten sich sozusagen in vielen Leibern »reinkarniert« und gehörten zu einer Anzahl verschiedener Körper, die andere Seelen einmal hatten. Weil sie nämlich nach Verwesung oder Zerfall eines Leibes wieder von Pflanzen und Tieren aufgenommen wurden, die danach von Menschen gegessen wurden, deren Körper auch nur Glieder einer langen Kette im Kreislauf der Natur waren.

Sollen sich dann im eschatologischen Finalspiel meine und viele andere Seelen um die Moleküle streiten müssen, die heute in meinem Körper sind und vorher in ihren waren? Was wird mit der Seele, die keine oder zu wenig Moleküle bekommt, weil sie von anderen beansprucht werden?

Ich führe diese Lehre hier absichtlich *ad absurdum,* um ihre Unwahrscheinlichkeit hervorzuheben. Genauso gut könnte man behaupten, Gott stelle auch noch jene Moleküle wieder her, so dass von Grund auf *alles* neu ist. Aber dann ist es ja nicht mehr der Körper, den man einmal hatte, sondern eine *Kopie.* Und wenn es den »Ganztod« geben sollte, ist dann die Seele ebenfalls eine Kopie?

Schon Paulus wandte sich gegen solchen Auffassungen: »Wie werden die Toten auferstehen? Und mit welcherlei Leibe werden sie kommen? Du Narr, was du säst wird nicht lebendig, sondern es stirbt. Und was du säst ist ja nicht der Leib, der werden soll, sondern bloß ein Korn, Weizen oder etwas anderes. Gott aber, gibt ihm einen Leib wie er will und einem jeglichen von dem Samen seinen eigenen Leib ... Es wird gesät ein natürlicher Leib und es wird auferstehen ein geistiger Leib. Hat man einen natürlichen Leib, so hat man einen geistigen Leib« (1. Kor. 15,35-38 und 44). Säen lässt daran denken, dass der Körper in die Erde gelegt wird. Der Vorstellung, dass der Auferstehungsleib am Ende einer Reihe von Verkörperungen steht und dann immateriell sein dürfte, wird hier nicht widersprochen.

Und was ist mit den Seelen, die angeblich in die »ewige Hölle« wandern? Bekommen auch sie ihren Leib zurück, oder gilt dies nur für diejenigen, die in den Himmel kommen? Dann wären ja für die Verdammten Körper und Seele doch noch trennbar ...

Schließlich können wir uns mit Recht fragen, warum ausgerechnet wir Menschen für ewige Zeiten und sogar noch nach der Auferstehung dazu verdammt sein sollen, diesen schweren physischen Leib mit uns herumzuschleppen, wo doch die Engel keinen Leib haben müssen und nicht einmal die Teufel.

Kirchliche Umdeutung des Aristoteles

Die Vorstellung der Untrennbarkeit von Körper und Seele hat die Kirche nicht aus der Bibel übernommen, sondern im Wesentlichen von Aristoteles [45], einem griechischen Philosophen, der im 4. Jahrhundert vor Christus lebte. Origenes hatte eine andere Ansicht über Körper und Seele als das Dogma (aber nicht unbedingt als Aristoteles) [30].

Aristoteles schrieb eine Abhandlung mit dem Titel *Über die Seele,* deren zweites Buch jene Aussagen beinhaltet, mit welchen die Kirche dieses Dogma begründen will. Studieren wir seine Aussagen im Detail, gelangen wir jedoch zu dem Ergebnis, dass nach seiner Meinung der Körper nicht ohne die Seele leben kann, aber sehr wohl die Seele ohne den Körper [47].

23. Was sagt die Bibel zur Trennbarkeit von Körper und Seele?

Der Lehre von der Untrennbarkeit von Körper und Seele wird in der Bibel widersprochen

1. Mos. 35,18: »Da ihr (Rachel) aber die Seele ausging, da sie sterben musste …«

1. Sam. (andere Zählung: 1. Kön.) **28,11-15:** (Saul bei einer Zauberin) »Da sprach das Weib: Wen soll ich dir heraufbringen? Er (Saul) sprach: Bringe mir Samuel herauf! … Und der König sprach zu ihr: … Was siehst du? Das Weib sprach zu Saul: Götter sah ich aufsteigen aus der Erde … Es kommt ein alter Mann herauf und er ist bekleidet mit einem Seidenrock. Da vernahm Saul, dass es Samuel war, und verneigte sich … Aber Samuel sprach zu Saul: Warum hast du mich unruhig gemacht, dass man mich heraufbringen lässt? …«
Es erschien also die Seele des toten Samuel.

1. (andere Zählung: 3.) **Kön. 17,21-22:** »Und er (Elias) maß sich über dem Kind dreimal und rief den Herrn an und sprach: Herr, mein Gott, ich bitte, lass die Seele dieses Kindes wieder zu ihm kommen! Und der Herr erhörte die Stimme Elias, und die Seele des Kindes kam wieder zu ihm, und es ward lebendig.«

Psalter (Psalm) 31,6 (andere Zählung: 30,6 oder 31,5): »In Deine Hände befehle ich meinen Geist.«

Vgl. **Luk 23,46:** »Und Jesus rief laut und sprach: Vater, ich befehle meinen Geist in deine Hände! Und als er das gesagt, verschied er.«

Er sagte nicht: »*Vater, ich befehle sowohl meinen Geist (meine Seele) als auch meinen Körper in deine Hände.*«

Pred. (Ecclesiastes) **12,7:** »... denn der Staub muss wieder zur Erde kommen, so wie er gewesen ist, und der Geist wieder zu Gott, der ihn gegeben hat.«

Matth. 10,28: »Und fürchtet euch nicht vor denen, welche den Leib töten, aber die Seele nicht töten können ...«

Matth. 17,3: »Und siehe, da erschienen ihnen (den anwesenden Jüngern) Moses und Elias ...«

Zusammen mit der von Moses erschien die Seele des toten Elias, offensichtlich ohne seinen Körper. Da dies nach dem Tod Johannes des Täufers geschah, besteht hier kein Widerspruch zur Aussage Jesu, dass Elias als Johannes reinkarniert war, dass es sich also um die gleiche Seele handeln könnte, die hier erschien.

Luk. 8,54-55: »Er (Jesus) aber ... nahm sie (die gestorbene Tochter des Jairus) bei der Hand und rief und sprach: Kind, stehe auf! Und ihr Geist kam wieder und sie stand also bald auf ...«

Luk. 12,20: »Du Narr! In dieser Nacht wird man deine Seele von dir fordern!«

Luk. 16,23-28: »Als er (der gestorbene reiche Mann) nun im Totenreich und in der Qual war ... sah er Abraham von ferne und Lazarus in seinem Schoß. ... Da sprach er: So bitte ich dich, Vater, dass du ihn (den ebenfalls gestorbenen Lazarus) in das Haus meines Vaters sendest, denn ich habe noch fünf Brüder, so dass er ihnen bezeuge, auf dass sie nicht auch kommen an diesen Ort der Qual.«

Die Seelen des Lazarus und des reichen Mannes waren also beide ohne ihre Körper im Jenseits.

Luk. 23,43: »Und Jesus sprach zu ihm (dem einen Mitgekreuzigten): Wahrlich sage ich dir, noch heute wirst du mit mir im Paradiese sein!«

Das könnte nur der Seele des Mitgekreuzigten, nicht aber seinem Körper geschehen.

Joh. 3,6: »Was vom Fleisch geboren wird, das ist Fleisch; und was vom Geist geboren wird, das ist Geist.«

Apg. 7,58 (and. Zählung 7,59)**:** »Und sie steinigten Stephan, der anrief und sprach: Herr Jesus, nimm meinen Geist auf.«

Apg. 20,10: »Paulus aber ging hinab, ließ sich über ihn nieder, hielt ihn und sprach: Macht keine Aufregung, denn seine Seele ist in ihm.«
Er war also doch nicht tot, weil seine Seele ihn noch nicht verlassen hatte.

Röm. 7,24: »Ich elender Mensch, wer wird mich von dem Leibe dieses Todes erlösen?«

2. Kor. 4,16-18: »Darum werden wir nicht müde; sondern wenn auch unser äußerer Mensch verwest, so wird doch der innerliche von Tag zu Tag erneuert … Denn das Sichtbare, das ist zeitlich. Was aber das Unsichtbare ist, das ist ewig.«

2. Kor. 5,8: »Wir aber sind getrost und haben viel mehr Lust, außer dem Leibe zu wallen und bei dem Herrn daheim zu sein.«

2. Kor. 12,2-3: »Ich kenne einen Menschen in Christo … Ist er in dem Leibe gewesen, so weiß ich es nicht, oder ist er außer dem Leibe gewesen, so weiß ich es auch nicht, Gott weiß es … Und ich kenne denselbigen Mensch, ob er in dem Leibe oder außer dem Leibe gewesen ist, weiß ich nicht, Gott weiß es …«

Angebliche biblische Argumente für die Lehre der Untrennbarkeit von Körper und Seele:

1. Mos. 2,7: »Und Gott der Herr machte den Menschen aus dem Erdklumpen und blies ihm den Odem des Lebens ein, und also ward der Mensch eine lebendige Seele.«
In anderen Übersetzungen steht: »… ward der Mensch zum lebenden Wesen.« Die Tora in der Übersetzung des Moses Mendelssohn [48] sagt: »… ein beseeltes Tier«, was genau mit den hebräischen Worten lenefesh chajah übereinstimmt. Dies bedeutet nicht, dass die Seele nicht ohne den Leib existieren könne, sondern kann nur so verstanden werden, dass der Leib nicht ohne eine Seele leben kann.

4. Mos. 23,10: »Wer kann zählen den Staub Jakobs und die Zahl des vierten Teils Israels? Meine Seele muss den Tod der Gerechten sterben und mein Ende werden wie das ihre!«

Wie will man hieraus schließen, dass Körper und Seele untrennbar seien? Das erscheint unlogisch. Das Ende der Gerechten wird darin bestehen, dass ihre Seelen an einen paradiesischen Ort gehen dürfen. Oder auch in eine neue aber gute Inkarnation ... Gegen das Letztere gibt es hier keinen Widerspruch.

Röm. 12,1: »Ich ermahne euch, liebe Brüder, um der Barmherzigkeit Gottes Willen, dass ihr eure Leiber zum Opfer gebt und Gott wohlgefällig seid, welches euer vernünftiger Gottesdienst sei.«

Man will hierin eine Aufforderung sehen, sich Gott ganz hinzugeben, mitsamt dem Leib. Was den Körper betrifft, wird dies für die Dauer der Verkörperung gelten, aber die Aufforderung wird nach dem Tod nicht weniger für die entkörperte Seele gelten. Hieraus kann man höchstens schließen, dass der physische Körper und die Seele so lange eine Einheit bilden, wie jener Körper noch lebt. Dies geht auch aus 1. Kor. 15,35-44 hervor.

Philipp. 1,20: »Wie ich endlich warte und hoffe, dass ... Christus an meinem Leibe hoch gepriesen werde, sei es durch das Leben oder den Tod.«

Auch hier ist nach 1. Kor. 15,35-44 zwischen dem »irdischen« und dem »himmlischen« (seelischen oder »pneumatischen«) Körper zu unterscheiden.

24. Was sagt die Bibel sonst noch zur Reinkarnation?

Psalter (Psalm) 90,3 (andere Zählung: 89,3): »... der du die Menschen sterben lässt und sprichst: Kommt wieder, Menschenkinder.«

Entweder werden wir wieder verkörpert werden, oder wir werden wieder zu Gott kommen. Im zweiten Fall ist dieses Bibelwort ein Zeugnis für die Vorexistenz der Seele.

Jesaja 26,19: »Deine Toten werden wieder zum Leben kommen ... frohlocket, weil dein Tau der Tau des Lichtes ist, und die Erde wird ihre Verstorbenen wieder gebären.«

Übersetzung aus der lateinischen Vulgata-Bibel von Hermann Bauer, »da die deutschen Schrifttexte einen völlig anderen Sinn ergeben hätten« [44]. Interessanterweise übersetzt die schwedische Bibel, jedenfalls in älteren Ausgaben (wie der Übersetzung von 1917), und auch die dänische, ähnlich wie Bauer! Die isländische Bibel hat hier sogar fæða, wörtlich »gebären«! Liegt hier wieder ein Fall von »Verdunkelung« vor, um unser Verständnis in eine gewünschte Richtung zu lenken? Im hebräischen Text steht: »... aurt taleka wa-aretz r^{e}phaim taphil.« Aurt bedeutet »Licht«, aber in der Mehrzahl aurut eher »grüne Pflanzen«, doch fügt das Wörterbuch für diese Bibelstelle hinzu: »andere erklären es als Tau des Lichts« [49]. Taleka ist »Tau« (feuchter Niederschlag). Wa-aretz bedeutet »und Erde«. R^{e}phaim kommt von r^{e}pha' = »heilen, wiederherstellen« oder auch von raphah, das unter anderem etwa »Hingegangener« bedeuten kann. R^{e}phaim (Mehrzahl) wird im ersten Sinne deshalb manchmal mit »Heiler« oder »Geheilte« übersetzt, oder hier eher im Sinne von »Wiederhergestellte«. Im zweiten Sinne kann es »die Toten« bedeuten. Noch ein Wort hier ist taphil, das von naphal kommt und unter anderem »herunterbringen, herunterkommen« bedeutet. Wie man sieht, gibt es hier mehrere Interpretationsmöglichkeiten, und man kann es so wählen, wie man es verstanden haben will ... etwa im Sinne von »und auf die Erde zur Wiederherstellung herunterbringen«.

Matth. 16,13-14: »Da kam Jesus in die Gegend der Stadt Cäsarea Philippi und fragte seine Jünger und sprach: Wer sagen die Leute, dass des Menschen Sohn sei? Sie sprachen: Etliche sagen, du seist Johannes der Täufer; die andern, du seist Elias; etliche, du seist Jeremia oder einer der Propheten.«

Wenn also einige meinten, Er könne Elias, Jeremia oder einer der Propheten sein, denken sie offensichtlich an die Möglichkeit, dass Er eine Reinkarnation von einer dieser Persönlichkeiten sei. (Johannes der Täufer würde allerdings nicht infrage kommen, da er etwa gleichzeitig mit Jesus geboren wurde.)

Matth. 18,3: »Wahrlich, ich sage euch, wenn ihr nicht umkehrt und werdet wie die Kinder, so werdet ihr nicht ins Himmelreich kommen.«

Hierzu meint Hermann Bauer [45], das Wort »umkehrt« (strafete) sei richtiger mit »zurückkehrt, wiederkehrt« zu übersetzen, und das Wort »Kinder« (paidía) richtiger mit »Neugeborene«. Also: »... wenn ihr nicht als Neugeborene wiederkehrt ...«

Offb. 3,12: »Wer überwindet, den will ich zum Pfeiler im Tempel meines Gottes machen und er soll nicht mehr hinausgehen.«

Hinausgehen wohin? Aus der göttlichen Welt in die Inkarnation? Wo er schon einmal war (es heißt ja »nicht mehr hinausgehen«)?

Die Weisheit Salomos (heute aber nicht mehr in allen Bibeln erhalten) sagt: »Sondern die Gottlosen ringen danach ... mit Worten und Werken. ... Denn es sind rohe Leute und sagen: ...« (1,16-2,1) »Unsere Zeit ist so, wie ein Schatten dahinfährt, und wenn wir weg sind, gibt es kein Wiederkehren. Denn das ist fest versiegelt, dass niemand wiederkommt.« (2,5) ... »Solches schauen sie und fehlen. Ihre Bosheit hat sie verblendet, dass sie Gottes heimliches Gericht nicht erkennen.« (2,20-22)

Der Text stellt die Vorstellung, wir kämen nicht wieder in die Welt, als irrtümlich dar.

Palingenese, griechisch *palingenesía*, kommt an zwei Stellen im Neuen Testament vor, wo es mit »Wiedergeburt« übersetzt wird:

Matth. 19,28: »... Wahrlich ich sage euch: Ihr, die ihr mir seid nachgefolgt, werdet in der Wiedergeburt, da des Menschen Sohn wird sitzen auf dem Stuhl seiner Herrlichkeit, auch sitzen auf zwölf Stühlen und richten die zwölf Geschlechter Israels.«

Man kann hier aus dem Griechischen ebenso wie folgt übersetzen: »... die ihr mir seid nachgefolgt in der Wiedergeburt, werdet zu der Zeit, wenn des Menschen Sohn wird sitzen ...« Was sollte es in dem Fall bedeuten, dass man Christus in der Wiedergeburt nachgefolgt sei? Reinkarnationistisch gesehen könnte man sich den Sinn so vorstellen, dass man auch in weiteren Inkarnationen dem Christus treu geblieben sei.

Titus 3,5: »... nicht um der Werke willen der Gerechtigkeit, die wir getan hatten, sondern nach seiner Barmherzigkeit machte er uns selig durch das Bad der Wiedergeburt und die Erneuerung des heiligen Geistes ...«

Das »Bad der Wiedergeburt« lässt an die gnostisch-christliche Vorstellung von Reinigung durch Reinkarnation denken. Dass der Heilige Geist erneuert würde, kann keine sinnvolle Deutung sein. Vielmehr wird es um die Erneuerung der Seele durch den Heiligen Geist gehen.

Referenzen

1. *Basler Zeitung,* Nr. 120, 6. Juni 1998. Auch: http://www.bhakti-yoga.ch/FACTS/BaZ_LB.html.
2. http://ro-ro.facebook.com/topic-php?uid=2235640752&topic=2585&_fb_noscript=1.
3. *New Catholic Encyclopedia,* McGraw Hill, San Francisco, 1967, unter »Transmigration of Souls«, Seite 257.
4. *Enzyklopädie des Islam,* O. Harassowitz, Leipzig und E.J. Brill, Leiden, Bd. IV, 1934, unter »Tanasukh«, Seite 703-703.
5. http://www.answers.com/topic/alevi.
6. http://northerniraq.info/forums/viewtopic.php?p=3071&sid=457c595088a25863f02040afde17e6f6.
7. *Encyclopædia of Religion and Ethics,* hrsg. von James Hastings, T. &. T. Clark, Edinburgh, Bd. XII, 1921, unter »Transmigration«, Seite 425-440.
8. *Dictionnaire de Théologie Catholique,* Letouzey et Ané, Paris, Bd. 10, 1928, unter »Metémpsycose«, Seite 1574-1596.
9. *Die Religion in Geschichte und Gegenwart,* J. C. B. Mohr, Tübingen, Bd. 5, 1986, unter »Seelenwanderung«, Spalte 1638-1640.
10. Charles Joseph Hefele und »ein religiöser Benediktiner« (anonym, vermutlich der in späteren Bänden genannte H. Leclercq): *Histoire des Conciles,* Bd. 1, Letouzey et Ané, Paris 1907, 1. Teil, Seite 326-475, und 2. Teil, Seite 476-632.
11. Jan Erik Sigdell: *Reinkarnation, Christentum und das kirchliche Dogma,* Ibera, Wien 2001.
12. Jan Erik Sigdell: *Durch den Tod ins Leben,* Ansata, München 2007.
13. Tony Walter, Helen Waterhouse: *A very private belief: reincarnation in contemporary England,* http://findarticles.com/p/articles/mi_m0SOR/is_2_60/ai_55208520.
14. Karl Rahner: *Grundkurs des Glaubens,* in: *Sämtliche Werke,* Bd. 26, Benzi-

ger, Zürich, und Herder, Freiburg i.Br. 1999, Seite 416-417.

15. Karl Rahner: »Fegfeuer«, in: *In Sorge um die Kirche,* in: *Schriften zur Theologie,* Bd. XIV, Benziger, Zürich, Seite 447-449.

16. Jean-Louis Siémons: *La Réincarnation. Des preuves aux certitudes,* Retz, Paris 1982, Seite 211.

17. *Das neue Taschenbuchlexikon,* Bertelsmann, Gütersloh, Bd. 12, 1992, »Paulus«, Seite 70, und Bd. 7, 1992, und »Judenchristen«, Seite 169.

18. *Theologische Realenzyklopädie,* hrsg. von Gerhard Müller, Walter de Gruyter, Berlin, Bd. XVIII, 1989, zum Katharertum Seite 21-30.

19. *Theologische Realenzyklopädie,* hrsg. von Gerhard Müller, Walter de Gruyter, Berlin, Bd. XXII, 1992, zum Manichäismus Seite 25-45.

20. *Theologische Realenzyklopädie,* hrsg. von Gerhard Müller, Walter de Gruyter, Berlin, Bd. XIII, 1984, zum Gnostizismus Seite 519-550.

21. Robert Sträuli: *Origenes der Diamantene,* ABZ, Zürich 1987. Er bezieht sich besonders auf die folgenden Historiker: Jacob Burckhardt: *Gesammelte Werke,* Band l, Schwabe, Basel, und Wissenschaftliche Buchgesellschaft, Darmstadt, Neuauflage 1978, sowie auf Kurt Aland: *Geschichte der Christenheit,* Band l, Mohn, Gütersloh 1980.

22. Karlheinz Deschner: *Kriminalgeschichte des Christentums,* Band l, Rowohlt, Reinbek 1986, Seite 365.

23. http://de.wikipedia.org/wiki/Demiurg.

24. »The Apokryphon of John«, in *The Nag Hammadi Library,* Harper & Row, New York o. J., Seite 98-116. Siehe auch http://www.gnosis.org/naghamm/apocjn.html.

25. Eine Auswahl der vielen Grausamkeiten im Alten Testament: **1. Mose** 34,25-29; – **2. Mose** 12,12; 12,29-30; 15,3; 32,26-28. – **3. Mose** 26,7-8; 26,21-22; 26,26-29. – **4. Mose** 15,32-36; 16,29-35; 16,46-49; 21,3-6; 21,24-25; 21,33-35; 31,7-10; 31,14-18; 31,31-32; 31,35 – **5. Mose** 2,32-34;. 3,1-6; 7,2-3; 9,3; 13,9-10; 13,14-16; 20,10-17; 21,11-14. – **Josua** 6,20-25; 8,2; 8,21-25; 8,29; 10,10-11; 10,17-40; 11,6-22. – **Richter** 1,4-11; 1,17; 1,25; 3,29-31; 4,14-16; 7,15-25; 8,17; 9,4-5; 9,43-45; 9,49-52; 11,30-40; 15,15-16; 18,27; 19,22-29; 20,2; 20,31-37; 20,41-48. – **1. Samuel** 5,8-9; 6,19 (Fehlübersetzung in modernen Texten, statt 70 sollen es 50070 sein); 11,6-11; 15,3-9; 15,33; 18,7; 30,17. – **2. Samuel** 5,8; 5,25; 8,1-5; 10,18; 12,31 (Fehlübersetzung in modernen Texten, er legte sie unter eisernen Sägen und Zacken und eisernen Keilen und verbrannte sie in Ziegelöfen); 18,6-7; 24,10-16. – **1. Könige** 20,28-30. – **2. Könige** 1,9-14; 2,23-25; 5,25-27; 6,18; 10,13-25; 14,5-7; 15,16; 19,35. – **1. Chronik** 20,2-3 (Fehlübersetzung in modernen Texten, er ließ sie mit Sägen und eisernen Hacken und Äxten zerschneiden). – **Psalter** 137,9. – **Jesaja** 13,15-18; 45,5-7; 49,25-26. – **Jeremia** 16,3-5. – **Klagelieder** 4,9-11. – **Hesekiel** 6,12-13; 9,3-6. – **Hosea** 13,15; 14,1. Den

Nachweis der genannten Fehlübersetzungen, d.h. Schönungen, hat Karlheinz Deschner gegeben [27]. Luthers Text sowie die englische St. James Bible stimmen hier besser, und der Zweifler möge damit vergleichen. Siehe hierzu auch http://www.christliche-reinkarnation.com/GrausBib.htm.

26. *Ein Gott allein? JHWH-Verehrung und biblischer Monotheismus im Kontext der israelitischen und altorientalischen Religionsgeschichte,* 13. Kolloquium der Schweizerischen Akademie der Geistes- und Sozialwissenschaften, hrsg. von Walter Dietrich und Martin A. Klopfenstein, Universitätsverlag, Freiburg CH 1994.

27. Karlheinz Deschner: *Kriminalgeschichte des Christentums,* Bd. 1: *Die Frühzeit,* Rowohlt, Reinbek 1989. Seite 73-86.

28. Antonio Orbe: *Cristología Gnóstica,* Biblioteca de Autores Cristianos, Bd. II, Madrid 1976, Kapitel »Ascensión y reincorporaciones«, Seite 573-597.

29. »Die Pistis Sophia« in *Koptisch-Gnostische Schriften,* Bd. 1, hrsg. von Carl Schmidt, Akademie-Verlag, Berlin (Ost) 1981, Kapitel 113, Seite 190-191.

30. Origenes: *Vier Bücher von den Prinzipien,* übersetzt, kommentiert und von anderen Quellen her teilweise ergänzt durch Herwig Görgemanns und Heinrich Karpp, Wissenschaftliche Buchgesellschaft, Darmstadt, 2. Aufl. 1985. Ohne Zweifel die bisher beste Übersetzung der Rufinus-Version in eine moderne Sprache.

31. Jean Scherrer: *Le Commentaire d'Origéne sur Rom. III.5-V,7,* Institut Français d'Archéologie Orientale, Kairo 1952.

32. Pseudo-Dionysius Areopagita: *Über die himmlische Hierarchie. Über die kirchliche Hierarchie,* übers. von Günter Heil, Anton Hiersemann, Stuttgart 1986. Auch im Internet: http://www.esoteric.msu.edu/VolumeII/CelestialHierarchy.html und http://de.wikipedia.org/wiki/Engel.

33. Franz Diekamp: *Die origenistischen Streitigkeiten im sechsten Jahrhundert und das fünfte allgemeine Concil,* Aschendorff, Münster 1899.

34. Charles Joseph Hefele und H. Leclercq: *Histoire des Conciles,* Letouzey et Ané, Paris, Teil II, 2. Abschnitt, 1908, S. 1182-1196 und Teil III, 1. Abschnitt, 1909, Seite 1-132.

35. Ferdinand Prat in *The Catholic Encyclopedia,* Band XI. Seite 311-312, hrsg. von Ch. Herbermann, Appleton, New York 1913.

36. Fritz in *Dictionnaire de la Théologie Catholique,* Bd. 3, 1. Teil, Letouzey et Ané, Paris 1938, Spalte 1580-1585.

37. *Enciclopedia Universal Ilustrada,* Bd. 47, Seite 2-6, Espasa Calpe, Madrid/Bilbao o. J., unter »Preexistencianismo«.

38. Jan Erik Sigdell: *Reinkarnationstherapie,* Heyne Taschenbuch, München 2005. Das inzwischen vergriffene Buch ist, erweitert und verbessert, unter dem neuen und treffenderen Titel *Emotionale Befreiung durch Rückführung* beim AMRA Verlag in Vorbereitung.

39. Jan Erik Sigdell: *Rückführung in frühere Leben – Praxisbuch,* Ansata, München, 3. Aufl. 2006.

40. Origenes: *Vier Bücher von den Prinzipien,* übersetzt und kommentiert von Herwig Görgemanns und Heinrich Karpp, Wissenschaftliche Buchgesellschaft, Darmstadt 1985, 2. Ausgabe, Abschnitt II 10,4, Seite 429.

41. Origenes: *Vier Bücher von den Prinzipien,* übersetzt und kommentiert von Herwig Görgemanns und Heinrich Karpp, Wissenschaftliche Buchgesellschaft, Darmstadt 1985, 2. Ausgabe, Abschnitt II 10,4, Seite 429 (Kommentar).

42. *Theologische Realenzyklopädie,* hrsg. von Gerhard Müller, Bd. XI, Walter de Gruyter, Berlin 1983, Seite 69-78: Fegfeuer.

43. Geddes MacGregor: *Reinkarnation und Karma im Christentum,* 2 Bde., Aquamarin, Grafing 1985 und 1986.

44. Hermann Bauer: *Wiedergeburt: Glaube der Urchristen, Tabu für Kirchenchristen?,* Frick, Pforzheim, 2. Aufl. 1998.

45. Hermann Bauer: *Wiedergeburt – oder auf ewig verdammt?,* Frick, Pforzheim, 1993.

46. *Lexikon für Theologie und Kirche,* Bd. 9, hrsg. von Josef Höfer und Karl Rahner, Herder, Freiburg 1964, Seite 570-571 (unter »Seele«).

47. Aristoteles: *Über die Seele,* übers. von Willy Theiler, Bd. 13 in der Reihe »Aristoteles Werke in deutscher Übersetzung«, Akademie Verlag, Berlin 1994.

48. *Die Tora nach der Übersetzung von Moses Mendelssohn,* hrsg. von Annette Böckler, Jüdische Verlagsanstalt, Berlin 2001.

49. *Gesenius' Hebrew and Chaldee Lexicon to the Old Testament Scriptures,* hrsg. von Samuel Prideaux Tregelles, Wm. B. Eerdmans, Grand Rapids, Michigan o. J. (Vorwort datiert 1846).

Wissenschaftliche Fragen

1. Kann es körperlose und für uns unsichtbare Seelen geben?

Wir leben in einer dreidimensionalen Welt oder, besser gesagt, in einer zweieinhalbdimensionalen, da wir keine Bewegungsfreiheit in der dritten Dimension haben, jedenfalls nicht ohne Hilfsmittel wie Flugzeuge oder Hebevorrichtungen. Zwar können wir Berge besteigen oder in Schluchten hinunterklettern, doch sind diese nur Stauchungen einer zwar kugelförmigen, aber eigentlich zweidimensionalen Fläche, auf der wie leben. Da sind uns die Vögel voraus.

Gibt es einzig diese drei Dimensionen? Wieso erklärt dann die moderne Wissenschaft die Gravitation durch Krümmungen des dreidimensionalen Raumes in der Nähe großer Massen? Wohin krümmt sich ein dreidimensionaler Raum? Er kann sich ja höchstens in eine vierte Dimension hinein krümmen. Also gibt es diese. Und wenn es sie gibt, gibt es vielleicht auch fünf, sechs oder mehr Dimensionen, die wir nur nicht wahrnehmen können …

Die vierte Dimension wird oft als »Zeit« aufgefasst, aber ist sie vielleicht mehr? Wie sollte sich der dreidimensionale Raum in die Zeit hinein krümmen können?

In der theoretischen Physik rechnet man mit komplizierten mathematischen Formeln. Einige davon gehen erst gut auf, wenn man von mehr als drei Dimensionen ausgeht. Sogar mehr als vier. Man spricht dann von sogenannten »Freiheitsgraden« in den Gleichungen, da man sich auch dort schwer damit tut, die Existenz höherer Dimensionen anzunehmen. Aber diese »Freiheitsgrade« haben in vielen Fällen einen Charakter, der Dimensionen ähnlich ist. In der sogenannten String-Theorie rechnet man mit vielen Dimensionen, versucht aber, sich diese als eine Art »Flächenunebenheiten« im dreidimensionalen Raum vorzustellen – ein krampfhafter Versuch, doch noch beim dreidimensionalen Raum zu bleiben. Das wird auf Dauer nicht gelingen.

Wir stehen bereits an der Schwelle zur Entdeckung und Anerkennung der Tatsache, dass der Kosmos weit mehr als drei Dimensionen hat. Wir sind nur unfähig, sie wahrzunehmen. Weshalb das? Weil unser physischer Körper mit seinen Wahrnehmungsorganen dreidimensional ist. Unsere Augen und Ohren, unser Tast- sowie Geruchs- und Geschmackssinn sind für die Wahrnehmung höherer Dimensionen einfach nicht »gebaut«.

Wir verhalten uns wie der ungläubige Thomas: Was wir nicht wahrnehmen können, gibt es für unseren Verstand nicht. Ein verhängnisvoller Irrtum. Radiowellen, Energiefelder, infrarotes und ultraviolettes Licht können wir ja auch nicht wahrnehmen. Aber wir können sie messen. Dabei sind Messgeräte nichts weiter als Krücken zur Erweiterung unserer physischen Wahrnehmungsorgane, mit denen wir das Gemessene zumindest in Form von Zeigerausschlägen sichtbar machen können. Doch die Geräte können nur auf Basis dessen konstruiert werden, was wir heute wissen. Völlig unbekannte Energien und Dimensionen können wir nicht messen, weil noch niemand eine Ahnung davon hat, wie ein solches Messgerät gebaut sein müsste. Das ist wie ein Teufelskreis. Solange wir es nicht erkenntnismäßig wissen, können wir es nicht messen, und solange wir es nicht messen können, haben wir keine Erkenntnisse darüber und glauben nicht daran.

Es spricht also nichts dagegen, aber vieles dafür, dass das Universum mehrdimensional ist.

Und wenn es zum Beispiel sechs oder neun Dimensionen gäbe, warum sollte es darin nicht auch Lebewesen geben? Lebewesen, die wir mit unseren körperlichen Organen unmöglich wahrnehmen können. Wenn ihre x-dimensionale Welt allerdings unsere drei Dimensionen mit umfasst, werden sie uns wahrnehmen können. Obwohl ... wenn unsere Dimensionen nicht zu ihrer Welt gehören, könnten sie uns vielleicht auch nicht wahrnehmen.

Es wäre doch möglich, dass ein Teil von uns ebenfalls x-dimensional ist, nämlich unsere Seele? Ist sie vielleicht ein x-dimensionales Wesen, das sich vorübergehend in einem dreidimensionalen Körper befindet und deshalb die weiteren Dimensionen vergessen hat? Oder besser noch: Vielleicht weiß das Bewusstsein dieses Körpers nicht (und will oder soll auch nicht wissen), was die Seele davon weiß. Wenn wir dann wieder ganz Seele geworden sind und ihr erweitertes Bewusstsein erlangt haben, wachen wir wie aus einem Traum auf und erkennen, dass wir die ganze Zeit in x Dimensionen lebten, ohne es zu wissen (solange wir im Körper waren).

Das würde eigentlich auch recht gut zum gnostisch-christlichen Weltbild passen. Die »Engelhierarchien« wären dann mit höheren Dimensionen vergleichbar, die wir als Menschen nicht mehr wahrnehmen können, weil wir »in Körper wie in Gefängnisse« eingeschlossen sind. Wahrnehmungsverkrüppelnde »Gefängnisse« ...

Nach dieser Überlegung müssten wir annehmen, dass in einem x-dimensionalen Weltbild die Seele an sich nichts Merkwürdiges ist. Sie ist nur eine andere Daseinsform als die unseres physischen Körpers. Im Grunde ist sie nicht weniger physisch als der Körper und in anderen Dimensionen, die wir noch nicht kennen, ebenfalls »physischen Gesetzen« unterworfen.

Im September 2007 wurde über eine mathematische Entdeckung an der Universität Oxford berichtet, durch die man angeblich die Existenz paralleler Universen nachgewiesen hat [1]. Die Theorie wird so dargestellt, dass jedes Mal, wenn ein Ereignis auf der Erde in zwei oder mehr Weisen ausgehen kann, zwei oder mehr Universen entstehen, also für jeden möglichen Ausgang des Geschehens ein neues Universum, in dem jener Ausgang real wird. Ich habe in einem anderen Buch [2] mathematisch nachgewiesen, wie unwahrscheinlich diese Deutung meiner Meinung nach ist. Ich kann mir viel eher vorstellen, dass es sich in Wirklichkeit nicht um Paralleluniversen handelt, sondern um andere Dimensionen, die man hier aber anders auslegt, und dass ein Ereignis in einer anderen *Dimension* nicht unbedingt anders ausgehen wird, als es in unseren drei Dimensionen ausgeht. Ich denke, dass wir noch viel brauchen, bis wir diese Sache richtig verstehen können.

2. Wo wäre dann diese Seele zwischen den Inkarnationen?

Sie wäre eben in anderen Dimensionen, wie in anderen Welten. Das ist eigentlich nicht merkwürdiger, als wenn jemand eine Zeit lang verreist war und irgendwann wieder zurückkommt – aus unserer Sicht mit der Geburt. Aber unser wahres Zuhause wird sicher dort sein, wo sich die Seele zwischen den Inkarnationen aufhält. Hier sind *wir* doch eher im Exil.

3. Könnte sich die Seele dort erinnern und handeln?

Nach dem, was oben ausgeführt wurde, wird sich die Seele dort noch viel mehr erinnern, als wir es mit unserem eingeschränkten Gehirn können, und sie wird Handlungsmöglichkeiten haben, die wir nicht einmal erahnen, weil sie vermutlich weit über unsere Möglichkeiten hinausgehen. Die Seele hat kein (dreidimensional gesehen) materielles Gehirn, doch warum sollten x-dimensionale Strukturen nicht zu weit mehr fähig sein als unsere besserwisserischen dreidimensionalen Gehirne?

Hier können wir uns folgende Analogie vor Augen führen: Das Gehirn ist mit dem RAM-Speicher eines Computers zu vergleichen und funktioniert nur, wenn die Festplatte und das Betriebssystem laufen. Die Festplatte ist mit einem höherdimensionalen Speicher sehr viel größerer Kapazität zu vergleichen, der das Seelengedächtnis ist. Das Betriebssystem kann man mit dem Ich und Sein der Seele vergleichen, also damit, dass dort für die Seele bewusste Prozesse ablaufen. Der Körper funktioniert wie ein Terminal dazu und gebraucht dabei den »Arbeitsspeicher« (RAM) Gehirn. Wenn die Verbindung zur Seele abgebrochen wird, läuft da nichts mehr. Wenn man einen Computer ausschaltet, muss der Inhalt im RAM rasch auf die Festplatte übertragen werden, damit diese Daten nicht verloren gehen, was beim Herunterfahren automatisch geschieht. Stirbt der Körper, findet offensichtlich eine analoge Übertragung auf das Seelengedächtnis statt, die wie das Ablaufen eines »Lebensfilms« erlebt werden kann. Im RAM-Gehirn laufen sekundäre Prozesse ab, die zwar nicht von der Seele unabhängig sind, diese aber nicht wesentlich beeinflussen können. Somit weiß das bewusste Ich im Gehirn kaum etwas von der Seele und will im Grunde auch gar nichts davon wissen, da es sich selbst für wichtiger hält.

4. Kann die Seele aus dem Körper austreten, ohne dass dieser stirbt?

Es ist wohl eher die Frage, ob das *Bewusstsein* aus dem Körper austreten und sich auf die Seele verlagern kann. Dies geschieht offenbar in Nahtoderlebnissen, während der Körper vorübergehend unbewusst und leblos ist. Es geschieht auch, wenn der Körper ohne direkte Todesgefahr bewusstlos ist oder im Koma liegt. Wenige Menschen – es werden aber immer mehr – erinnern sich in solchen Fällen nach dem Aufwachen daran, dass sie sich außerhalb ihres Körpers befunden haben. Und dies scheint öfter zu geschehen, wenn der Körper vorübergehend »klinisch tot« ist, als bei Bewusstlosigkeit ohne direkte Todesnähe.

Die Schulwissenschaft sucht alle möglichen anderen Erklärungen für solche Erinnerungen und will die entsprechenden Erlebnisse als Halluzinationen oder Wunschvorstellungen wegerklären, hervorgerufen durch chemische Veränderungen im todesnahen Gehirn. Dieses Thema habe ich in einem anderen Buch [3] ausführlicher behandelt. Ein Problem für das kirchliche Dogma ist, dass solche Erlebnisse der These von der Untrennbarkeit von Körper und Seele widersprechen, und wenn ein Aus- und Wiedereintritt der Seele möglich ist, wird damit auch die Möglichkeit eines Eintritts in einen anderen Körper angedeutet, also Reinkarnation.

Es ist offenbar ebenfalls möglich, im Schlafzustand einen Körperaustritt zu erleben. Einige wenige Menschen können dies sogar absichtlich herbeiführen.

5. Was ist von außerkörperlichen Erlebnissen zu halten?

Über außerkörperliche Erlebnisse wird immer mehr geschrieben, und die Wissenschaft steht vor einem Phänomen, das sie so nicht anerkennen will. Man sucht also verzweifelt nach »natürlichen« Erklärungen für diese Erlebnisse. Dass der Mensch vielleicht wirklich eine an sich körperunabhängige Seele hat und dass das Bewusstsein während einer Bewusstlosigkeit des Körpers in diese Seele übergehen kann, scheint etwas zu sein, wogegen man sich mit Händen und Füßen wehren muss. Merkwürdigerweise wehrt man sich auch in kirchlichen Kreisen dagegen, obwohl man dort ja an eine Seele glaubt.

Die britische Psychologin Susan Blackmore behauptet, dass sich der Mensch, wenn er den Wahrnehmungskontakt zur Umwelt verliert, als Ersatz eine innere Illusionswelt schafft. In dieser Welt würden wir uns dann illusorische Wahrnehmungen erschaffen. Sie will natürlich nicht an eine Seele glauben, die ebenfalls wahrnehmen kann, nur in anderer Weise.

Der folgende ausführlichere Erklärungsversuch [4] ist angeblich auf dem neuesten Stand der Schulwissenschaft: Es ist eine Überlebenstaktik des Menschen, dass sein Gehirn sich auf eine Zukunft einstellen kann. Dafür braucht es ein Zusammenspiel von Erinnerungen mit Information von außen. Ist der Mensch in einer Situation, in der er sagt: »Ich sterbe« oder »Ich werde sterben« oder gar »Ich bin tot« (etwa weil ein Arzt oder eine

Schwester ihn für tot erklärt, obwohl noch Bewusstsein im Gehirn vorhanden ist), so ist dies eine paradoxe Information und das Gehirn beginnt, aus der Erinnerung Daten zu sammeln, um sich dieser Situation anzupassen. Es hat aber nur eine begrenzte Kapazität für die Verarbeitung dieser Daten. Die Aufmerksamkeit richtet sich auf die neue Situation und nunmehr irrelevante Empfindungen werden in den Hintergrund gedrängt. Deshalb empfindet man keinen Schmerz mehr, sondern stattdessen Frieden, Liebe und Ruhe. Dann fängt das Gehirn an, sich eine Vorstellung von der neuen Situation zu machen. Man kann meistens den Körper nicht mehr bewegen. Deshalb entsteht wie in einem Traum das Gefühl, den eigenen Körper zu verlassen und umherzuschweben. Die allgemeine Information in einem solchen Traum passt zur erlebten aktuellen Wirklichkeit, »aber Einzelheiten sind oft falsch«. (Wie wollen diese Theoretiker das wissen, wo sie bestätigte außerkörperliche Beobachtungen doch offenbar nicht zur Kenntnis nehmen?)

Ich habe dieses Beispiel wiedergegeben, um zu zeigen, wie man sich mit allen Mitteln darum bemüht, Erklärungen dort zu sehen, wo man sie haben will, statt dort, wo sie wirklich zu finden sind, und welche Gedankenakrobatik man dabei einsetzt.

6. Warum werden Reinkarnationserlebnisse der Parapsychologie zugeordnet?

Das Phänomen, dass Menschen etwas erleben, das für sie wie eine Erinnerung an eine frühere Existenz zu sein scheint, wird der Parapsychologie zugeordnet. Warum?

Es handelt sich hier um paranormale *Wahrnehmungsphänomene*. Die *Wahrnehmungspsychologie*, ein Fachbereich der Psychologie, befasst sich damit, wie Menschen Wahrnehmungen auffassen und bearbeiten. Da es sich bei solchen paranormalen Phänomenen um Wahrnehmungen handelt, die den Eindruck machen, als kämen sie nicht durch unsere Sinnesorgane zustande, wurde für sie ein eigener, mit der Wahrnehmungspsychologie verwandter Bereich geschaffen: die *Parapsychologie.*

In der Wahrnehmungspsychologie befasst man sich unter anderem damit, dass Menschen Sinneswahrnehmungen anders auffassen können, als sie rein physikalisch gesehen aufzufassen sind. Dazu gehören sogenannte *Wahrnehmungstäuschungen.* Und hier ist es offenbar zu einer unglücklichen Verknüpfung gekommen. Die »wissenschaftliche« Meinung gegenüber paranormalen Wahrnehmungen ist nämlich, dass es sich dabei um Wahrnehmungstäuschungen handeln müsse. Die übliche Haltung solchen Phänomenen gegenüber ist demnach, sie als Täuschungen zu entlarven, aber auch herausfinden zu wollen, wie es zu solchen »Täuschungen« kommen kann. Phänomene dieser Art unter der Hypothese zu untersuchen, dass vielleicht doch etwas Wahres daran sein könnte, gilt im Allgemeinen nicht als besonders seriös.

Es gibt nur einen Bereich, in dem parapsychologische Phänomene mit einer positiveren Haltung erforscht werden: im militärischen Zusammenhang. Hier hofft man, mit parapsychologischen Mitteln Spionage treiben und vielleicht sogar Gegner beeinflussen zu können. Diese Forschungen unterliegen jedoch höchster Geheimhaltung, und Reinkarnation spielt dabei keine Rolle.

Zum Bereich Parapsychologie gehören auch noch andere Phänomene: Telepathie, Präkognition (das Vorauserkennen kommender Ereignisse), aber auch (zumindest scheinbare) Materialisationen oder Dematerialisationen, Telekinese (das Bewegen von Gegenständen durch Gedankenkraft) und vieles andere mehr. Darunter sind also auch Phänomene, die an sich nicht viel mit Psychologie zu tun haben. Eine richtigere Kategorie wäre deshalb *Paraphysik.* Die gibt es zwar schon, aber sie führt ein Schattendasein und ist sozusagen das »Waisenkind« der Wissenschaft. Mir ist jedenfalls keine offizielle Institution für Paraphysik bekannt. Immerhin gibt es an einigen Universitäten der Welt Lehrstühle für Parapsychologie, auch wenn sie von vielen für unsinnig gehalten und deshalb nicht gern gesehen werden. Zwischen *Metaphysik, Paraphysik und Parapsychologie* gibt es gewisse Berührungspunkte, obwohl die Metaphysik letztlich eine ganz andere Sache ist, nämlich ein Teilbereich der Philosophie.

7. Es scheint schwer, bei Rückerinnerungs-erlebnissen an verifizierbare Daten zu kommen. Warum?

Schauen wir uns (als fiktive Illustration) ein Beispiel an [5]: Ein Mann hat große Angst vor dem Wasser, besonders wenn das Meer tief wird. In der Rückführung taucht eine Erfahrung aus seiner Kindheit auf. Er erlebt, wie er als kleiner Junge fast ertrinkt und erst im allerletzten Moment gerettet wird. Seine Gefühle, die er in diesem Zusammenhang erneut durchlebt, werden aufgelöst. Erfahrungsgemäß können wir nun damit rechnen, dass er von der Angst vor tiefem Wasser befreit ist – sofern dieses Erlebnis die einzige Ursache seiner Angst ist.

Wir fragen ihn in der Rückführung, wo er sei: »Ich glaube in Italien.« – »Wie alt sind Sie?« – »Vielleicht fünf.«

Anschließend fragen wir seine Mutter, und sie sagt: »Ja, das ist wirklich geschehen. Es war furchtbar! Aber es war nicht in Italien, sondern während unserer Ferien in Spanien, und er war damals erst drei Jahre alt.«

So unsicher sind viele Daten, die in Rückführungen angegeben werden, und das gilt erst recht, wenn es sich um frühere Leben handelt. Wirkliche Erlebnisse kommen mit den zugehörigen Gefühlen an die Oberfläche, aber Fakten, wie Namen von Personen und Orten, sowie historische Daten sind oft ziemlich unsicher. Warum ist das so?

Unser intellektuelles, rationales Ich ist oft ganz begierig darauf, Fakten zu erfahren, aber für die Seele sind diese von untergeordneter Bedeutung. In der Rückführung selbst reagiert die Person auf Fragen nach Fakten oft, als seien diese völlig unwichtig. Von Bedeutung ist offenbar nur, was sie erlebte und was sie dabei fühlte. Fragen darüber, wann und wo der Klient ins Wasser fiel oder wie tief er sank, sind für die Problemlösung völlig irrelevant. Das einzige wirklich Wichtige ist, dass die traumatisierenden Gefühle aufgelöst werden.

Was die Seele vor allem mit herüberbringt, ist das *emotionale Erlebnis* und dessen *Inhalt* und nicht etwa die »materiellen« Fakten. Das sehen wir auch an Beispielen wie dem folgenden: Die Person sprach im früheren Leben Chinesisch, doch was gesagt wurde, gibt sie auf Deutsch wieder. Was sie also an erster Stelle mit herüberbringt, ist der *Inhalt* des Gesprochenen, nicht die Gestalt (die Sprache). Es braucht eine tiefe hypnotische Rückführung, um auch an die Sprache heranzukommen. In ähnlicher Weise bringt sie primär den *emotionalen Inhalt* eines Erlebnisses mit herüber, wozu auch die *Art* des Erlebnisses gehört, während die Fakten zweitrangig sind.

Es geht in diesem Zusammenhang also nicht primär um die Realität des Erlebnisses an sich, sondern eher darum, inwieweit auch die Fakten zutreffen. Bei der Auswertung solcher Fakten muss man bedenken, dass zwei Inkarnationen zu verschiedenen Zeiten vermischt werden können, wenn darin Ähnliches erlebt wurde. Es kommt auch vor, dass etwas aus dem heutigen Leben in ein früheres projiziert wird. Und es kann sein, dass man bestimmte Dinge unbewusst nicht so sehen will, wie sie wirklich waren, weil es sonst zu einer unangenehmen Einsicht kommen könnte. Um dies zu vermeiden, können (immer noch unbewusst) Szenen teilweise »geschönt« werden, was der Rückführende manchmal nicht bemerkt. Das macht für die Problemlösung meist nichts oder nur wenig aus, wird jedoch von Gegnern gern ausgeschlachtet.

Es muss für einen methodischen Fehler in der Auswertung gehalten werden, wenn solche Möglichkeiten unbeachtet bleiben. Geht es um die Existenz der erlebten Person, verfolgen die Gegner tendenziell meist die folgende Strategie:

- Werden bestätigende Angaben über die erlebte Person gefunden, »kann« der Klient die Angaben nur aus entsprechenden Quellen haben (Kryptomnesie). Die Angaben als Indiz zu werten, ist nicht erlaubt. Daher wird diese Möglichkeit wider alle Logik einfach ausgelassen.

- Wenn die Angaben nicht verifiziert werden können, »kann das Ganze nur Fantasie sein«, und es hat die erlebte Person »nie gegeben«. Die Logik verlangt aber, dass die Frage bei fehlenden Beweisen zunächst offen bleibt.

Berechnungen, Schätzungen und rationale Ergänzungen

Die Person wusste im früheren Leben vielleicht nicht, welches Jahr gerade war. Das war in früheren Zeiten keineswegs ungewöhnlich. Sie scheint dann unbewusst schnell nachzurechnen oder abzuschätzen, zum Beispiel nach den Jahren, die seither vergangen sein dürften (das wird sie auf der Seelenebene ungefähr wissen), und das Ergebnis kann verkehrt herauskommen. Dass eine solche Nachrechnung stattzufinden scheint, wird oft in Altersangaben angedeutet. Fragt man in zwei verschiedenen Szenen des gleichen Lebens nach Jahr und Alter, stimmen die Differenzen normalerweise überein. Wenn es jedoch um die sehr viel größere Zeitperiode zwischen damals und heute geht, kann dieses unbewusste Nachrechnen – hier wohl besser: Abschätzen – zu einem falschen Ergebnis führen.

Außerdem können in Jahreszahlen Ziffern vertauscht werden. Der Klient sagt vielleicht, es sei 1783, aber in Wahrheit war es 1873, oder er irrt sich auch sonst im Jahrhundert. Dann sucht man eine Bestätigung in der falschen Zeit. Ortsnamen können mit ähnlich lautenden verwechselt werden, die das bewusste Ich der Person im heutigen Leben kennt, und dann sucht man am falschen Ort.

Ist das Erlebnis an sich richtig, mag die Person unklare Erinnerungen aus ihrem heutigen Wissen heraus ergänzen. Oder sie verwendet Bezeichnungen, die man heute kennt, die aber damals unbekannt waren. Einmal wurde ein Fall dafür kritisiert, dass der Klient in der Rückführung gesagt hatte, das Erlebnis gehöre in die »Zeit der Kreuzzüge«, denn diese Bezeichnung habe man damals nicht gekannt [6]. Hier hatte der Klient offensichtlich etwas mit seinem heutigen Wissen ergänzt. Das Letztere kommt nicht selten vor, *denn der Klient spricht ja in seiner heutigen Sprache* und verwendet deshalb logischerweise auch heutige Begriffe. Wiederum drückt er den *Inhalt* des Erlebnisses aus und die sprachgestaltliche Verwendung heutiger Begriffe ist deshalb geradezu zu erwarten, auch wenn es sie damals nicht gab.

Anders herum kommt es aber auch vor, dass sich Fakten aus früheren Leben mit dem heutigen Wissen des Klienten vermischen. So wurde ein Fall dafür kritisiert, dass die Person von einem »Earl of Leicester« sprach, den Namen aber »Lechester« aussprach. Nun wäre es ja durchaus möglich, dass diese Aussprache zu jener Zeit (zumindest im Dialekt) verwendet wurde. Doch statt diese Möglichkeit mit einem Sprachwissenschaftler zu klären, nutzten Kritiker lieber die »Gelegenheit«, diesen Punkt zum Stolperstein zu erklären [6].

Ein weiteres Beispiel: Jemand erlebte sich in einem früheren Leben in den Niederlanden und sprach von »Bergen« [6]. Kritiker rieben sich die Hände: Aha, Fehler! Da gibt es gar keine Berge! Im Südosten des Landes gibt es aber sehr wohl Hügel, stellenweise sogar mit Steilhängen. Wer im damaligen Leben nie etwas anderes gesehen hat, mag diese Hügel durchaus als »Berge« bezeichnen.

8. Wie objektiv sind die Auswertungen von Reinkarnationserlebnissen?

Oft wird den Reinkarnationsgläubigen vorgeworfen, subjektiv zu sein und sich einer illusorischen Weltvorstellung hinzugeben, die Lebensfragen nur scheinbar beantwortet. Man habe in östlichen Religionen etwas gefunden und es bereitwillig aufgelesen – obwohl östliche Religionen und Philosophien erwiesenermaßen kein geschichtliches Monopol auf den Reinkarnationsglauben haben. Wie wir gesehen haben und noch sehen werden (zum Beispiel im Anhang), gab es diesen Glauben in alten Zeiten fast überall, in so gut wie allen Kulturen und auf sämtlichen Kontinenten, selbst in Kulturen und Religionen, die mit östlichen Glaubensformen nichts zu tun hatten – sogar im gnostischen Frühchristentum.

Ein ähnlicher Vorwurf – nämlich subjektiv zu sein – kann auch den Reinkarnationsgegnern gemacht werden. Sie gehen von einem ganz bestimmten Weltbild aus und wollen keine Alternativen zulassen (nicht einmal rein hypothetisch), wie logisch sie in sich auch sein mögen. Dann stellen sie von dieser subjektiven Warte aus ihre Überlegungen an und kommen zu den erwünschten Schlüssen, womit sie (wenn auch nicht immer so explizit ausgesprochen) ihre vorgefasste Meinung bestätigt sehen. Auf Lebensfragen, deren Antworten »reinkarnationsgläubige Fantasten« angeblich in anderen Lehren suchen, haben auch sie keine besseren Antworten, eher schlechtere oder gar keine.

9. Es wird von »Pannen« in Rückerlebnissen berichtet. Was beweisen sie?

»Auf Geheiß verwandeln sie sich in Jesus oder Napoleon, Helmut Kohl oder Marilyn Monroe. Denn Hypnose enthemmt die Fantasie« und »Da identifizieren sich mehrere Klienten, zutiefst überzeugt, mit ein und derselben historischen Gestalt; da entdeckt ein Zurückgeführter bei verschiedenen Sitzungen mehrere Vorleben, die er in dieselbe Zeit datiert ... da bricht aus ihm ein ›früheres Selbst‹ heraus, das nachweislich noch lebt; da berichtet er über technische Errungenschaften, die es zu Lebzeiten ›seiner‹ früheren Inkarnation noch gar nicht gab, bringt bekannte historische Abläufe durcheinander, nennt fiktive Ortschaften, Länder und Personen, produziert selbstsicher ›unmögliche‹ Geschichtsdaten ... Unter Dutzenden von voluminösen Praxisberichten, mit denen Reinkarnationstherapeuten seit drei Jahrzehnten auf den Buchmarkt drängen, kenne ich keinen einzigen, der solche Pannen auch nur in Fußnoten zugäbe« ([7], zitiert nach Wiesendanger [8]).

Kein Wunder, dass Reinkarnationstherapeuten solche »Pannen« nicht zugeben, denn *in einer seriösen Reinkarnationstherapie gibt es sie nicht.* Diese Geschichten sind Erfindungen und Fantasien der Gegner. Sie beruhen auf tendenziösen Experimenten unter Hypnose, in denen man solche Erscheinungen *absichtlich provozierte,* um damit die Reinkarnationstherapie in der eigenen Fantasie zu

»widerlegen« und sie als unglaubwürdig darzustellen (man bemerke die Formulierung: »Auf Geheiß …«). Hier handelt es sich wirklich um Tricks wie von Jahrmarkthypnotiseuren, die Menschen beispielsweise glauben lassen, sie seien ein Kaninchen oder ein Frosch oder dass die Zitrone, in die sie gerade beißen, ein süßer Pfirsich sei. Erstens ist es kein Beweis gegen die Reinkarnationstherapie, dass man solche Fälschungen *mit Absicht* provozieren *kann,* zweitens wird die große Mehrzahl der seriösen Rückführungen heute ohne Hypnose durchgeführt. In meiner über dreißigjährigen Erfahrung mit Rückführung und Reinkarnationstherapie habe ich nie so etwas erlebt. Das Einzige, was – sehr selten – vorkommen kann, ist, dass sich eine Person mit einer historisch bekannten Persönlichkeit identifiziert, aber in Wirklichkeit eine andere Person im Umfeld des Prominenten war. Wenn sie etwa meinen sollte, Sokrates gewesen zu sein, stellt sich meist heraus, dass sie in Wahrheit einer seiner Schüler oder Zuhörer war, oder auch der Nachbar. Wenn man die historisch bekannte Person gut kannte, weil man vielleicht in ihrem näheren Umfeld lebte, kann es durchaus passieren, dass man *unbewusst* die Identifikation mit jener Person sucht [2, 9]. Dies kann zunächst auch gelingen, bis sich bei näherer Untersuchung ein anderer Sachverhalt ergibt.

In einem meiner Fälle erlebte sich eine Person zuerst als eine französische Prinzessin, bis sie zugeben musste, in Wirklichkeit deren Kammerzofe gewesen zu sein. In einem anderen Fall behauptete die Klientin, Paracelsus gewesen zu sein. Sie musste aber schließlich einsehen, dass sie ein englischer Arzt des Mittelalters gewesen war, der sich gut in den Schriften des Paracelsus auskannte und danach arbeitete. Nur in extrem seltenen Fällen wurde glaubwürdig erlebt, dass man anscheinend eine *einigermaßen* bekannte Persönlichkeit war, und das wird, statistisch und logisch gesehen, tatsächlich möglich sein.

Es kann auch vorkommen, dass der Klient *unbewusst* sein heutiges Schulwissen über jene Zeitperiode mit dem erlebten Geschehen vermischt, dass er zwei ähnliche Leben durcheinanderbringt, dass er seinem heutigen Ich wohl bekannte Dinge in eine frühere Zeitperiode projiziert, dass er Daten durcheinanderbringt, dass er einen Ortsnamen mit einem ähnlich lautenden verwechselt, den man heute kennt, und so weiter, ohne dass das erlebte Geschehen an sich falsch sein muss. Es sind dann nur gewisse Einzelheiten im Geschehen falsch oder ungenau wiedergegeben, nicht mehr.

In einem Fall reiste eine Person während der Rückführung im 18. Jahrhundert mit dem Zug von London nach Wien. In Wirklichkeit hatte sie die Reise in einer Kutsche (und natürlich mit dem Schiff) gemacht. Warum also der Zug? Die Antwort aus dem unbewussten Ich der Person lautete: »Ich hatte keine Lust, die lange und mühsame Reise mit der Kutsche noch einmal zu erleben.«

Wahre Pannen passieren eigentlich nur, wenn die Auswertenden solche Möglichkeiten übersehen und die auf den ersten Blick als fehlerhaft identifizierten Aussagen sofort ausschlachten, ohne die Sache näher zu untersuchen.

Wenn man nach konkreten Daten (wann? wo? wer? wie?) fragt, merkt man, wie bereits erwähnt, oft ziemlich deutlich, dass die Antworten ein wenig unwirsch kommen. Solche Daten sind für die seelische Ebene der Person *unwichtig* und *uninteressant*. Für die Seele ist nur wichtig, *was* erlebt wurde, *weshalb* es erlebt wurde und welche Folgen und Nachwirkungen es bis heute hat. Wichtig sind Gefühle und immaterielle seelische Zusammenhänge. Materielle Aspekte und Zusammenhänge gehören eher zum körperlichen Bereich und sind für die Seele zweitrangig.

Ein »Gegenbeweis« von Richard Wiseman

Der britische Psychologe Richard Wiseman hat einen »Gegenbeweis« gegen das Erleben früherer Leben in Rückführungen vorgelegt sowie gegen angebliche Erinnerungen kleiner Kinder an ihre Vorexistenz. Seine These ist: Wenn man nur lange genug sucht, wird man schließlich eine wirkliche Geschichte finden, die zur Erzählung des sich »Erinnernden« passt. Die Übereinstimmung sei deshalb nur zufällig und beweise nichts.

In einer Fernsehsendung (die auch im deutschen Fernsehen gezeigt wurde) führte er Folgendes vor: Ein Mädchen erinnerte sich daran, ebenfalls als kleines Mädchen von »Monstern« geraubt worden zu sein (sie sprach vom Mädchen in der dritten Person, weil die Formulierung der Fragen sie dazu aufforderte, zum Beispiel »Was tat sie dann?« und Ähnliches, statt »Was hast du dann getan?«, was methodisch richtiger gewesen wäre). Man habe ihr »sehr böse Dinge« angetan und sie getötet. Später fand man einen Zeitungsbericht über einen Fall in Südengland, der sich mehrere Jahre zuvor zugetragen hatte. Ein kleines Mädchen war entführt, missbraucht und anschließend getötet worden. Die Umstände stimmten weitgehend mit der Erzählung des Mädchens überein. Das sei eine zufällige Übereinstimmung, meinte Wiseman, und das Ganze habe deshalb gar nichts mit Reinkarnation zu tun [10].

Eine Textdarstellung des »Experiments« von Wiseman konnte ich im Internet nicht finden, wohl aber mehrere Kommentare zu der Fernsehsendung, die demnach von vielen gesehen wurde. Auch hier erkennen wir den leider allzu gewöhnlichen Zirkelbeweis: Es gibt keine frühere Leben. Deshalb muss die Übereinstimmung zufällig sein. Deshalb kann dies keine Erinnerung an ein früheres Dasein gewesen sein. Nicht gerade das, was man von einem weisen Mann erwartet …

10. Wie können Hypothesen denn objektiv und seriös geprüft werden?

Die ethische und logische Grundvoraussetzung für eine seriöse Prüfung von Hypothesen ist selbstverständlich, dass *beide* Alternativen gleichermaßen in Betracht gezogen werden: (1) die Hypothese ist richtig, (2) sie ist falsch. Es muss also eingehend untersucht werden, wie ein Versuchsergebnis zu verstehen ist, sowohl im einen als auch im anderen Fall. Dann kann die Gegenüberstellung dieser beiden Fälle ausgewertet und analysiert werden. Leider untersuchen diejenigen, die sich kritisch mit Erinnerungen an frühere Leben auseinandersetzen, solche Erinnerungen nur (oder fast nur) unter der *einen* Voraussetzung: »Es gibt keine Reinkarnation.« Sie ziehen nicht oder kaum in Betracht, wie es aussähe, wenn es Reinkarnation gäbe.

In dem von Wiseman untersuchten Fall sähe die Alternative so aus: Angenommen, es gibt Reinkarnation. Dann muss der tatsächliche Fall als ein *Indiz* (nicht als Beweis) dafür gewertet werden, dass die Erinnerung des heutigen Mädchens echt sein könnte. Es besteht demnach die *Möglichkeit,* dass sie eine Reinkarnation jenes entführten Mädchens ist.

Wiseman hat also etwas getan, was er gar nicht wollte und was er bestreitet. Er hat ein *Indiz* für die Möglichkeit gebracht, dass es sich auch in diesem Fall wirklich um einen Reinkarnationsfall handeln könnte.

Nachfolgend werden zwei weitere Fälle besprochen, die als seriös geprüft gelten – aber nur, wenn man die Schwachpunkte übersieht. An diesen Beispielen und am Fall in der nächsten Frage wird gezeigt, wie schwierig das seriöse Überprüfen in Wirklichkeit ist. Manchmal scheint man »seriös« mit »tendenziös« zu verwechseln ... Wie der folgende Fall Matthew zeigt, können sich durch überstrenge Kriterien provozierte und sogar erfundene »Fehler« in die Aussagen der zurückgeführten Person einschleichen.

Der Fall Matthew von Jonathan Venn

Der amerikanische Psychologe und Hypnotherapeut Jonathan Venn hat einen Fall von Rückerinnerung unter Hypnose beschrieben [11]. Der betreffende Patient, genannt Matthew, erlebte sich als der französische Pilot Jacques Gionne Trecaulte, der während des Ersten Weltkriegs im August 1914 durch den Schuss eines deutschen Piloten den Tod gefunden hatte. Er war in die Brust geschossen worden. Matthew brachte das in Zusammenhang mit seinen starken Brustschmerzen, für die man keine medizinische Erklärung gefunden hatte und die im Anschluss an die Rückführungserlebnisse verschwanden. Angeblich sei mit einem Maschinengewehr auf ihn geschossen worden, aber Maschinengewehre wurden erst ab Oktober 1914 in deutschen Flugzeugen installiert. Hurra, ein Fehler! Die geringe Differenz von höchstens zwei Monaten wurde natürlich als entscheidend gewertet. Die keineswegs unwahrscheinliche Möglichkeit, dass man versuchsweise schon vorher ein paar wenige deutsche Flugzeuge mit Maschinengewehren ausgerüstet hatte, bevor sie allgemein eingeführt wurden, wurde nicht in Betracht gezogen und auch nicht, dass es vielleicht kein übliches Maschinengewehrfeuer war, sondern eine andere Art von Beschuss, die der amerikanische Klient einfach so auffasste, wie man es heute erwarten würde. Außerdem muss man natürlich einräumen, dass die Angabe »August 1914« als sozusagen »unbewusst geschätzt« sicher nicht genau war. Hätte es nicht doch ein paar Monate später oder zum Beispiel August 1915 sein können? Sozusagen »falsch aber doch richtig«?

Von dreißig Angaben, die mithilfe amerikanischer Quellen überprüft werden konnten, waren sechzehn richtig und vierzehn falsch – darunter der Tod durch Maschinengewehrfeuer, den man, wie wir gerade gesehen haben, nicht ganz so einfach als Fehler einstufen kann. Bei den anderen als falsch bezeichneten Angaben handelt es sich vor allem um Ortsnamen, die es nach Überprüfung mithilfe *amerikanischer Unterlagen* in Frankreich nicht zu geben scheint. Siebzehn weitere Angaben konnten nur anhand französischer Quellen überprüft werden, und zwar durch Anfragen bei französischen Behörden, die sie als unzutreffend beziehungsweise unauffindbar bezeichneten. Venn hat sich also nicht die Mühe gemacht, selbst an Ort und Stelle nachzuforschen, was angesichts des Aufwandes natürlich verständlich ist. Hätte er es getan, sähe die Sache vielleicht ganz anders aus. Linda Tarazi (siehe Kapitel 1) hat sich die Mühe jedenfalls gemacht und fand Bestätigungen, wo die Behörden keine finden konnten (oder sich nicht groß um Aufklärung bemühten). Die Angaben in diesem Fall pauschal als »falsch« zu bezeichnen, ist deshalb sicher übertrieben. »Unbestätigt« wäre bei einigen davon sicher zutreffender.

Dazu gehört die Identität des Piloten. Der Name Jacques Gionne Trecaulte konnte in keinem der drei (brieflich) konsultierten französischen Archive gefunden werden. Beweist das wirklich, dass es ihn nicht gegeben hat? Oder stellt es seine Existenz nur infrage? Man wird sich fragen müssen, ob die Schreibweise des Namens richtig war. Außerdem gibt es in Frankreich einen Ort namens Trescault mit einem großen Soldatenfriedhof aus dem Ersten Weltkrieg. Hätte man also vielleicht auch die Möglichkeit prüfen sollen, dass hier »Jacques Gionne aus Trescault« gemeint war? Oder gar »Jacques Gionne, begraben in Trescault«? Oder eine andere Schreibweise als »Gionne«? Es gibt Familiennamen, die »Geonne« und »Giaunne« geschrieben werden. Wie man sieht, werden bei Nachprüfungen zahlreiche Möglichkeiten oft nicht beachtet, erst recht nicht, wenn man (wie in diesem Fall) kein bisschen Französisch kann.

Das unausgesprochene Ziel des christlich orientierten Venn [12] scheint zu sein, das Ganze als Kryptomnesie zu erklären. Er schreibt: »Die Vorhaben, Kryptomnesie auszuschließen, sind paradox, denn wenn Informationen vorhanden sind, sind sie sowohl dem Forscher als auch der Versuchsperson zugänglich ... Wie können wir beweisen, dass Informationen existierten *und* dass die Versuchsperson keinen Zugang dazu hatte?« Die Umkehrung lässt er aber nicht gelten, nämlich dass er, zumindest mit Hilfe von Indizien, glaubhaft machen muss, dass die Person wirklich Zugang zu den betreffenden Informationen hatte. Die bloße Existenz von Informationen kann als Beweis nicht genügen. Entsprechend »pingelig« geht Venn mit den Aussagen von Matthew um. »Die Deutschen überschritten die belgische Grenze am 3. August 1914 ... Falsch ... dies geschah am 4. August ...« Eine Differenz von *nur einem Tag* reicht ihm also aus, um diese Aussage als »Fehler« hinzustellen! Es muss ganz genau stimmen, um von ihm akzeptiert zu werden. Wenn das keine Absicht ist ... Auch die Angaben über die »Hochzeit von Jacques und Monique im April 1912« bezeichnet er als »falsch«. Wie kann er das, wo er doch nicht einmal Jacques' Existenz bestätigt fand? Angaben über Familienverhältnisse gehören selbstverständlich erst auf die Liste, wenn man die Person identifiziert hat, denn nur dann sind sie überprüfbar. Andernfalls bleibt ihre Gültigkeit natürlich völlig offen. Derartige »Fehler« müssen demnach sogar als *erfunden* gelten.

So betrachtet entfallen mindestens fünf der von Venn als »falsch« gekennzeichneten Angaben. Schließlich wurden scheinbar auch in anderen Fällen keine alternativen Schreibweisen berücksichtigt. Es darf also nur die Schreibweise gelten, die in Matthews oder Venns amerikanischem Gehirn als »richtige« französische Schreibweise abgespeichert ist, und keine andere. Es gäbe beispielsweise keinen »General Clermond« – aber vielleicht einen Clairmond, Clairemond oder Clairmont. Ähnliches gilt für mehrere Ortsbezeichnungen und Straßennamen. Ohne einen entsprechend langen »Studienaufenthalt« in Frankreich verliert Venns »Recherche« an Überzeugungskraft, und seine Forschung bleibt eine »Schreibtischforschung«. Da könnte er sich ein Beispiel an Tarazi nehmen.

Die Schlussfolgerung lautet also: Der Fall Matthew ist nicht widerlegt, sondern nur infrage gestellt, weil viele der angeblichen »Fehler« gar keine sind, sondern einfach nur Angaben, die noch nicht genügend geklärt werden konnten.

Der Fall Tarazi (siehe Kapitel 1) zeigt, dass Angaben von Behörden häufig sehr unzuverlässig sind. Wie kommt das? Das ist wohl nicht ganz erstaunlich, wenn man sich folgende Szene vor Augen führt: Eine schriftliche Anfrage erreicht einen mäßig interessierten Beamten, der keine große Lust hat, staubige Archive zu durchstöbern. Er gibt sich daher keine große Mühe und schaut vielleicht nur halbherzig an ein paar Stellen nach, um schließlich in seiner Antwort zu behaupten, es sei nichts gefunden worden. Erwähnt man in der Anfrage etwas von Rückführung und Reinkarnation, will der Beamte manchmal gar nichts von der Sache wissen und schaut nicht einmal mehr halbherzig nach. Deshalb muss man sich fragen, ob Jonathan Venn, wenn er selbst Nachforschung in Frankreich angestellt hätte, die eine oder andere Angabe des Klienten Matthew nicht vielleicht doch bestätigt gefunden hätte.

Der Fall von Lincolns Mörder

Eine Person behauptete in der Rückführung, Lincolns Mörder John Wilkes Booth gewesen zu sein. Damals sei er nicht etwa in einer Scheune erschossen worden, sondern entkommen und zwölf Jahre später in Calais gestorben [6, 13]. Das konnte ja niemals stimmen, denn es ist doch wohl bekannt, dass Booth elf Tage nach dem Mord an Lincoln in einer Scheune in Bowling Green, Virginia, erwischt wurde und dass man einen Schuss gehört hatte. Einige behaupteten, ein Soldat habe Booth erschossen, andere sprachen von Selbstmord. Sein Leichnam wurde jedenfalls rasch entfernt und begraben, und kaum jemand bekam ihn nach seinem Tod noch einmal zu sehen.

Nun gibt es aber erhebliche Zweifel an dieser offiziellen Version. Es wird von einem »cover-up« gemunkelt, also von einer Verschleierung der wirklichen Fakten [14, 15]. Entweder lag ein Versagen vor und man wollte nicht zugeben, dass man Booth nicht erwischt hatte, oder gewisse höher gestellte Personen, die an einem Komplott gegen Lincoln beteiligt gewesen waren, wollten es so darstellen, als sei Booth gestellt und erschossen worden. Einem Bericht zufolge soll er sogar noch 37 Jahre lang gelebt, drei Töchter gehabt und sich im Jahre 1903 selbst umgebracht haben. Ein Anwalt namens Finis L. Bates behauptete, von einem Mann konsultiert worden zu sein, der eine Lungenentzündung hatte und glaubte, bald sterben zu müssen. Er nannte sich John St. Helens, gab aber an, in Wahrheit John Wilkes Booth zu sein. Dem Anwalt erzählte er, damals in der Scheune sei ein Mann namens Robey erschossen geworden, der sein, also Booths Tagebuch in der Tasche getragen hatte. Der Mann, der sich dem Anwalt gegenüber als John Wilkes Booth ausgegeben hatte, soll nicht an seiner Krankheit gestorben sein, sondern 1903 Selbstmord begangen haben.

Die Beweisführung in diesem Fall ist höchst unsicher, und die offizielle Version von der Erschießung des John Wilkes Booth taugt kaum als Gegenbeweis. 1995 wollte man Booths Körper exhumieren, um die Gerüchte um seinen Tod zu überprüfen, aber ein entsprechendes Gerichtsgesuch wurde abgelehnt. Dass er in Calais gestorben sei, passt allerdings nicht zu den Gerüchten. Dem Rückführungserlebnis zufolge soll es sich um Calais in Frankreich handeln. Es gibt zwar auch ein Calais in Maine, USA, allerdings scheint nichts darauf hinzuweisen, dass dies der Ort war, an dem Booth gestorben sein könnte.

11. Können nicht »Erinnerungen an frühere Existenzen« einfach genetisch übertragen, also sozusagen geerbt sein?

Es ist behauptet worden, bei den Erinnerungen an ein hypothetisches früheres Leben im Rahmen einer Rückführung handle es sich in Wirklichkeit vermutlich um genetisch übertragene Daten von irgendwelchen Vorfahren. Dazu ist Folgendes zu sagen:

Die Erfahrung zeigt, dass während einer Rückführung auch an sich völlig nutzlose Informationen über die erlebte Person zutagetreten. Sie haben keine Bedeutung, sind aber da und offensichtlich ebenfalls abrufbar. Wozu sollte eine weise Natur solche Daten in den Genen speichern? Der Datenspeicher in den Genen ist chemisch-physikalischer Natur und zwar enorm groß, aber auf jeden Fall begrenzt. Diesen kostbaren Speicherraum wird die Natur sicher nur für wichtige Daten verwenden und nicht für solche, die man – in Bezug auf ihren Informationswert – als eher wertlos bezeichnen kann.

Fälle, in denen sich eine Person an ein letztes Vorleben in einer ganz anderen Kultur und auf einem anderen Kontinent erinnert, sind nicht selten. Hier ist eine genetische Verbindung fast immer auszuschließen.

Sollte es sich bei dem, was man während einer Rückführung erlebt, um das Leben eines Vorfahren handeln, müsste man dies feststellen können, weil eine Überprüfung hier sicher nicht sehr schwierig wäre. Außerdem könnte in dem Fall die »Erinnerung« nur bis zu dem Zeitpunkt fortschreiten, an dem der Vorfahre ein Kind zeugte, weil der Stammbaum dann in Richtung der heutigen Person abzweigt. Sie reicht aber normalerweise bis zum Tod der erlebten Person und sogar bis in den Seelenzustand nach dem Sterben.

Es ist weiterhin nicht ganz ungewöhnlich, dass die erlebte Person gar kein Kind hatte. Sollte sie also ein Vorfahre sein, dann befände sie sich sozusagen auf einem »Sackzweig« des Stammbaums. Wie hätte die genetische Übertragung dann vor sich gehen können?

Claus H. Bick vertritt die Meinung, dass es eine »erbinformative Schiene« gäbe, neben der er allerdings auch eine »reinkarnative Schiene« gelten lässt. Er berichtet von einem sehr interessanten Fall [16]. Ein damals 29-jähriger Mann wurde in ein vergangenes Dasein zurückgeführt und befand sich bald im Zweiten Weltkrieg. Er war ein deutscher Panzerkommandant und starb 1944 durch einen amerikanischen Angriff, wobei er aus der Kuppel seines Panzers geschleudert wurde, ein Bein verlor und anschließend von einem gegnerischen Soldaten durch Genickschuss getötet wurde. Er gab an, sein Name sei Richard Meißner und er sei 1921 oder 1920 in Hessen geboren worden.

Er berichtet von einem Einsatz in den Ardennen und davon, dass er bei diesem Einsatz auf die beschriebene Weise gestorben sei. Drei Jahre vor seinem Tod, 1941, war er durch einen Bombensplitter am Bein verletzt worden. Aus dem Bericht geht jedoch nicht hervor, wo er sich damals befand und durch welche Umstände es zu der Verletzung gekommen war. Vielmehr beschrieb er sich im bereits verletzten Zustand in einem Lazarett liegend.

In dem Bericht über die Gegend des Geschehens wird ein Ort mit dem Namen Spa erwähnt. Es gibt aber auch Hinweise, die zur Gegend um Belmonte in Italien passen (unter anderen der Ortsname Capella auf einem Wegweiser).

Man ging der Sache nach und überprüfte die Angaben bei der Zentrale für gefallene Wehrmachtsangehörige in Berlin. Es gab tatsächlich einen Richard Meißener (so in [16]), der 1921 im hessischen Eisenhausen geboren worden war. Er wurde 1944 nach einem Einsatz in Belmonte, Italien, als vermisst gemeldet. Es wurde auch bestätigt, dass er 1941 durch Bombensplitter am Bein verletzt worden war.

Zu dem Ortsnamen Spa meint Bick, dass es sich wohl um eine »assoziative Konfabulation« mit einem in der Schule gelernten Gedicht über tote Helden handle: »Wanderer, kommst du nach Sparta …« Die Versuchsperson erinnerte sich nämlich von ihrer Schulzeit her an jenes Gedicht.

Zur Angabe über die Ardennen meint Bick, hier handle es sich wohl um eine genetisch übertragene Information vom Vater der Versuchsperson, der 1944 während der Ardennenoffensive Funker gewesen sei. Warum ausgerechnet *genetisch* übertragen? Hatte der Vater dem Sohn nicht von seinem Kriegseinsatz *erzählt?* Die Angaben über das Ereignis bei Belmonte sind jedenfalls nicht genetisch zu erklären.

Ich vermisse eine vielleicht entscheidend wichtige Information: *Wo* wurde Meißener 1941 verletzt? In den Ardennen? Und wenn es so sein sollte, was hat das mit dem Vater der heutigen Versuchsperson zu tun, der zufällig ebenfalls in den Ardennen war, aber 1944? Beweist dies, dass es sich vielmehr um eine Vermischung von eigenen unbewussten Erinnerungen und genetischen Informationen vom Vater her handelt? Meiner Meinung nach liegt eher eine »assoziative Konfabulation« des Versuchleiters vor – eine Möglichkeit, die man bei der Auswertung von Rückführungserlebnissen durch sehr kritisch eingestellte Personen häufig in Betracht ziehen kann, zumindest dann, wenn es bei dieser Auswertung darum geht, eine subjektiv »besser passende« Erklärung für das Erlebte zu finden.

Eine gewisse Bestätigung für eine solche Annahme ist die Erwähnung eines Ortes namens Spa (die offensichtlich nicht überprüft wurde). Es gibt in den Ardennen tatsächlich einen bekannten Ort mit diesem Namen. Der Ort ist für sein Thermalbad bekannt, und zwar so bekannt, dass ein gebräuchliches englisches Wort für »Thermalbad« *spa* ist (nach jenem Ort sogenannt). Dies mit einem Gedicht über Sparta in Verbindung zu bringen, ist auf jeden Fall eine »Konfabulation« des Auswertenden.

Anscheinend hat der Klient in diesem Fall nicht etwa eigene Erlebnisse mit Erlebnissen seines Vaters vermischt, sondern *zwei einschneidende Erlebnisse in seinem eigenen Vorleben,* nämlich die Verletzung am Bein und den späteren Tod.

Dieser Fall wurde von Harald Wiesendanger gründlich untersucht. In der erweiterten Neuauflage eines seiner Bücher [17] hat er ausführlich darüber berichtet, und zwar mit neuen Fakten und vielen interessanten Aspekten, die darauf hinauslaufen, dass der Fall nicht bewiesen, aber auch nicht widerlegt ist. Es bleiben also noch viele Fragen offen.

Wiesendanger berichtet in seinem Buch, Meißner sei nach Angaben aus dem Archiv nicht in den Ardennen, sondern in Russland am Bein verletzt worden. Vielleicht wurden hier wiederum zwei Ereignisse aus demselben Leben vermischt. Der Geburtsort stimmt zwar vom Namen her nicht, aber immerhin stimmt er geografisch einigermaßen mit den Angaben überein.

Familie Meißner erzählte, dass sie von Richard Feldpostbriefe aus Frankreich bekommen habe. Er sei auch in Paris gewesen. Damit erscheint es möglich, dass er auf dem Weg dorthin durch die Ardennen gezogen ist. Wiesendanger konnte auf Grund eigener Nachforschungen einwandfrei belegen, dass im Einsatzgebiet bei Belmonte, wo Meißner starb, tatsächlich amerikanische Soldaten im Einsatz gewesen waren.

Die Geschichte geht aber noch weiter. Wiesendanger hat sich von Richard Meißners Familie ausführlich über ihn informieren lassen. Diese Informationen enthalten zahlreiche Unstimmigkeiten (verglichen mit dem, was während der Rückführung erlebt wurde), von denen einige bei wohlwollender Betrachtung sicher mit der zu erwartenden »Erinnerungsungenauigkeit« erklärt werden können, aber eben nicht alle. Danach arbeitete Wiesendanger einen umfassenden Fragebogen aus, in dem die Person, die sich als Richard Meißner erlebte, zahlreiche Fragen zu Meißners Familie beantworten sollte, sehr viele davon anhand von Fotos. Dabei gab es ein paar Volltreffer, einige Fehler, mehrere Ungenauigkeiten, und manche der Fragen wurden gar nicht beantwortet. Ein insgesamt enttäuschendes Ergebnis. Dem Fall wurden keine zusätzlichen Indizien hinzugefügt und erst recht keine Beweise, aber ist er damit widerlegt?

Man muss sich schon fragen, inwieweit ein derartiges Vorgehen relevant ist, denn es findet ja im *rationalen Tagesbewusstsein* statt, in dem die zurückgeführte Person keine sozusagen »aktive« Erinnerung an Richard Meißner mehr hat, sondern nur die »passiven« Erinnerungen *an das Rückführungserlebnis.* Müsste eine derartige Untersuchung nicht *im veränderten Bewusstseinszustand einer Rückführung,* also in der »aktiven« Erinnerung, durchgeführt werden?

Ein bemerkenswerter Befund ist, dass die zurückgeführte Person auffallende Hautveränderungen am Körper hatte und noch hat, und zwar an jenen Stellen, wo Richard Meißner nach Angaben in den Rückführungen von Bombensplittern verletzt worden war und den Genickschuss bekommen hatte. Einige dieser Erscheinungen sind im Erwachsenenalter verschwunden. Denjenigen, die sich mit Reinkarnation befassen (anderen wohl weniger), ist bekannt, dass solche Merkmale relativ häufig vorkommen. Wo der Körper im letzten Vorleben schwer, vielleicht sogar tödlich verletzt wurde, zeigen sich sehr oft entsprechende Merkmale. (Siehe hierzu auch die in Kapitel 1 erwähnte Untersuchung von Ian Stevenson, veröffentlicht in *Reincarnation and Biology.*)

Gerhard Glombik, ein Theologe und Studienrat, kritisiert den Fall in einem Artikel [39] und zählt eine Reihe von »Unstimmigkeiten« auf:

- Die Altersangaben stimmten nicht überein. Sie differieren jedoch nur um zwei Jahre, was im Rahmen der zumutbaren Erinnerungsungenauigkeit durchaus annehmbar ist.

- Zwei Ereignisse würden vermengt werden. Dies ist bereits oben besprochen. Vermischungen sind in Rückführungen nicht selten und widerlegen die Sache selbst nicht.

- Die Umstände seines Todes seien unbestätigt. Das ist aber kein Widerspruch.

- Der militärische Rang stimme nicht. Jedoch soll nach bisher unveröffentlichten Rückführungsangaben Meißner in der aktuellen militärischen Notsituation die Funktion eines Panzerkommandanten habe übernehmen müssen [17].

- Angeblich wären im Archiv 117 Personen mit dem Namen Richard Meißner gefunden worden, und man habe denjenigen ausgewählt, der am besten passte. Ja, wen denn sonst? Worin liegt da ein Widerspruch? (Glombik hätte wohl am liebsten denjenigen ausgewählt, der am wenigsten passte …).
- Im Einsatzgebiet, in dem Meißner starb, wären keine amerikanischen Soldaten im Einsatz gewesen. Dem wird durch Nachforschungen von Wiesendanger klar widersprochen [17]. Er weist einwandfrei nach, dass die US-Armee dort tatsächlich aktiv war.

Diese »Einwände« sind deshalb »mit einer guten Prise Salz« zu genießen, und entsprechend werden sie auch von Wiesendanger weitgehend relativiert und in ein richtigeres Licht gerückt [17]. Er schreibt: »… dies wirft ein bezeichnendes Licht auf die unsäglichen Grabenkämpfe zwischen Esoterikbeseelten und chronischen Zweiflern im Allgemeinen: Ambitionen, die wenigstens entfernt an Forscherdrang erinnern, entwickeln beide in der Regel nur solange, bis sie ihre Lieblingstheorie ›bestätigt‹ finden«, und er bemängelt, dass Glombik sich nicht um weitere Nachforschungen bemühte, was Wiesendanger allerdings tat. Das Gleiche erkennen wir in etlichen der oben besprochenen Fällen. Wie viele andere lässt Glombik außerdem unbestätigte Fakten so erscheinen, als wären sie »Gegenbeweise«, obwohl sie ja die entsprechenden Fragen nur offen lassen.

Glombik bemängelt in seinem Artikel [39] auch die Angabe »Cappello« für den Ort, an dem Meißner starb, denn gemäß den Dokumenten war dies Belmonte Castello. Wenn ich mich richtig erinnere, erwähnte der Rückgeführte aber lediglich, dass er ein Schild mit der Aufschrift »Cappella« sah. Nun gibt es in Belmonte Castello eine *Kapelle* – auf Italienisch eben *cappella* –, und das Schild könnte den Weg dorthin statt zu einem Ort dieses Namens gezeigt haben. Das gehört auch zu den Einzelheiten, die hätten näher untersucht werden sollen.

Kommentare zum Fragebogentest von Harald Wiesendanger

Ich glaube nicht, dass ich einen solchen Test in Bezug auf meine eigene Kindheit bestehen würde. Zum Beispiel war ich mehrfach im Hause meines Großvaters in Kalmar (Schweden). Als ich vor einigen Jahren mit meiner Frau wieder in jener Stadt war, wollte ich ihr das Haus zeigen. Ich hatte Mühe, es zu finden, und kam schließlich auf ein Haus, das *wahrscheinlich* das richtige war. Hätte man mir Fotos von Häusern vorgelegt und ich hätte das richtige auswählen sollen, hätte ich es sicher nicht auf Anhieb getroffen. Ein weiteres Beispiel: In meiner Kindheit schauten, wenn meine Eltern fort waren, oft zwei Personen nach mir, manchmal ein viel älterer Nachbarsjunge und manchmal eine Frau, die an Diabetes litt und an die ich nur die Erinnerung habe, dass ich sah, wie sie sich Insulin spritzte. Hätte man mir Fotos dieser Personen vorgelegt, hätte ich sie ganz sicher nicht zuordnen können. Mein Onkel starb, als ich noch ein Kind war. Ich könnte ihn niemals anhand eines Fotos identifizieren. Das sind nur einige wenige von zahlreichen ähnlichen Beispielen. Und dabei handelt es sich ja um Situationen und Personen, die ich tatsächlich erlebt habe, und zwar in diesem Leben! Wie soll dann ein solcher Test aussagekräftig sein?

Wir müssen zudem feststellen, dass es hier um *zwei Erinnerungsebenen* geht: erstens die eher unmittelbare und ziemlich bewusste *Erinnerung an das Rückführungserlebnis,* zweitens die viel tiefer liegende, unterschwellige und *vergessene Erinnerung an die Vergangenheit.* Hätte sich die Versuchsperson *während der Rückführung* in einer Situation vor Meißners Geburtshaus erlebt, hätte sie aus der erstgenannten Erinnerungsschicht eher das richtige Foto wählen können (immer vorausgesetzt, dass sie auch Meißner war). Hat sie das Haus *während der Rückführung* jedoch nicht einigermaßen deutlich gesehen, wie sollte sie es dann auf einem Foto wiedererkennen können? Daher glaube ich, dass dieses Testverfahren zumindest teilweise am Ziel vorbeischießt. Es gibt Tests, die bei großer Übereinstimmung beweiskräftig sind und bei geringer die Frage eher offen lassen. Dieser Test gehört offensichtlich dazu.

Wie schwer es ist, Daten genau in Erinnerung zu behalten, demonstriert Wiesendanger selbst. In seinem Buch [17] (Seite 39) schreibt er nämlich auch über mich und gibt an, dass ich nach Übersiedlung aus der Schweiz nunmehr in Kroatien praktiziere und dass nach meiner Aussage »künstlich erzeugte Reinkarnationserinnerungen oft nach kurzer Zeit, ›höchstens 20 Minuten‹, wieder verblassen«. In Wahrheit lebe ich nunmehr in Slowenien, der Heimat meiner Frau, und habe 1988 während der PSI-Tage in Basel gesagt, dass man mit der von mir verwendeten Methode nach höchstens 20 Minuten *Einleitung* bereits im Wiedererleben einer Situation aus der Vergangenheit angekommen ist, *in dem man dann stundenlang bleiben kann.* Von »künstlich erzeugt« habe ich nie gesprochen.

12. Es soll bewiesen worden sein, dass Rückführungserlebnisse auf vergessene Erinnerungen aus dem heutigen Leben (Kryptomnesie) zurückgehen. Stimmt das?

Edwin S. Zolik hat eine Methode eingeführt [18, 19], um Rückführungserlebnisse zu »entlarven«. Man versetzt die Person nach dem Rückführungserlebnis wieder in Hypnose und fragt, wo im *heutigen* Leben er oder sie die erlebte oder eine ähnliche Geschichte gelesen, gehört oder gesehen habe.

Zolik beschreibt einen Fall, in dem sich ein Mann im 19. Jahrhundert als Ire namens Brian O'Malley erlebte.

Zoliks »Basis-Fall«

Brian O'Malley war dem Erlebnis nach ein Offizier der »Irischen Garde Ihrer Majestät« gewesen und 1892 nach einem Hindernisreiten an den Folgen eines Sturzes vom Pferd gestorben. Der Klient, der dies während einer Rückführung erlebt hatte, wurde anschließend in einer neuen Hypnosesitzung gefragt, ob er diese Geschichte aus einem Buch oder einem Film habe. Die Frage schien ihn zu verwirren. Also wurde er gefragt, ob ihm seine Eltern von diesem Ereignis berichtet hätten. Da fiel ihm sein Großvater ein, der Streit mit einem gewissen Timothy O'Malley gehabt hatte, einem irischen Soldaten in der britischen Armee, den er hasste, weil er Irland seinetwegen hatte verlassen müssen. Jener Mann sei nach einem Unfall mit einem Pferd gestorben. Die Vornamen passen nicht zusammen und man fand außer der Geschichte mit dem Pferd kaum eine konkrete Information über Timothy O'Malley, die exakt zu dem Erlebnis während der Rückführung passte.

Der Großvater des Klienten war nicht wirklich sein Großvater gewesen, sondern der Vater seines Pflegevaters. Die Mutter war gestorben und der leibliche Vater hatte den Jungen in Pflege gegeben. Deshalb mochte der Mann, den er Großvater nannte, das Kind nicht. Der Junge hatte einmal unerlaubterweise ein Pferd aus dem Stall geholt, es aber später unversehrt wieder zurückgebracht. Der Großvater wurde wütend, als er dies erfuhr. Danach tat der Junge alles, um dem Großvater zu gefallen, doch scheinbar ohne großen Erfolg.

Nun will Zolik es so sehen, dass sich der Mann unbewusst mit O'Malley identifiziert habe, um dem Großvater zu gefallen. Das scheint wirklich weit hergeholt zu sein. Warum sollte er sich ausgerechnet mit einem Mann identifiziert haben, den der Großvater hasste? Und warum passen die Vornamen nicht zusammen? Dafür hat Zolik keine Erklärung.

Da könnte man schon eher behaupten, dass O'Malley und der Großvater aus karmischen Gründen wieder zusammengefunden haben, weil auf Seelenebene eine Versöhnung anstand. Deshalb könnte Timothy O'Malley als der Junge reinkarniert worden sein. Das passt ins Konzept vom Karma (Kapitel 2) und erklärt vielleicht, warum der Großvater den Jungen ablehnte, den er in diesem Fall (auf Seelenebene) als den wiedergeborenen O'Malley erkannt hätte. Es erklärt aber nicht die fehlende Übereinstimmung der Vornamen.

Eine Bemerkung des Mannes wird von Zolik ohne jeden Kommentar wiedergegeben. In der Hypnose sagte er: »Er tötete ... Pferd ... Pferd« und war dabei sehr aufgeregt. Das hört sich an, als habe jemand das Pferd getötet und vielleicht so den Unfall verursacht. Wer? Der Großvater? Musste er Irland deshalb verlassen? Das könnte erklären, warum der Großvater so heftig reagiert hatte, als er erfuhr, dass der Junge das Pferd aus dem Stall geholt hatte. Das sind natürlich Spekulationen, aber warum hat Zolik keine diesbezüglichen Fragen gestellt?

Wie auch immer, einen Beweis gegen Reinkarnation kann man daraus wohl kaum ableiten. Zoliks Befragung ist ziemlich steuernd, und die Antworten enthielten auch Informationen, die allem Anschein nach nicht aus Erzählungen des Großvaters stammten. O'Malley scheint ein Schürzenjäger gewesen zu sein, und als der Klient gefragt wurde, ob sein Großvater ihm das erzählt habe, verneinte er es. Der Großvater habe nur von einem »Dreckskerl« gesprochen. Die einzigen wirklichen Übereinstimmungen sind der Familienname und der Tod nach einem Reitunfall.

Dies als »Beweis« für Kryptomnesie und gegen Reinkarnation zu werten, scheint viel mit Wunschdenken zu tun zu haben, da andere Erklärungsmöglichkeiten einfach unbeachtet bleiben – für die man allerdings Reinkarnation als mögliche Hypothese zulassen müsste.

Ein weiterer Fall von Zolik

Auf Webseiten [20] und in Büchern (unter anderen [21]) wird auf einen weiteren Fall hingewiesen, der ebenfalls von Zolik [19] untersucht worden ist.

Der betreffende Klient erlebte sich während der Rückführung als ein gewisser Dick Wonchalk im Jahre 1875. Er war 1850 geboren worden. Nun lebte er einsam an einem Fluss, eher wie ein »Clochard«, und ernährte sich größtenteils von Fischen und aus der Natur. Wenn es zu kalt wurde, ging er ein Stück den Fluss hinunter und setzte sich in der Stadt in irgendeine Kneipe. Er starb 1876 an einer Krankheit.

Den Hinweisen nach sollte man meinen, dieser Fall sei von Zolik »sorgfältig recherchiert« worden, aber nach dem Artikel von Zolik selbst [19] scheint die Untersuchung ziemlich oberflächlich durchgeführt worden zu sein. Man »fand heraus«, dass die »Fantasie« aus einem Film stammte, den der betreffende Klient ein paar Jahre zuvor gesehen hatte und dessen Handlung in »großen Stücken *ähnlich*« (meine Hervorhebung) war. Der Klient konnte den Titel des Films nicht angeben. Mehr wird darüber nicht berichtet. Auch wird mit keinem Wort erwähnt, ob der Name des Mannes am Fluss und andere konkrete Daten aus seinem Leben mit dem Film übereinstimmten.

Von einem »sorgfältigen Recherchieren« kann demnach keine Rede sein. Es sieht vielmehr eher danach aus, dass Zolik mit der Erwähnung des Films seine vorgefasste Meinung bestätigt sah, weshalb er eine weitere Untersuchung des Falls wohl für unwichtig hielt. Schließlich hatte er nun, was er wollte (und vielleicht hätte eine genauere Untersuchung des Falls sein Wunschergebnis sogar in Gefahr gebracht). Der Film wird nur diffus angedeutet, und es wird von keiner Bemühung berichtet, ihn zu identifizieren. Das ist eigentlich erstaunlich, denn wenn die Person den Film wirklich nur etwa drei Jahre zuvor gesehen hat, wäre eine Identifikation sicher nicht sehr schwer gefallen.

Wenn man Reinkarnation für möglich hält, wäre wohl eher zu vermuten, dass der Film in dem betreffenden Klienten eine Art *Déjà-vu* auslöste, also deshalb besonderen Eindruck auf ihn machte, weil dieser eine unbewusste Erinnerung an ein eigenes Erlebnis *ähnlicher* Art hatte. Es ist in einem solchen Fall allerdings möglich, dass sich während der Rückführung ein echtes eigenes Erlebnis mit Einzelheiten des (in diesem Fall) Films vermischt. Damit sei auf eine weitere Schwierigkeit bei der Auswertung solcher Erlebnisse hingewiesen. Eine Übereinstimmung mit einer heutigen »Quelle« schließt in vielen Fällen nicht aus, dass auch noch ein eigenes Erlebnis dahinter liegt, und kann deshalb nicht definitiv als Gegenbeweis gewertet werden.

Wichtige Frage ausgelassen!

Eine in diesem Fall sehr wichtige Frage wäre gewesen: »Warum hat jener Film einen solchen Eindruck auf Sie gemacht?« Dachte der Untersuchende nicht daran, diese Frage zu stellen, oder möchte er keine Antwort haben, die das von ihm erwünschte Ergebnis gefährden könnte?

Es ist offensichtlich, dass Reinkarnationsgegner solche Berichte nur allzu gern unkritisch übernehmen, weil sie ihnen nun mal »in den Kram« passen. Der Vorwurf wird Reinkarnationsvertretern (in Bezug auf positive Berichte) oft und sicher nicht ohne jede Berechtigung gemacht. Er gilt aber mindestens im gleichen Maße für die Gegner der Reinkarnationshypothese.

Die »Regel« scheint auf *beiden* Seiten zu sein: Geh nur so weit, bis du deine vorgefasste Meinung bestätigt siehst, aber nicht weiter, weil eine fortgesetzte Untersuchung deine Auffassung gefährden könnte.

Ein Fall in Finnland

Der finnische Psychiater Reima Kampman (1943-1992) hat das Verfahren der Rückführung unter Hypnose aufgegriffen und beschreibt einen Fall, in dem sich eine junge Frau als eine gewisse Dorothy im England des Mittelalters erlebte [22]. Während der Rückführung sang sie ein »Sommerlied«, und zwar in mittelalterlichem Englisch. In einer zweiten Hypnosesitzung wurde sie aufgefordert, zu einer Situation ihres jetzigen Lebens zurückzukehren, in der sie das Lied zum ersten Mal gehört oder seinen Text mit Noten gelesen habe. Tatsächlich hatte sie in ihrer Jugend ein Buch über Musikgeschichte [23] durchgeblättert, in dem dieses Lied mit den dazugehörigen Noten enthalten war.

Ich habe hier selbst ein bisschen nachgeforscht und die Angaben geprüft. In dem von Kampman genannten Buch [23] steht ungefähr ein Drittel des Liedes. Das ganze Lied fand ich in einem anderen Buch [24]. Da Reima Kampman 1992 starb, nahm ich mit seiner Frau Kontakt auf. Ich sandte ihr eine Kassette mit der Frage, ob sie mir die Tonbandaufnahme von Dorothy kopieren könne. Sie antwortete, Reima Kampman habe die Aufnahme irrtümlicherweise durch Überspielen gelöscht. Auf meine Rückfrage, ob Dorothy dem Eindruck nach ein ganzes Lied oder nur einen Teil davon gesungen habe, bekam ich keine Antwort. Hätte sie mehr als den kleinen Ausschnitt gesungen, der in dem ersten der oben genannten Bücher abgedruckt war, müsste man sich ja fragen, woher sie den Rest kannte.

Wie auch immer, man kommt nicht umhin festzustellen, dass die Fragen, die dieser jungen Frau gestellt wurden, ziemlich suggestiv waren. Kampman ging von Anfang an davon aus, dass sie in ihrem jetzigen Leben zum ersten Mal in Kontakt mit dem Lied gekommen sein müsse, und formulierte seine Fragen in entsprechender Weise und ziemlich steuernd. Ein objektiveres Vorgehen wäre gewesen, alles offen zu lassen und zu fragen, wo und wann sie dieses Lied zum allerersten Mal gehört oder gesungen habe – ob in diesem Leben *oder früher* (jedenfalls alle Formulierungen auslassend, die sich nur auf das gegenwärtige Leben beziehen). Aber dann wäre Dorothy vielleicht wieder aufgetaucht, und es sieht fast so aus, als habe man das auf keinen Fall haben wollen. Durch die alleinige Ausrichtung auf das heutige Leben wird der »Test« zu einer Art Zirkelschlussbeweis.

Wie kommt es denn zum Beispiel, dass dem Mädchen ausgerechnet jenes Lied in dem betreffenden Buch auffiel und nicht ein anderes? Auch das hätte man sie fragen können. Die reinkarnationistische Erklärung wäre, dass sie es *unbewusst erkannte.*

Ich hatte im April 2007 Gelegenheit, ein Video über diesen Fall zu sehen, das mir ein schwedischer Psychologieprofessor freundlicherweise zur Verfügung stellte. In diesem Video singt die Frau tatsächlich nur so viel, wie in dem oben erwähnten finnischen Buch steht. Aber der Film ist ganz offensichtlich *nachgestellt* und keine Originalaufnahme. Es wird gesagt, dass die Frau damals (als sie noch fast ein Mädchen war) kein Englisch konnte, aber sie habe die Sprache später gelernt. Man sieht sie hypnotisiert vor einem Fenster sitzen, durch das eine winterliche Landschaft zu erkennen ist. Danach sitzt sie (mit der gleichen Kameraeinstellung) vor demselben Fenster mit der gleichen Landschaft draußen und kommentiert wach und in *fließendem Englisch,* dass es sich nur um Kryptomnesie gehandelt habe und sie nicht an Reinkarnation glaube. Beide Einstellungen zeigen sie im gleichen erwachsenen Alter.

Damit ist gar nichts bewiesen! Der einzige gültige Beweis wäre die *Originalaufnahme* der ursprünglichen Sitzung mit dem – damals – jugendlichen Mädchen, das sich erinnerte, Dorothy gewesen zu sein. Und gerade jene Aufnahme soll von Kampman durch Überspielen irrtümlich gelöscht worden sein? Man bekommt schon ein wenig das Gefühl, als habe hier jemand die heikle Frage, wie viel sie denn gesungen habe (eine Frage, die vielleicht auch andere aufgeworfen haben), durch eine im Nachhinein gestellte Videoaufnahme beantworten wollen. Darüber hinaus bleiben aber noch weitere Fragen offen: Wie konnte sie damals (ohne Englischkenntnisse) das Lied in *altenglischer* Sprache singen, ohne die Worte, die sie angeblich nur gelesen hatte, eher finnisch auszusprechen? Kampman schreibt in seinem Buch [25], dass ein Sprachkundiger dies bestätigt habe. Und wie konnte sie mit nur einem Blick auf das Lied im Buch die Noten so blitzartig aufnehmen, dass sie auch die Melodie fehlerfrei sang? Konnte sie damals Noten lesen? Wäre das nicht eher mit akustischer Kryptomnesie zu erklären, also damit, dass sie das Lied auch *gehört* hat? Es weist nichts darauf hin, dass sie das Lied in ihrem heutigen Leben jemals gehört hat. Sie hat es aber sehr wohl einmal gehört und auch selbst gesungen. Und sollte dies in einem früheren Leben gewesen sein, ist es kein Fall von Kryptomnesie mehr.

In seinem Buch [25] lässt Kampman die Frage nach Reinkarnation offen. In seiner Dissertation [26] berührt er das Thema nur ganz kurz und erwähnt, dass das Phänomen Rückführung von manchen auch als eine Art Stütze für die Reinkarnationstheorie gesehen wird. Persönlich bezieht er jedoch nicht Stellung dazu. Nach Auskunft eines finnischen Bekannten wurde Kampman offenbar von Kollegen kritisiert, weil man ihn in der Reinkarnationsfrage für zu nachgiebig hielt. Er soll sogar unter Druck gesetzt und mehr oder weniger genötigt worden sein, sich deutlicher von der Reinkarnationshypothese zu distanzieren. Ist das Video vielleicht in diesem Zusammenhang zu sehen?

13. Also gibt es gar keine Kryptomnesie?

Es gibt sie sicher, und manche Fälle sind durchaus damit zu erklären. Was ich hier hervorheben will, ist, dass man es sich mit dem, was man so als »Kryptomnesie« bezeichnet, oft viel zu einfach macht, wenn es darum geht, eine Reinkarnationserinnerung – sei es in einer Rückführung oder spontan – wegzuerklären. Für Kritiker und Skeptiker, die Reinkarnation auf keinen Fall in ihrem Weltbild haben wollen, ist »Kryptomnesie« ein beliebtes Werkzeug, um die »Erinnerung« entsprechend zurechtzubiegen. Aber so einfach geht es nun einmal nicht, wenn man wissenschaftlich seriös an einer Sache arbeiten will, die dadurch, dass in manchen Fällen echte Erinnerungen mit Kryptomnesie vermischt werden, möglicherweise sogar noch komplizierter wird.

Eine Bemerkung zur Kryptomnesie

Kaum jemand macht sich die Mühe, auch nur ansatzweise zu prüfen, ob der Klient tatsächlich Zugang zu Informationen über die Person hatte, als die er sich während einer Rückführung erlebt hat. Dies wird einfach für selbstverständlich gehalten. Die Existenz solcher Quellen soll »Beweis« genug sein. Damit wird von vornherein jede Möglichkeit entkräftet, mit der man die Echtheit eines Erlebnisses nachweisen könnte. Ein taktischer Trick?

Natürlich muss allein schon der Glaubwürdigkeit wegen verlangt werden, dass man auch die Hypothese Kryptomnesie ernsthaft überprüft und zumindest die Möglichkeit untersucht und gegebenenfalls anerkennt, dass der Klient Zugang zu entsprechenden Informationsquellen hatte. Aber die Behauptung kann nicht einfach so in den Raum gestellt werden. Wie oben gezeigt wurde, ist durchaus immer mit einem *Déjà-vu*-Phänomen zu rechnen, also damit, dass der Kontakt mit einer bestimmten Informationsquelle eine längst vergessene Erinnerung wiederbelebt hat. Man muss deshalb streng genommen auch nachweisen können, dass Letzteres nicht der Fall sein kann, was wohl kaum möglich ist, denn dann würde der »Nachweis« vermutlich zum »Zirkelbeweis« werden: Es gibt keine Reinkarnation. Somit kann die Person es nicht *auch* vor ihrer Geburt erfahren haben. Deshalb kann es keine Reinkarnationserinnerung sein.

Venn [11] erwähnt drei an sich plausible Kriterien, die allerdings eher Indizien als Beweise für Kryptomnesie sein dürften (die zwei ersten wurden auch von Ian Stevenson angegeben):

- Eine (zum Beispiel auch im Wortlaut) enge Übereinstimmung zwischen den Aussagen der Versuchsperson und einer anzunehmenden Quelle.
- Fehler, die sowohl in der Aussage als auch in der Quelle vorkommen.
- Die Richtigkeit von Aussagen, die anhand leicht zugänglicher Quellen zu überprüfen sind, aber fehlende Übereinstimmung mit Fakten, die sich nur mithilfe schwer zugänglicher Quellen prüfen lassen.

Aussagen lassen sich unter Umständen so weit »zurechtbiegen«, dass man schließlich den erwünschten Nachweis erhält. Diese Möglichkeit wurde bereits in der Diskussion um den oben beschriebenen Fall Matthew angedeutet: Venn hat sich möglicherweise (wenn wohl auch eher unbewusst) allzu leicht mit negativen »Fern-Verifikationen« durch die französischen Behörden zufrieden gegeben, ohne selbst an Ort und Stelle nachzuforschen (wie es aber Tarazi tat, Kapitel 1). Außerdem hat er den Fall unter Anwendung übertrieben strikter Kriterien untersucht (die Abweichung von nur einem Tag wurde bereits als »Fehler« eingestuft). Wie im finnischen Fall mit dem »Sommerlied« und in Zoliks Fall Wonchalk bereits angedeutet wurde, kann auch der bereits erklärte *Déjà-vu*-Effekt nicht ohne Weiteres ausgeschlossen werden. Vielleicht wurde in beiden Fällen einiges aus der jeweiligen Quelle (Film und Buch) mit übernommen (unter Umständen sogar mit dort vorhandenen Fehlern). In diesem Fall wurden vermutlich Informationen aus *zwei* Quellen *vermischt,* nämlich die unterschwellige Erinnerung *und* die Angaben in einem Buch oder einem Film.

14. Gibt es noch andere Erklärungen?

Es gibt sehr wohl noch andere Erklärungsmöglichkeiten. Bemerkenswerterweise sind einige davon ebenso paranormal wie die Reinkarnation. Außersinnliche Wahrnehmung – wozu auch das Lesen in der sogenannten »Akasha-Chronik« und der Kontakt mit dem kollektiven Unbewussten gehören – sowie mediale Kontakte mit Verstorbenen oder Einflüsterungen von Seelen oder Wesenheiten gehören allesamt in den Bereich Parapsychologie. Solche Erklärungen sind also kaum weniger »fantastisch« als die Reinkarnation. Es ist nur so, dass es der Idee von der Reinkarnation oft nicht gelingt, eine subjektive emotionale Hürde zu überwinden. Da passt anderes »Okkultes« doch noch besser. Lieber akzeptiert man herumschwirrende »heimatlose« Seelen (die also weder in einem Himmel noch in einer Hölle sind) als die Vorstellung, dass die eigene Seele nach dem Tod noch ein paar Runden auf der Erde drehen muss, bevor sie selig wird. Damit räumt man aber die Möglichkeit ein, dass man selbst eine solche »unselige Seele« werden könnte …

Die reine Fantasiehypothese entfällt bei bestätigten Daten. Dass das, was während einer Rückführung passiert, eine Art von Symboldrama ist, kommt tatsächlich vor, aber ein reines Symboldrama kann bei bestätigten Daten auch nicht vorliegen. Betrug kommt höchstens in Ausnahmefällen infrage. Wenn jemand während einer Rückführung bewusst eine bestimmte Geschichte erzählt, würde man es merken, und warum sollte er für so etwas bezahlen – abgesehen davon, dass er damit in einer therapeutischen Sitzung die Lösung seines Problems selbst sabotieren würde?

Die Erklärung, es könne sich eventuell um die »Einflüsterungen« der Seelen Verstorbener handeln, steht übrigens in krassem Widerspruch zum kirchlichen Dogma der Untrennbarkeit von Körper und Seele. Solche herumschwirrenden, körperlosen und erdgebundenen Seelen kann es demnach nämlich gar nicht geben.

15. Eine philosophische Untersuchung der Reinkarnationsvorstellung

Ich will nicht versäumen, auf Erich Wahrendorfs wertvolle philosophische Untersuchung der Reinkarnationsvorstellung *Reinkarnation – Mythos oder Wirklichkeit?* hinzuweisen [27], auch wenn ich hier nicht näher auf diesen lesenswerten Diskussionsbeitrag eingehen kann. Der Verfasser analysiert die Vorstellung der Reinkarnation vom ontologischen, existenziellen, erkenntnistheoretischen, ethischen, säkularen und religiösen Standpunkt aus und schreibt: »Die Lehre von der Reinkarnation liegt immer noch im Halbschatten okkulter Weltdeutungen. Aus dieser ›esoterischen Ecke‹ holt sie der Verfasser heraus und erhebt sie in den Rang einer wissenschaftlichen Hypothese, die verifiziert beziehungsweise falsifiziert werden kann.« Diese Studie ist meines Wissens die erste ihrer Art und schon allein deshalb empfehlenswert.

16. Die »kritische Untersuchung« von Paul Edwards

Eines der naivsten Bücher zum Thema, das je geschrieben wurde, stammt von Paul Edwards (1923-2004) [28], einem amerikanischen Philosophen, der eine strikt materialistische und atheistische Philosophie vertrat, nachdem sowohl ein Glaube an Gott wie an ein Leben nach dem Tod reine Idiotie sei. Dies wird von ihm geradezu als pathologisch »diagnostiziert«. Trotzdem findet sich das Buch auch in europäischen theologischen Universitätsbibliotheken, wenngleich wohl nur deshalb, weil es die Reinkarnation kritisiert, denn es stellt ebenso Religion und Theologie als fatalen Blödsinn dar. Die »Seele« gibt es für den Verfasser nur im Gehirn, und stirbt dieses, kann es nichts mehr geben.

Edwards treibt derbe und zum Teil sehr verletzende Scherze mit Glaubensvorstellungen und Menschen, die andere Auffassungen vertreten. Nicht einmal vor »Schlägen unter die Gürtellinie« scheut er zurück. So zieht er in einer persönlichen Verleumdung Elisabeth Kübler-Ross wegen angeblicher sexueller Ausschweifungen in den Schmutz, die in Wahrheit nicht sie betrafen, sondern einen Mann in Kalifornien, der von sich behauptete, ein Medium zu sein, und den Kübler-Ross kennen gelernt hatte. Sie brach den Kontakt mit ihm jedoch ab, als die Vorwürfe aufkamen, und war bestimmt nicht an dem Skandal beteiligt. Außerdem verletzt Edwards die Gefühle der Hinterbliebenen von Scott Rogo, einem Verfasser von Büchern über Parapsychologie, darunter einem, das – ins Deutsche übersetzt – »Telefonanrufe von den Toten« heißen würde. Rogo wurde 1991 ermordet, und Edwards schreibt ironisch, dass er ja nun anrufen könne, um mitzuteilen, wer der Mörder sei. »Sicher entbindet seine Adressänderung ihn nicht von seiner bürgerlichen Pflicht, der Polizei alle verlässlichen Informationen mitzuteilen, über die er jetzt verfügt« … Es gibt mehrere mehr oder weniger üble »Scherze« dieser Art in Edwards Buch.

Schon deshalb will ich mich nicht näher mit seinem Unsinn befassen, der größtenteils jede Sachlichkeit vermissen lässt, sondern schlicht auf einige vernichtende Besprechungen seines »Unbuches« hinweisen. Robert Almeder hat eine umfassende Kritik für eine Zeitschrift geschrieben [29], die der Redaktor um die Bemerkung ergänzte: »Edwards lehnte ein Angebot ab, eine Antwort auf diesen Artikel zu veröffentlichen.« In der gleichen Ausgabe der Zeitschrift gibt es eine ebenso kritische Buchbesprechung [30], und eine weitere Kritik von Julio C. S. Barros steht im Internet auf der Webseite von *Amazon.com* [31].

Das Buch entstand aus einer Artikelreihe in der amerikanischen Skeptikerzeitschrift *Free Inquiry* [32]. In dieser Zeitschrift schrieb Edwards: »Es gibt keinen Gott, es gibt kein Leben nach dem Tod, Jesus war ein Mensch, und, vielleicht das wichtigste, der Einfluss der Religion ist weit und breit schlecht.« Da Edwards 2004 starb, darf ich wohl unter Verweis auf seine eigene Ironie (siehe oben) vorschlagen, dass er durch ein geeignetes Medium, das ihm aufgrund seiner neuen Adresse nun sicher zugänglich ist, doch eine umfassende Korrektur dieses Buches liefern möge, denn er wird wohl heute als Seele ziemlich bereuen, was er zu Lebzeiten geschrieben hat.

17. Zirkelschlüsse in der Reinkarnationsfrage

Ein Zirkelschluss oder Zirkelbeweis ist eine Überlegung, die zumindest indirekt vom erwünschten Ergebnis ausgeht und deshalb zum vorgefassten Schluss kommt. Folglich wird damit nichts anderes bewiesen als Voreingenommenheit.

Reinkarnationsgläubigen wird vorgeworfen, subjektiv zu sein und sich einer illusorischen Weltvorstellung hinzugeben, die Lebensfragen nur scheinbar beantwortet. Sie seien in östlichen Religionen über etwas gestolpert und hätten es bereitwillig aufgelesen – obwohl erwiesenermaßen östliche Religionen und Philosophien kein geschichtliches Monopol auf den Reinkarnationsglauben haben. Diesen Glauben gab es in alten Zeiten fast überall und auf allen Kontinenten der Welt, auch in Kulturen und Religionen, die mit östlichen Glaubensformen nichts zu tun hatten – sogar im gnostischen Frühchristentum und jedenfalls zum Teil bei den sogenannten »Judenchristen«, wie es historisch belegt ist.

Ein ähnlicher Vorwurf kann aber den Reinkarnationsgegnern gemacht werden. Sie gehen von einem vorgefassten Weltbild aus und wollen keine alternativen Weltbilder zulassen, wie logisch sie auch immer sein mögen. Dann überlegen sie von dieser subjektiven Auffassung aus und kommen zu dem erwünschten Schluss, worauf sie (wenngleich nicht immer so explizit ausgesprochen) ihre vorgefasste Meinung als erwiesen ansehen.

Die »wissenschaftliche« Haltung

Eine vorgefasste Meinung ist, dass das von der Schulwissenschaft diktierte Weltbild die letzte Wahrheit sein muss und es kein anderes geben könne. Und das, obwohl die Geschichte eine ganze Reihe von Weltbildwandlungen aufzuweisen hat, die infolge neuer Entdeckungen schließlich unumgänglich wurden. Aber wer sich diesem Diktat hingibt, wird wohl meinen, dass in der Zukunft keine weiteren umwerfenden Entdeckungen mehr möglich seien und dass wir nun wirklich alles über die Welt und den Kosmos wissen würden – uns bliebe nur noch übrig, Einzelheiten und Zusammenhänge aufzuklären.

Dementsprechend verfassen manche Reinkarnationsgegner wortreiche Darstellungen, die nach dem Abschälen aller philosophischen, psychologischen und eventuellen physikalischen Abschweifungen kurz zusammengefasst im Prinzip auf Folgendes hinauslaufen: Reinkarnation ist nicht möglich – deshalb kann sich niemand an ein früheres Leben erinnern – »Erinnerungen« sind darum völlig anders zu erklären – somit gibt es keine Reinkarnation. Oder auch etwa: Es gibt keine an sich körperunabhängige Seele – es gibt deshalb nichts, das reinkarnieren könnte – darum gibt es keine Reinkarnation – und das bestätigt, dass es keine solche Seele gibt. Dergestalt drehen sich die Überlegungen im Kreise.

Bei den Bemühungen, mit dieser Betrachtungsweise recht zu behalten, wird immer wieder die Rückführungstherapie angegriffen. Dabei wendet man sich praktisch nur gegen die hypnotische Rückführung und lässt die modernere nicht-hypnotische Vorgehensweise meistens aus. Im Falle von Hypnose kann man nämlich eine »suggestive Anleitung« behaupten, beim nicht-hypnotischen Vorgehen hingegen weniger. Deshalb wollen manche Gegner in die nicht-hypnotische Methode auch eine Form von Hypnose hineininterpretieren, nur eine andere. Solche Vorwürfe habe ich bereits in einem früheren Buch sachlich widerlegt [2]. Die Heilerfolge der Reinkarnationstherapie werden etwa als Placeboeffekt heruntergespielt oder überhaupt nicht beachtet. Man schreibt von einem suggestiven Vorgehen, das zu künstlich hervorgerufenen Ergebnissen führen würde. Das ist aber nicht die Vorgehensweise einer modernen seriösen Reinkarnationstherapie, die eine Rückkehr zu den Wurzeln des Problems erstrebt, offen lassend, wo diese Wurzeln in der Vergangenheit liegen mögen. Da taucht nicht selten ein Kindheitserlebnis im heutigen Leben auf und spontan immer wieder etwas, *auch ohne es so vorgegeben zu haben*, das nach einem früheren Leben aussieht und als ein solches erlebt wird. Nun meinen wohl jene Gegner, dass der Therapeut sofort eingreifen und sagen sollte: »Das ist Unsinn, es gibt kein früheres Leben. Bleib bei der Wahrheit!« – um damit den Therapieerfolg zu vereiteln. Nein, der seriöse Therapeut lässt selbstverständlich alles zu, denn er weiß aus Erfahrung, dass gerade in dem, was spontan auftaucht, höchstwahrscheinlich ein Hauptschlüssel zur Lösung des betreffenden Problems liegen dürfte.

Man greift auch die Reinkarnationsforschung von Stevenson, Haraldson und anderen an, die Fälle von Kindern studiert haben, welche sich angeblich an eine frühere Existenz erinnern. Das Phänomen wird damit wegerklärt, dass diese Fälle vorwiegend in einer kulturellen Umgebung auftreten würden, in der man ohnehin an Reinkarnation glaubt. Somit sei dies auf einen suggestiven Einfluss der Umwelt zurückzuführen. Man beachtet aber gar nicht die ebenfalls gültige Umkehrung dieser Behauptung: dass solche Phänomene in einer zur Reinkarnation negativ eingestellten Umgebung deshalb viel seltener auftreten, weil die Kinder dort einem negativen suggestiven Einfluss ausgesetzt sind. Eltern wollen von derartigen Dingen nichts wissen, denn »was sollen dann die Leute sagen«, halten das Kind an, solchen Unsinn nicht mehr zu reden, und prägen ihm ein, alles sei nur Fantasie. Das Kind wird also eingeschüchtert, und entsprechende Fälle werden unter den Teppich gewischt.

In einer reinkarnationsfreundlichen Umgebung werden solche Äußerungen von Kindern eher ernst genommen, in einer reinkarnationsfeindlichen bringt man die Kinder lieber zum Schweigen. Unter letzteren Umständen werden die Fälle meistens nicht bekannt. Trotzdem hat Stevenson Fälle in der westlichen Welt selbst in Familien gefunden, in denen man nicht an Reinkarnation glaubte. Die Reinkarnationsgläubigkeit beispielsweise in Indien hat nicht immer einen so suggestiven Einfluss, wie man gern darstellen will, da man bei solchen Spontanerinnerungen Probleme befürchtet, etwa weil der Aberglaube herrscht, sie würden einen frühen Tod des Kindes voraussagen.

Und wenn nun einmal ein Kind tatsächlich fantasieren sollte, beweist das ja in keiner Weise, dass es immer so ist. Vielmehr dürfte es sich dann um eine Ausnahme handeln (sozusagen »die Ausnahme, die die Regel bestätigt«). Die Behauptung, dass Kinder mit Rückerinnerungen besonders beeinflussbar und suggestibel seien, ist in einer Untersuchung von Professor Erlendur Haraldsson widerlegt worden [34]. Er kommt sogar zum gegenteiligen Ergebnis.

Im Jahre 1982 führte R. A. Baker [7, 35] ein Experiment durch. Probanden wurden in drei Gruppen eingeteilt. In der einen ließ man eine reinkarnationsfreundliche Atmosphäre schaffen, in der zweiten eine neutrale und in der dritten eine reinkarnationsfeindliche. Dann wurden hypnotische Rückführungen durchgeführt. Dabei traten in der ersten Gruppe viele »frühere Leben« auf, in der zweiten mehrere und in der dritten immerhin noch zwei, allerdings bei Personen, die an Reinkarnation glaubten [7]. Damit galt der suggestive Einfluss als bewiesen – eine ziemlich subjektive Interpretation. Meiner Meinung nach ist dadurch eher aufgezeigt worden, dass eine gegenüber diesem Phänomen positive Atmosphäre für das Auftreten solcher Erinnerungen förderlich ist. Sie treten dann leichter und freier hervor. Eine negative Atmosphäre wirkt entsprechend hemmend, weil unterschwellige Erinnerungen durch die Umstände eher zurückgehalten oder verdrängt werden. Dies ist gewissermaßen eine experimentelle Bestätigung des vorher Gesagten über Erinnerungen von Kindern. Wie man sieht, werden auch experimentelle Untersuchungen tendenziös ausgewertet, nämlich nach dem Glauben des Experimentators zurechtgelegt. Bakers Auffassung wird gleich am Anfang seines Artikels genannt: Rückführungserlebnisse seien »naive Fehldeutungen fehlgeleiteter Amateure«, und es sei störend, dass »mehrere zeitgenössische Untersucher und Therapeuten ähnliche Reinkarnationsbehauptungen und Übertreibungen« machen würden, die Baker ins Lächerliche ziehen will. Somit wird sein Vorhaben einseitig und subjektiv, und er lässt alternative Deutungen seiner Studien nicht zu.

Es stimmt schon, dass man in der Hypnose vieles suggerieren kann, was irreal und fantasievoll ist. Der Einwand trifft aber viel weniger auf das nicht-hypnotische Vorgehen zu. Da machen wir immer wieder die Erfahrung, dass wenn man dem Klienten etwas aus einer Vermutung heraus vorschlägt, er oder sie antwortet: »Nein, so ist es nicht, aber ...« Es lässt sich natürlich nicht leugnen, dass in manchen Rückführungen auch Fantasievolles auftreten kann, dann aber eher mit symbolischen Inhalten, die – richtig ausgewertet – für die Problemlösung von Bedeutung sind. Daraus schließen zu wollen, dass *alles* bloß Fantasie sei, ist eine logisch unzulässige Verallgemeinerung! Das Gleiche trifft für ein Abtun als Kryptomnesie zu. Auch wenn es tatsächlich kryptomnestische Fälle gibt, beweist das in keiner Weise, dass es sich immer oder meistens um Kryptomnesie handeln würde.

William J. Bryan [38] (1924-1977), der Gründer des *American Institute of Hypnosis,* hat ein anderes Experiment durchgeführt. Er sprach vor dem Experiment mit Probanden über Massaker und Klapperschlangen, und prompt »ersannen sie« in der Rückführung dazu passende Erlebnisse [7]. Was beweist das? Dem Reinkarnationsgegner natürlich, dass solchen Erlebnissen nur Suggestionen zugrunde liegen. Hält man aber Reinkarnation für möglich, sieht es anders aus. Wenn Menschen viele frühere Leben hatten, werden auch viele in irgendeiner Vergangenheit tatsächlich Erlebnisse gehabt haben, die den »suggestiven Vorgaben« ähneln. Das ist rein statistisch gesehen ziemlich wahrscheinlich. Die »Suggestion« bewirkt in dem Fall nicht viel mehr, als das hervortretende Erlebnis aus einer solchen Vergangenheit abzurufen statt aus einer anderen Vergangenheit. Sie macht einfach nur eine thematische Vorgabe. Auch hier liegt ein tendenziöser und subjektiver Ansatz vor, bei dem man von dem ausgeht, was man erwiesen haben will.

Ebenso, wie man tatsächliche Therapieerfolge nicht gelten lassen will, behauptet man auch, dass es keine verifizierten Reinkarnationserfahrungen gäbe. Wenn das nicht gelogen ist, dann ist es zumindest eine gefährliche Ignoranz. Es gibt in der Literatur eine ganze Reihe bestätigter Fälle, die man aber lieber verschweigt [37]. Über einige wurde oben näher berichtet.

Manche Verfasser (u.a. [7], s.a. [44]) erwähnen Experimente mit »künstlicher (artifizieller) Reinkarnation« durch den russischen Psychiater Wladimir L. Raikow (in englischen Texten: Vladimir Raikov). Er hat in tiefe Hypnose versetzten Menschen *suggeriert,* dass sie die Reinkarnation beispielsweise eines berühmten Malers seien, worauf sie *in der Hypnose* gekonnt ähnlich wie jener Maler gemalt haben; allerdings haben sie diese »Fähigkeit« anschließend höchstens teilweise behalten. Damit sollte bewiesen werden, dass alles nur Fantasie sei, wenn auch mit erstaunlichen Ergebnissen verbunden. Ich möchte hier unterstreichen, dass es sich dabei um *Suggestionen in Tiefhypnose* handelte. In der nicht-hypnotischen Rückführung werden keine derartigen Suggestionen verwendet, sondern man lässt offen, was da kommen mag. Erlebnisse, die meistens auch *spontan* als zu einer früheren Existenz gehörend erlebt werden, treten dann von selbst auf (sofern das Erlebnis nicht in die heutige Kindheit führt, was oft der Fall ist). Das einzige Ziel, das wir setzen ist, zur Ursache eines heutigen Problems zurückzugehen. Aber das kann man wohl kaum als Suggestion bezeichnen. Es ist eher eine Zielsetzung. Darüber hinaus sei bemerkt, dass viele Menschen in sich schlummernde Fähigkeiten haben, die durch eine solche *Suggestion* angeregt werden können, erst recht, wenn sie solche Fähigkeiten bereits in einer früheren Existenz besaßen (selbst wenn sie nicht gerade jener berühmte Maler waren). Viele Versuchspersonen Raikows waren darüber hinaus Kunststudenten, die durch ihr Studium die Kunst dieses Malers schon kannten und wahrscheinlich eigene malerische Fähigkeiten mitbrachten, zumindest ansatzweise. Derartige Experimente als »Gegenbeweise« gegen (wirkliche) Reinkarnation deuten zu wollen ist dann doch recht weit hergeholt. Dass man Münzen fälschen *kann,* beweist noch lange nicht, dass sie alle gefälscht sind! Außer für den voreingenommenen Geist, der seine vorgefasste Meinung durchsetzen will ...

18. Die Kritik des Psychiaters Michael Schröter-Kunhardt

Diese im Internet früher ziemlich verbreitete Kritik [7] ist durch die Besprechung oben bereits weitgehend widerlegt. Auf einigen Internetseiten bekennt sich der Genannte zum neuapostolischen Glauben, was natürlich seine Anschauung stark beeinflussen wird, denn in diesem Glauben hat Reinkarnation keinen Platz (was hier nicht als abwertende Bemerkung verstanden werden soll, es geht mir lediglich um die entsprechende Beeinflussung durch die Weltanschauung). Im Folgenden möchte ich aber auf einige spezielle Punkte in seiner Darstellung näher eingehen.

Die Behauptung »Reinkarnationserfahrungen sind … schon von den Leistungen des Gedächtnisses her nicht möglich« übersieht, dass das unbewusste Ich offensichtlich ein leistungsvolleres Gedächtnis als das bewusste Ich hat, denn sonst wären auch Kryptomnesien nicht möglich. Sie übersieht auch, dass man, sofern es eine Seele gibt, die den Körper überdauert, von *zwei* Arten von unbewusstem Ich sprechen muss: dem unbewussten Ich im Gehirn und dem Seelen-Ich. Beide sind für das rationale Ich unbewusst. Das Seelen-Ich dürfte allerdings eine weitaus größere Kapazität haben als die »Abstellkammer für vergessene Erinnerungen« im Gehirn. Da Schröter-Kunhardt einen christlichen Glauben hat, wird er vermutlich nicht leugnen, dass es eine Seele gibt, und wohl ebenso wenig, dass sich diese Seele nach Verlassen des Körpers an alles wird erinnern können, das sie in der Verkörperung (beziehungsweise in allen Verkörperungen) erlebt hat. Sonst wäre sie ja nicht mehr ein Ich … Wenn folglich eine solche Seele ein Gedächtnis hat, kann dieses nicht im Gehirn lokalisiert sein, da es nach dem Tod zerfällt und vergeht. Existiert das Ich aber nach dem Tod als Seele weiter, wird die Seele bereits im (oder am) lebendigen Körper vorhanden sein, denn es spricht absolut nichts dafür, dass sie erst mit dem Tod entsteht. Also muss der Mensch bereits in der Inkarnation ein dem Verstand verborgenes Seelen-Ich mit einem eigenen Seelengedächtnis haben. Dafür sprechen nicht zuletzt die heute zahlreich berichteten Nahtoderlebnisse, bei denen Menschen die Erfahrung machen, vorübergehend aus dem Körper auszutreten und dann wieder zurückzukehren. Beim Tod wird es ebenso sein, nur kehrt man nicht in den (gleichen) Körper zurück.

Schröter-Kunhardt schreibt auch von »fehlender Verifikation der Reinkarnationserfahrungen« und von »schlampig recherchierten« Erinnerungen an frühere Zeiten, wobei er unter anderem Stevenson erwähnt. Wer so schreibt, hat die Literatur selbst schlampig recherchiert, oder er lässt nur die Literatur gelten, die seine eigene Vorstellung unterstützt. Es gibt viele Berichte mit mehr oder weniger überzeugenden Verifikationen. Geradezu sensationell überzeugend ist der Fall der Therapeutin Linda Tarazi [37], über den ich weiter oben bereits berichtete. Stevenson ist dafür bekannt, dass er seine Fälle von Kindern, die von früheren Existenzen erzählten, sehr sorgfältig untersuchte.

Meistens kritisiert Schröter-Kunhardt bei den Angaben, sie seien ungenau, aber handelt es sich einmal um klare und genaue Erinnerungen, ist dies für ihn ein Indiz für Kryptomnesie, weil man sich sonst nicht so genau »erinnern« könne … Die Alternative, sie als Indiz (und ich meine nicht »Beweis«) für die Echtheit der Erinnerung zu werten, lässt er nicht gelten, denn für ihn darf es ja keine Reinkarnation geben. Da haben wir wieder den bereits besprochenen »Zirkelbeweis«.

Er behauptet dann, wie der von ihm zitierte Venn (s.o.): »Dass die in ›Reinkarnationstherapien‹ scheinbar geheilten Symptome gelegentlich Körperteile betreffen, die im ›Vorleben‹ verletzt wurden, ist also zuallererst nur ein Zeichen dafür, dass der leidende Patient seine Symptome in ein früheres Leben verschiebt und sie dadurch bei ausreichend tiefer Trance beziehungsweise Dissoziation katathym entlädt.« Das mag zwar in gewissen Fällen zutreffen, doch widerspricht das deutlich einer monumentalen Arbeit von Ian Stevenson (*Reincarnation and Biology*, siehe Kapitel 1).

Er spricht auch Krankheitsverschlechterungen an, zu denen es bei Reinkarnationstherapien in äußerst seltenen Ausnahmefällen kommen kann, in der Regel als Folge des unbewussten Widerstands des Klienten (s.o.) oder der Unzulänglichkeit des Therapeuten. Doch sie kommen bei schulmedizinisch anerkannten Therapien ebenfalls vor – und sicher nicht weniger! Das kann man der Methode also nicht vorwerfen. Geschieht es bei einer anerkannten Therapie, wird darüber nicht geredet (oder es wird sogar vertuscht, vgl. [33]), geschieht es aber bei einer Reinkarnationstherapie, wird es an die große Glocke gehängt … Da geht es wohl eher um Futterneid … Festzuhalten ist, dass selbst in derartigen ungewöhnlichen Fällen nur eine *vorübergehende Verschlechterung* auftritt, was mit dem bekannten Phänomen der *Erstverschlimmerung* in der Homöopathie zu vergleichen ist. Aber das wäre wohl für Kritiker bereits eine Verschlechterung an sich, ungeachtet der für sie wohl eher unbequemen Tatsache, dass sie bald vorüber ist …

Wenn ein Klient im Wachzustand nach der Hypnose (das nicht-hypnotische Vorgehen kennt oder beachtet Schröter-Kunhardt scheinbar nicht) weitere Einzelheiten des Vorlebens angeben kann, ist das für ihn bereits psychotisch und bedeutet, dass der Klient nicht mehr das Erlebte vom realen Leben unterscheiden kann. Doch erstens kommt eine solche »Wachergänzung« bei der nicht-hypnotischen Methode nur selten vor – und tritt sie ausnahmsweise einmal auf, gibt es keinen Grund für die Behauptung, dass man das Erlebte nicht vom heutigen Leben unterschieden könne –, zweitens wäre es doch eher als Indiz für die Echtheit zu werten, wenn eine gewisse Erinnerungsfähigkeit auch nach der Rückführung bleibt!

Man muss hier allerdings zwischen zwei Fällen unterscheiden, was der Kritiker nicht gerne tut, wenn er daraus Argumente gewinnen will. Erinnert sich der Klient nämlich nach der Rückführung an Einzelheiten, die er in der Rückführung zwar erlebte, aber dem Rückführenden zum Zeitpunkt der Rückführung nicht erzählte, handelt es sich ja lediglich um eine Informationsergänzung. Kommen hingegen später weitere Erinnerungen dazu, die *nicht* in der Rückführung auftauchten, ist das etwas anderes. Das könnte dann bedeuten, dass der Klient eine gewisse Fähigkeit hat, welche die meisten Menschen vermissen lassen. Es gibt aber auch unverbesserliche Skeptiker, die fast jede paranormale Fähigkeit als »pathologisch« einstufen wollen, worauf sich einem die Frage stellt, was denn hier eigentlich pathologisch ist (vgl. Abschnitt 19 unten) …

Neben Zirkelschlüssen bedient sich Schröter-Kunhardt auch eines unschönen Understatements. So schreibt er: »Andererseits ist aber eine gewisse heilende Wirkung von ›Reinkarnationstherapie‹ nichts Ungewöhnliches, da es dabei zum katathymen/kathartischen Abreagieren, aber auch zu einem ›Reframing‹ kommt …« Tatsächlich wird oft schon bei nur einer einzigen Rückführung eine befreiende Wirkung erzielt, die in manchen Fällen fast »drastisch« sein kann. Das Understatement hier ist das Wort »gewisse«. Dies geht von der vorgefassten Meinung aus, dass es Reinkarnation nicht gäbe. Wenn es aber trotz aller Widerlegungsbemühungen Reinkarnation doch gibt (wenn sie existiert, kann man sie ja nicht einfach so abschaffen …) und die wahre Ursache mancher heutiger Probleme ein traumatisches Erlebnis in einem früheren Leben ist, therapiert die konventionelle Psychologie und Psychotherapie konsequent an der wahren Ursache vorbei, und es kommt zu nichts anderem als Verdrängung und dem Überdecken von Symptomen.

Erlebnisse in einer Rückführung animistisch erklären zu wollen, als unbewusste Kontaktnahme mit der Seele eines Verstorbenen, funktioniert auch nicht, wenn man Reinkarnation zu widerlegen versucht. Das kann die heilsamen Wirkungen nicht erklären, denn wie sollte das Erlebnis der Geschichte *eines anderen* **mein** Problem lösen können? Zieht man Besessenheit (s. S. 25) als Erklärung heran, hieße das, die meisten von uns wären besessen, denn eine Rückführung misslingt ja nur selten (grob geschätzt in 10 Prozent der Fälle). Es kommt allerdings vor, dass der Klient zwar nicht besessen ist, aber von der Seele eines Gestorbenen belästigt wird (man spricht dann von »Umsessenheit«). In diesem Fall kann man ihn von dem fremden Einfluss befreien.

Die Echtheit von Rückführungen bestreitet Schröter-Kunhardt auch dadurch, dass er behauptet, es handele sich um ein »falsch interpretiertes identifikatorisches Erleben«. Man würde sich irrtümlich mit einer anderen und verstorbenen Person identifizieren. Diese Erklärungsbemühung erledigt sich im Rahmen dieses Buches, das ja die Auswirkungen früherer Leben zugrundelegt, von selbst. Ein weiterer Einwand von ihm, wonach Nahtoderfahrungen die Reinkarnationslehre widerlegen würden, sieht mir wiederum nach einer »schlampigen Recherche« der Literatur aus. Im Gegenteil erkennen nicht wenige Menschen gerade während des außerkörperlichen Erlebnisses, dass sie schon früher gelebt haben, und etwa 70 Prozent glauben nach einem solchen Erlebnis an Reinkarnation!

19. Skepsis gegen Skeptizismus

Skeptiker sind grundsätzlich gegen *alles* skeptisch, etwa nach dem Prinzip: »Was der Bauer nicht kennt, frisst er nicht.« Aber es gefällt ihnen nicht, wenn man ihnen gegenüber ebenfalls skeptisch ist, denn dann sind sie doppelt skeptisch. Und doch werden sie es sich gefallen lassen müssen. Eine gesunde Skepsis ist natürlich gut, wenn man die Möglichkeit einräumt, dass die Sache vielleicht wahr sein könnte, solange nicht das Gegenteil bewiesen ist. Sie greifen jedoch nach jedem hanebüchenen Strohhalm. Das führt oft zu Haarspaltereien. Somit werden sie es sich gefallen lassen müssen, dass ich hier mit ihren »Untersuchungen« ebenfalls skeptisch verfahre.

Kann Skeptizismus pathologisch werden?

Der Soziologieprofessor Marcello Truzzi (1935-2003) führte die Begriffe »pathologischer Skeptizismus« und »Pseudoskeptizismus« ein [40]. Pathologischer Skeptizismus meint einen Skeptizismus, der die eigene Person und ihre Beziehungen zu anderen extrem beeinträchtigt und fast selbstzerstörerisch wird. Pseudoskeptizismus bezieht sich auf die Argumentation einer Person, die wie ein Kenner auftritt (oder einer zu sein glaubt), aber eher zur Verwirrung und Vernebelung der Sache beiträgt. Um seine Meinung zu rechtfertigen, gebraucht ein Pseudoskeptiker (vgl. [41-43]):

- logische Fehlschlüsse
- unverifizierte oder unrichtige Fakten
- Vernebelung verifizierbarer Fakten
- das Aufstellen von Hürden gegen neue Theorien durch »Höherlegen der Latte«
- feindliches und intolerantes Verhalten gegenüber neuen Ideen und/oder
- Beurteilung einer Hypothese oder Theorie, ohne sie wirklich zu untersuchen, sowie Ignoranz gegen ihre Fakten.

Manches davon erkennt man recht unschwer in einigen der genannten Argumentationen von Personen wieder, die sich auf ihren eigenen Fachgebieten bestens auskennen und entsprechend gekonnt ihr Wissen anbringen, die aber, wenn es um Reinkarnation geht, eher Laien sind. Dass man das kirchliche Dogma und seine Geschichte in diesem Zusammenhang kennt, verweist nur auf rein historische Einblicke, die eine Fülle von Tatsachen ignorieren.

Übertriebene Skepsis scheint mir *angstbesetzt* zu sein. Es geht um Angst: Angst, etwas wahr haben zu müssen, an das man partout nicht glauben *will*. Angst, ein lieb gewordenes Weltbild ändern oder etwas aufgeben zu müssen, auf das man vielleicht Ansehen und Karriere aufgebaut hat. Angst, dass man zugeben müsste, sich in seinem Weltbild geirrt zu haben, und nicht zuletzt Angst davor, von Kollegen nicht mehr ernst genommen zu werden, wenn man nicht in die gleiche Kerbe haut wie sie. Und schließlich bei manchen auch die Angst, dass man den vermeintlichen Platz in der vordersten Reihe im Himmel vergeblich reserviert haben könnte …

20. Ein Skeptiker wird zum Gläubigen

Der deutsche Professor Manfred Müller hat ein wertvolles Buch [45] darüber geschrieben, wie er vom notorischen Zweiflerdasein zu der Überzeugung gelangte, dass es ein Leben nach dem Tod und auch Reinkarnation gibt.

Referenzen

1. http://www.dailygalaxy.com/my_weblog/2007/09/n--one-of-the-m.html und http://www.telegraph.co.uk/science/science-news/3307757/Parallel-universe-proof-boosts-time-travel-hopes.html.

2. Jan Erik Sigdell: *Reinkarnationstherapie*, Heyne Taschenbuch, München 2005, im Anhang. Diese inzwischen vergriffene Ausgabe ist, erweitert und verbessert, unter dem neuen und treffenderen Titel *Emotionale Befreiung durch Rückführung* beim AMRA Verlag in Vorbereitung.

3. Jan Erik Sigdell: *Durch den Tod ins Leben*, Ansata, München 2007.

4. http://en.wikipedia.org/wiki/Near-death_experience. Es scheint jedoch, dass der Berichterstatter mit dieser Betrachtungsweise, die er als den neuesten Stand der Anschauung darstellt, selbst nicht ganz einverstanden ist.

5. Jan Erik Sigdell: »Are Facts Important to a Soul?«, *Reincarnation International,* London, Nr. 5, März 1995, Seite 13-15.

6. Stevenson, Ian: »A case of the psychotherapist's fallacy«, *Reincarnation International,* London, Nr. 2, April 1994, Seite 8-11.

7. Michael Schröter-Kunhardt: »Reinkarnationsglaube und Reinkarnationstherapie: Transpersonale Fiktion«, *Transpersonale Psychologie und Psychotherapie*, Verlag Via Nova, Petersberg, 1/1996, Seite 67-83. Der Text war früher mehrfach im Internet zu finden und auch als PDF-Datei herunterladbar. Inzwischen finde ich nur noch einen Artikel mit dem m. E. irreführenden Titel »Die Wiedergeburtslehre ist widerlegt« (und das ist sie nun wirklich nicht!), der den gleichen Inhalt zu haben scheint: http://www.forumromanum.de/member/forum/forum.php?action=std_show&entryid=1025411933&USER=user_36368&threadid=2, sowie einen Text mit dem an sich richtigen Titel unter http://www.familie-zwoelfer.de/nahtod/fiktion_reinkarnationsglaube.htm, der aber in meinem Computer unter Darstellungsproblemen leidet (Umlaute werden mit entstellend dargestellt, was nicht an meinen System zu liegen scheint). Ein Kommentar zu diesem Artikel steht hier: http://www.christliche-reinkarnation.com/Schroe-Kunh.htm.

8. Harald Wiesendanger: *Zurück in frühere Leben*, Kösel, München 1991.

9. Hans ten Dam: *Exploring Reincarnation*, Rider, London 2003.

10. Kurze Darstellung in *The Book of the Soul* von Ian Lawton, Lawton Publishing, Southampton (UK), 2004, Seite 59-60 (vgl. http://www.ianlawton.com/bosextr3.htm).

11. Jonathan Venn: »Hypnosis and the Reincarnation Hypothesis: A Critical Review and an Intensive Case Study«, *Journal of the American Society for Psychical Research*, New York, Bd. 80, 1986.

12. Jonathan Venn: »Hypnosis for the Christian«, *Journal of Christian Healing*, MacLean VA, Bd. 8, Nr. 2, 1966, Seite 3-6.

13. Dell Leonardi: *The Reincarnation of John Wilkes Booth: A Case Study in Hypnotic Regression*, Devin-Adair, Old Greenwich CT, 1975.
14. »Did Lincoln's assassin die? Or did John Wilkes Booth live to tell the tale ... in his next life?«, *Reincarnation International*, London, Ausg. 6, Juli 1955, Seite 36-37.
15. Verschiedene Internetseiten, u.a. http://library.thinkquest.org/04oct/01038/links.htm.
16. Claus H. Bick: »Wissenschaftliche Untersuchungen von Reinkarnationsphänomenen«, *raum&zeit*, Dietramszell, Nr. 59, Juli/August 1992, Seite 22-26.
17. Harald Wiesendanger: *Zurück in frühere Leben*, Lea Verlag, Schönbrunn 2003. Erweiterte Neuauflage von [8].
18. Edwin S. Zolik: »An Experimental Investigation of the Psychodynamic Implications of the Hypnotic ›Previous Existence‹ Fantasy«, *Journal of Clinical Psychology*, Wiley, Hoboken, NJ, Bd. CIV, 1958, Seite 179-183.
19. Edwin S. Zolik: »›Reincarnation‹ Phenomena in Hypnotic States«, *International Journal of Parapsychology*, New York, Bd. IV, 1962, Seite 66-78.
20. U.a. auf den folgenden Webseiten: www.psi-infos.de/reinkarnation_-_scheinheil_und.html, www.binder-mara.de/reinkarnation.htm und www.freewebs.com/professor_enigma/newage.htm.
21. Harald Wiesendanger: *Zurück in frühere Leben*, Kösel, München 1991, Seite 134.
22. Reima Kampman und Reijo Hirvenoja: »Dynamic Relation of the Secondary Personality Induced by Hypnosis to the Present Personality«, in *Hypnosis at its Bicentennial*, hrsg. von Fred H. Frankel und Harold S. Zamansky, Plenum Press, New York 1978.
23. Benjamin Britten und Imogen Holst: *Musiikin vaiheet* (»Geschichte der Musik«), Werner Söderström, Porvoo (Finnland) 1960, Seite 25.
24. Alfred Einstein: *A Short History of Music*, Cassell, London 1953, Seite 21.
25. Reima Kampman: *Et ole yksin*, K.J. Gummerus, Jyväskylä, 1974. Schwedische Übersetzung: *Du är inte ensam*, Askild & Kärnekull, 1975.
26. Reima Kampman: *Hypnotically Induced Multiple Personality*, University of Oulu, 1973.
27. Erich Wahrendorf: *Reinkarnation – Mythos oder Wirklichkeit?*, Books on Demand, Norderstedt 2006. Der Text ist auch hier erhältlich: http://www.christliche-reinkarnation.com/Reinkarnation.htm.
28. Paul Edwards: *Reincarnation. A Critical Examination*, Prometheus Books. Amherst NY, 1996.
29. Robert Almeder: »A Critique of Arguments Offered Against Reincarnation«, *Journal of Scientific Exploration*, Lawrence KS, Bd. 11, Nr. 4, 1997, S. 499-526. Der Artikel ist hier zu haben: http://www.scientificexploration.org/journal/jse_11_4_almeder.pdf.

30. James G. Matlock: *Journal of Scientific Exploration*, Lawrence KS, Bd. 11, Nr. 4, 1997: Buchbesprechung auf S. 570-573. Hier herunterladbar: http://www.scientificexploration.org/journal/reviews/reviews_11_4_matlock.pdf.

31. www.amazon.com/gp/cdp/member-reviews/ASZ39OZD4N1F2? ie=UTF8&sort_by=MostRecentReview.

32. Paul Edwards: »The Evidence Against Reincarnation«, *Free Inquiry*, Buffalo NY, Bd. 6, Nr. 4 (1986) S. 24-34 und Bd. 7, Nr. 1 S. 38-48, Nr. 2 S. 38-49 und Nr. 3 S. 46-53 (1987).

33. *Le livre noir de la psychanalyse* (»Schwarzbuch Psychoanalyse«), hrsg. von Catherine Meyer, Les Arènes, Paris 2005. Siehe Kapitel 5.

34. Erlendur Haraldsson: »Psychological comparison between ordinary children and those who claim previous-life memories«, Journal of Scientific Exploration, Lawrence KS, Bd. 11, Nr. 3, 1997, pp. 323-335. Kann als PDF-Datei heruntergeladen werden von: http://notendur.hi.is/erlendur/english/svid.htm#7 (unter »Children who speak of previous life«).

35. R. A. Baker: »The Effect of Suggestion on Past-Lives Regression«, *American Journal of Clinical Hypnosis*, Bloomingdale IL. Jg. 25, Nr. 1, S. 71-76.

36. Wiesendanger, H.: *Wiedergeburt: Herausforderung für das westliche Denken*, Fischer, Frankfurt a. M. 1991.

37. Linda Tarazi: *Under the Inquisition, an Experience Relived*, Hampton Roads, Charlottesville VA, 1997; vgl. auch Robert L. Snow: *Als ich Carrol Beckwith war. Spurensuche einer Reinkarnation*, Wilhelm Heyne, München 2000, und Bruce Goldberg: *The Search for Grace*, Llewellyn, St. Paul MN, 1997, womit nur einige Beispiele erwähnt sind – vgl. Kapitel 1.

38. [8] S. 172-173 und [17] S. 132. In beiden angeblich nach Ernest Hilgard und Elizabeth Loftus: »Effective interrogation of the eye-witness«, *International Journal of Clinical and Experimental Hypnosis* 27, 1979, S. 342-357. Diese Referenz in [8] und [17] erwies sich bei der Nachprüfung als irrtümlich, weil darin nichts über jenes »Experiment« zu finden ist …

39. Gerhard Glombik: »Neues vom Panzerkommandanten«, *Skeptiker*, Roßdorf, Nr. 1, 1995, S. 20-21.

40. http://psychology.wikia.com/wiki/Pathological_skepticism.

41. L. David Leiter: »The Pathology of Organized Skepticism«, *Journal of Scientific Exploration*, Vol. 16, No. 1, 2002, S. 125–128.

42. William J. Beaty: *Symptoms of Pathological Skepticism*, 1996: http://amasci.com/pathsk2.txt.

43. D. Owens: *Stupid Skeptic Tricks*, http://www.discord.org/~lippard/stupid-skeptic-tricks.txt.

44. http://www.louisyagera.com/2006/06/20/artificial-reincarnation/, http://www.creativethinkingwith.com/Creative-Thinking-With-Fake-

ID.html und http://www.chillibreeze.com/bookreviews/TheEinsteinFac-torReview.asp.

45. Manfred Müller: *Leben nach dem Leben?*, Argo, Marktoberdorf, 3. Aufl. 2010.

Sonst noch 5 Fragen?

1. Wie hat das Inkarnieren angefangen?

Wie bereits oben (Kapitel 2) im Zusammenhang mit dem Thema Karma erwähnt wurde, hat das Inkarnieren einen Anfang und ein Ende. In Kapitel 3 wurde das gnostisch-christliche Weltbild dargestellt. Danach begann alles damit, dass aus unserer Sicht immaterielle Geschöpfe – »Engel« –, die alle in der ursprünglichen göttlichen Lichtwelt lebten, den freien Willen sozusagen »radikal« ausprobieren wollten. Dafür erschuf Gott außerhalb Seiner Lichtwelt neue Welten, in welche diese »gefallenen Engel« versetzt wurden. Eine dieser Welten ist die der Menschen, in der die dorthin »gefallenen Engel« als Seelen immer wieder neue physische Körper annehmen. Diese Welt ist eine Welt der *Trennung*, wo wir nur auf der Seelenebene, also unbewusst, miteinander verbunden sind, aber auf der Egoebene (also rational bewusst) die Trennung *ad extremum* ausleben. Die allerübelste Auswirkung davon ist Gewalt, Mord, Krieg … und wer das nach wie vor lebt, hat noch einen langen Weg vor sich! Trennung zu leben bringt den Tod – des Körpers –, den wir immer wieder erleben müssen, bis wir die Illusion der Trennung endlich überwinden.

2. Hat das Inkarnieren irgendwann ein Ende?

Es wird der Reinkarnationslehre manchmal vorgeworfen, sie sei ein *ewiger* Kreislauf. Das stimmt aber nicht.

Sinn der Reinkarnation ist, dass sich die Seele durch die Erfahrungen, die sie macht, und die Lektionen, die sie bekommt (oder eigentlich: sich sucht), immer weiter entwickelt. Es dürfte klar sein, dass Reinkarnation für diese Seele nicht mehr benötigt wird, wenn ihre Entwicklung einen bestimmten Punkt erreicht hat. Dann kehrt sie durch andere Welten (in der gnostisch-christlichen Darstellung: »Engelhierarchien«) stufenweise – wie auf der Jakobsleiter – in die göttliche Welt zurück, aus der sie kam.

Welche Voraussetzungen müssen erfüllt sein, damit man nicht wieder inkarnieren muss? Wie wir gesehen haben, sind es zumindest zwei Voraussetzungen: (1) dass wir endlich die Liebe verstehen und *leben,* so dass (zumindest für uns selbst) die *Trennung* zwischen Menschen (und Seelen) aufhört, und (2) dass keine Seele mehr übrig ist, mit der wir uns noch zu versöhnen haben … um auch dort Trennung aufzuheben! Erst wenn wir die Trennung auf der Körperebene überwunden haben, öffnet sich das Himmelstor für die endgültige Rückkehr der Seele.

3. Wie viele Inkarnationen muss man durchlaufen?

Das wird sehr unterschiedlich sein. Einige (wenige) Seelen gehen rasch vorwärts und brauchen nur wenige Inkarnationen. Die meisten aber machen Umwege und brauchen Hunderte von Inkarnationen. Viele machen sogar mehrere und längere Umwege und brauchen noch mehr Inkarnationen. Aber am Ende wird jede Seele erlöst werden. Es ist nur eine Frage der Zeit.

Nur ganz wenige hohe Wesen, die zum Wohle der Menschheit auf dieser Ebene inkarnieren, müssen nicht wiederkommen – es sei denn, dass sie es wollen. Jesus ist wohl das größte Beispiel. Er *muss* sicher nicht wiederkommen, aber wir hoffen, dass er es doch tut.

4. Ist das Inkarnieren überhaupt wünschenswert?

Wohl eher nicht. Nun sind wir aber in diese »Seelenschule« eingetreten und müssen sie zu Ende bringen ... Wenn wir die Voraussetzungen erfüllen, um das Examen an dieser Schule zu bestehen, können wir den Weg abkürzen.

Es gibt aber auch Seelen, die freiwillig inkarnieren. Sie kommen wieder, um Lehrer für die Menschen zu werden, um ihnen zu helfen und ihnen einen guten Weg (von mehreren möglichen) zu zeigen. Die Tibeter nennen sie *Tulkus*. Sie müssen manchmal auch Leid auf sich nehmen (nicht aus karmischen Gründen, sondern wegen dem Übel in unserer Welt), was sie dann ebenfalls freiwillig tun. Das freiwillige Inkarnieren bringt aber die Gefahr mit sich, selbst zurückzufallen. Man kann in dieser Welt dazu verführt werden, egoistisch zu handeln, indem man zum Beispiel seine Macht missbraucht. Dann wird man zurückgestuft.

5. Wie kommt die Seele in einen neuen Körper?

Man kann in evozierten Rückerinnerungen nicht nur frühere Leben wieder erleben, sondern ebenso die Zeiten zwischen den Inkarnationen. Damit kann man auch den Eintritt in einen neuen Körper erfahren.

Die Seele hält sich normalerweise auf einer anderen Existenzebene auf, die wie eine Lichtwelt wahrgenommen wird, weil Strukturen dort wie aus Licht bestehend erscheinen. Irgendwann kommt dann die Zeit für eine neue Verkörperung. Ich vermute, dass jene Welt eher im Randbereich der göttlichen Lichtwelt liegt, weil es ja für die Seele noch nicht Zeit ist, darin zu bleiben.

Manchmal geschieht das neue Inkarnieren ziemlich unvorbereitet. Man erlebt (in jener Lichtwelt) etwas, das mit einem Sog verglichen werden kann, als würde man in einen Strudel gezogen. Ist man da hindurch gegangen, befindet man sich schon bei der nächsten Mutter. Manchmal aber wird man darauf vorbereitet. Man begegnet dann einer Lichtgestalt, die sagt, es sei nun Zeit für eine neue Verkörperung. In gewissen Fällen hat man eine Wahl, aber nicht immer: Man kann an einen bestimmten Ort oder an einen anderen gehen.

Es sieht so aus, als falle das, was ähnlich wie ein Sog erlebt wird, oft mit dem Moment der Befruchtung zusammen, aber das ist nicht immer so. Die Seele kann auch ein wenig später ankommen, in ungewöhnlichen Fällen sogar vorher, weil sie zu diesen Eltern will oder soll. Ich hatte einmal eine Klientin, die erlebte, zu ihren Eltern gekommen zu sein, bevor eine Zeugung stattgefunden hatte. Sie wollte unbedingt zu diesen Eltern und war zunächst enttäuscht, weil ja »noch nichts geschah«. Und als es dann geschah, war sie glücklich. Kommt eine Seele aber nicht rechtzeitig an, dürfte der gerade entstandene und dann noch ganz kleine Embryo wahrscheinlich eher unbemerkt abgehen.

Am Anfang befindet sich die Seele in der Aura der Mutter. Manchmal wird es auch so beschrieben, als schwebe sie über der Mutter. Sie ist aber bereits mit dem Embryo verbunden. Durch diese Verbindung empfindet sie sich immer mehr als das Kind im Mutterleib. Sie ist wie telepathisch mit der Mutter verbunden und bekommt selbst ihre geheimsten Gedanken und Gefühle mit. Sind diese nicht positiv, sondern eher negativ, entsteht durch das Erlebnis, nicht willkommen zu sein oder gar abgelehnt zu werden, oft das erste Trauma dieses neuen Lebens. Das entscheidende erste Erlebnis ist die Reaktion der Mutter, wenn sie entdeckt, dass sie schwanger ist. Reagiert sie mit Freude und Liebe, ist alles gut. Reagiert sie mit Enttäuschung, Zorn, Angst oder Verzweiflung, wird das Kind (oder dessen Seele) mehr oder weniger traumatisiert. Natürlich ist auch die Reaktion des Vaters wichtig.

Wenn die Mutter nur daran denkt, wie sie das Kind vielleicht loswerden könnte, bekommt das Kind dies mit. Das macht ihm Angst. Noch schlimmer ist der misslungene Versuch einer Abtreibung. Das Kind bleibt dann zwar, trägt aber ein zusätzliches Trauma davon. In einem solchen Fall ist es sehr unwahrscheinlich, dass sich nach der Geburt eine wirklich gute Beziehung zwischen Mutter und Kind entwickelt. Die gelungene Abtreibung verursacht im ersten Moment natürlich ein fast noch größeres Trauma, aber sobald sie vorbei ist, empfindet die Seele eher Erleichterung: Sie muss ja nun doch nicht bei einer Mutter bleiben, die sie nicht haben will. Besser so, denn dadurch kann sie weiterziehen. Ich hatte Fälle, in denen die Person, während sie sich im Mutterleib erlebte, berichtete, dass sie effektiv versuche, sich selbst abzutreiben. Sie wollte körperlich sterben und zum Licht zurück, aus dem sie gekommen war, aber es ging nicht, denn sie wurde ja geboren. Deshalb kann vermutet werden, dass in manchen Fällen von Fehlgeburten die »Selbstabtreibung« der Seele tatsächlich gelungen ist.

Diese Erkenntnisse und Reinkarnation selbst dürfen aber niemals zur Ausrede für eine Abtreibung werden. Das Thema habe ich in einem anderen Buch ausführlich besprochen [1]. (Vgl. *Missbrauch der Reinkarnationslehre* im Anhang.)

6. Hat die Seele dieses Leben gewählt oder musste sie einfach hierher?

Die Seele hat dieses Leben im Grunde gewählt, auch wenn es manchmal nicht so aussehen mag. Im Seelenzustand zwischen zwei Leben haben wir immer noch unser Ego, aber es hat bei Weitem nicht die gleiche Macht über uns wie in einer Verkörperung. Wir befinden uns da in einem erweiterten Bewusstsein, in dem wir uns auch des Teils von uns bewusst sind, den wir das »höhere Selbst« nennen – die höchste Ebene unseres spirituellen Wesens, das höchste Geistige im Menschen. Auf der Ebene des höheren Selbst wählen wir ein Pensum für die neue Inkarnation, weil wir verstehen, dass wir jene Erfahrung unserer Entwicklung zuliebe machen müssen. Ich vergleiche es gern mit dem Vater, der seinen Sohn zur Schule schickt. Der Sohn mag nicht, aber er muss. Der Vater aber weiß, dass »nichts aus ihm wird«, wenn er nicht zur Schule geht. Der

Sohn entspricht in diesem Gleichnis unserem Ego, der Vater unserem höheren Selbst.

Unser eigenes höheres Selbst, eben die höchste geistige Ebene in uns, kann in manchen Fällen eine ziemlich unangenehme Lektion wählen. Diese wird uns also nicht etwa »aufgebrummt«, sondern *wir haben sie tatsächlich selbst gewählt.* Wir sind schon vor dem Eintritt in den Mutterleib *damit einverstanden,* auch wenn wir uns dies im neuen Leben nicht gut vorstellen können. Es scheint, als widerfahre uns nichts, ohne dass wir einmal unser Einverständnis dazu gegeben haben. Es ist aber durchaus so, dass wir es von der Perspektive der Lichtwelt aus anders sehen, als wenn wir hier unten angekommen sind. Von »dort oben« gesehen haben wir eher das Gefühl: »Okay, das ist zwar nicht schön, aber es wird schon gehen. Ich verstehe ja, dass ich eine solche Lektion brauche.« Hier unten fällt es uns oft deutlich schwerer, dies einzusehen. Wenn wir aber nach dem Tod wieder im Seelenzustand sind und »das Fazit vor Augen haben«, erkennen wir: »Ach ja, deshalb! Dann ist es gut so, und nun ist es ja überstanden.«

7. Könnte man auch als Tier wiedergeboren werden?

Östliche Lehren behaupten, dass wir sehr wohl und auch meistens als Tier oder gar als Pflanze wiedergeboren werden. Sie meinen sogar, wenn wir gerade die relativ seltene Gelegenheit haben, Mensch zu sein, sollten wir sie gut nutzen. Rückerinnerungen zeichnen hier aber ein ganz anderes Bild.

Demnach scheint es zwar möglich zu sein, eine Inkarnation als Tier zu erleben – doch bleibt das die Ausnahme. Ich habe viele tausend Rückführungen gemacht, und es gab nur in zwei bis drei Fällen solche Erlebnisse. In einem Fall erlebte sich eine Frau als weiblichen schwarzen Panther in Afrika. Nach einer Liebesgeschichte mit einem männlichen Panther hatte sie sechs Junge, für die sie auf die Jagd ging. Eines Tages geriet sie in eine Falle. Sie wurde herausgeholt und in einen Käfig gesteckt, der in einer Art Zoo stand. Dort weigerte sie sich zu fressen und zu trinken, denn sie wollte lieber sterben als so zu leben. Sie starb auch und erlebte dabei, wie eine Art Ei aus ihrem Maul rollte, das aufbrach und aus dem ihre Seele emporstieg.

In den Rückführungen, die ich mache und lehre, verwende ich eine Technik, mit welcher der Klient ein direktes Gespräch mit seinem unbewussten Ich (oder seiner Seele) führen kann. Das unbewusste Ich zeigt sich dabei in einer symbolischen Gestalt, die wir »Helfer« (oder »Helferin«) nennen. Diese Frau traf ihren Helfer, und ich forderte sie auf zu fragen, ob sie tatsächlich jener Panther gewesen sei (es hätte ja auch symbolisch sein können). Die Antwort war ja. Ich fuhr fort: »Fragen Sie ihn, warum Sie jene Erfahrung machen sollten.« Sie antwortete, sie sei im Leben davor ein gelehrter Mann gewesen – ganz im rationalen Verstand und völlig kopflastig. Von Intuition und Gefühlen habe er gar nichts gehalten. Danach habe sie es nötig gehabt, ein Leben zu führen, in dem es keinen rationalen Verstand gab, sondern nur Instinkt, Intuition und Gefühle. Das hört sich sehr einleuchtend an. Es gibt gar nicht wenige Menschen, besonders in der Wissenschaft (auch der theologischen …), denen eine solche Erfahrung sicher gut täte.

Es wird behauptet, dass wir vor unserer Menschwerdung Tiere waren und noch früher Pflanzen. Solche Erlebnisse sollen sowohl bei Rückführungen als auch zum Beispiel bei LSD-Experimenten, die forschungshalber von Stanislaf Grof durchgeführt worden waren, aufgetaucht sein, jedenfalls berichtet die Literatur davon. Was ist davon zu halten?

In der nicht-hypnotischen Technik, die ich verwende, wird die erste Inkarnation normalerweise als Mensch erlebt. Gehen wir dann zurück in die Zeit vor der ersten Inkarnation, erlebt sich der Klient meistens als Wesenheit ohne physischen Körper, die auch noch nie einen solchen besaß. Er weiß, dass er inkarnieren soll, und findet dies oft spannend. Nach der ersten Inkarnation ist es aber nicht mehr spannend. Er hat keine große Lust, wieder zu inkarnieren, aber nun ist er bereits »in der Schule eingeschrieben« und muss weitermachen. Auf die Frage »Wo kommst du her?« antworten alle: »Aus einem großen Licht.« Ich hatte nur ganz wenige Fälle, in denen es so aussah, als sei die Person vor dem ersten Menschsein ein Tier gewesen. Wieso ist das bei manchen anderen Vorgehensweisen anders? Darauf habe ich folgende hypothetische Antwort.

Ich vermute, dass man *zwei* Linien zurückverfolgen kann – die einer biologischen Geschichte, die eher mit der Entwicklung des *körperlichen* Seins zu tun hat und schon in einfacheren Lebensformen begann, und die Linie einer *seelische Entwicklung,* die woanders begann und erst mit dem Körperlichen verbunden wurde, als die Seele das erste Mal inkarnierte. Und das scheint normalerweise in einem menschlichen Körper gewesen zu sein. Auch das stimmt mit dem gnostisch-christlichen Weltbild überein.

8. Haben Tiere ebenfalls eine Seele?

Das wissen wir nicht. In der esoterischen Literatur wird manchmal behauptet, Tiere hätten Anteile an einer Gruppenseele. Es scheint, wie erwähnt, in seltenen Fällen möglich zu sein, dass eine menschliche Seele eine vorübergehende Erfahrung in einem Tierkörper macht. Der oben geschilderte Fall dürfte jedoch speziell gelagert sein, da es sich hier tatsächlich um eine individuelle Seele in einem Tierkörper handelte, wahrscheinlich ausnahmsweise. Es ist wohl nicht zu erwarten, dass ein Tier bewusst und dennoch mehr oder weniger instinktiv beschließt zu sterben (wie es in jenem Fall war). Bei einem Tier, das ausnahmsweise eine menschliche Seele hat, wäre dies schon eher vorstellbar.

9. Wechselt man mit der Inkarnation auch das Geschlecht?

Das kommt sogar oft vor, und zwar aus verschiedenen Gründen. Das Karma mag hier entscheidend sein, wenn nämlich die Erfahrung, die man machen will, eher als Angehöriger des einen Geschlechts möglich ist. Dem patriarchalischen Macho tut es sicher gut, sich als Frau zu erfahren, und der Männer hassenden Emanze kann es nicht schaden, eine Erfahrung als Mann zu haben ... Ein Entwicklungsziel ist natürlich auch, zu begreifen, dass beide Geschlechter gleichwertig sind.

Ich glaube aber: Wer besonders gern Frau beziehungsweise Mann ist, hat eine größere Chance, mit dem erwünschten Geschlecht geboren zu werden, sofern keine karmischen Gründe dagegen sprechen.

10. Wie verlässt die Seele den Körper?

Im Moment des Sterbens gleitet die Seele aus dem Körper (oder besser: das Bewusstsein erlischt im Körper und geht ganz auf die Seele über) und man erlebt sich außerhalb des eigenen Körpers. Das wird in der Regel wie ein Schwebezustand erfahren. Normalerweise fühlt man sich freier und leichter, als man sich je im Körper gefühlt hat, aber dieses Gefühl setzt manchmal erst ein wenig später ein. Es kommt vor, dass zunächst eine Verbindung zwischen dem Körper und der Seele bestehen bleibt (die sogenannte »Silberschnur«). In einem solchen Fall kann man noch körperliche Empfindungen haben (zum Beispiel Schmerzen, sofern man solche im sterbenden Körper hatte), wenn auch nicht mehr so stark. Nach einer gewissen Zeit – meistens Minuten, manchmal Stunden, selten Tage – reißt die Schnur, und die Seele hat sich endgültig vom Körper gelöst. Dann hat man keine Körpergefühle mehr.

Wenn eine derartige Verbindung noch besteht, kann es aber auch geschehen, dass sie nicht reißt. In dem Fall zieht sie die Seele wieder in den Körper (selbst wenn die Seele dies nicht mag). Dann war es noch nicht der wirkliche Tod, sondern ein Zustand, in dem der Betreffende »vorübergehend klinisch tot« war. Vielleicht verlässt die Seele den Körper nach einigen Minuten oder ein paar Stunden endgültig, oder die Person lebt weiter und stirbt erst Jahre später. Extrem seltene aber schreckliche Erlebnisse sind solche, in denen der Körper schon aufgebahrt ist oder gar im Sarg liegt, wenn die Seele zurückkommt. Es wird berichtet, dass Totengräber beim Öffnen alter Gräber das Skelett manchmal so vorfinden, als habe sich der Körper gedreht oder versucht, den Sargdeckel aufzudrücken. Solche überaus traumatisierenden Erlebnisse am Ende eines früheren Lebens können in Ausnahmefällen auch während einer Rückführung auftauchen.

11. Und wenn es Reinkarnation nicht gibt …?

Wenn es Reinkarnation nicht gibt, was steht uns dann bevor? Dann bleiben wohl nur der Himmel oder die ewige Verdammnis übrig. Die Unbarmherzigkeit und Ungerechtigkeit dieser Auffassung wurden bereits oben besprochen. Sie steht in krassem Widerspruch zu Gottes Liebe. So, wie es in der Welt aussieht, ist es wohl offensichtlich, dass die meisten Seelen der Verdammnis anheimfallen würden, ob in der Hölle oder durch Vernichtung. Wenn sie in eine Hölle gingen, hätten wir am Ende eine Riesenhölle und einen vergleichsweise kleinen Himmel mit einer »Handvoll« Seelen. Da wäre die Schöpfung doch eindeutig gescheitert. Würden sie aber alle vernichtet, blieben nur sehr wenige Seelen übrig. Wozu dann das Ganze, wenn es mit einem solchen Riesenausschuss derart »unproduktiv« wäre?

12. Wie kann man Erinnerungen aus der Vergangenheit wachrufen?

Zunächst ist erforscht und mehrfach belegt, dass man vergessene Erinnerungen aus dem heutigen Leben wieder wachrufen kann: Erinnerungen aus der frühesten Kindheit und auch verdrängte Erinnerungen an Ereignisse des späteren Lebens. Das kann zum Beispiel unter Hypnose geschehen. Manchmal werden Erinnerungen aber auch durch äußere Auslöser geweckt und kommen dann mehr oder weniger spontan wieder ins Bewusstsein.

In der Psychologie, vor allem in der Psychoanalyse, ist man oft bestrebt, die Erinnerung an traumatische Kindheitserlebnisse wachzurufen, sofern man die Ursache eines Problems dort vermutet. Die Erinnerung kann in einem solchen Fall natürlich unangenehm sein, ist aber auch heilsam. Verdrängen wir etwas, sind wir nicht etwa frei davon, es liegt lediglich tief im unbewussten Ich verborgen. Wir tragen es also mit uns herum, wenn auch verborgen. Aus seinem Versteck heraus hat es dann oft einen umso stärkeren heimlichen Einfluss auf unsere Gefühle, unsere Reaktionen und unser Verhalten. Deshalb ist das Verdrängen, so menschlich es sein mag, tatsächlich eine Form von Selbstbetrug – eine Lebenslüge, die (eher unbewusst) vermeintlich ein Selbstschutz ist, uns in Wahrheit aber nur noch mehr Probleme verursacht.

Sigmund Freud, inspiriert von Erlebnissen mit hypnotisierenden Ärzten in Frankreich, erkannte darin eine Möglichkeit zur Heilung psychischer Probleme. Deshalb führte er eine Zeit lang hypnotische Rückführungen durch, wenn auch nicht in frühere Leben, sondern in traumatische vergessene Situationen des heutigen Lebens. Dieses Vorgehen brachte ihm jedoch keinen großen Erfolg. Daher gab er es auf, um stattdessen einen neuen Weg zu erarbeiten: die freie Assoziation. Die Zielsetzung war immer noch, dass sich der Klient allmählich von selbst an vergessene frühere Ereignisse aus seinem heutigen Leben erinnern sollte. Daraus entstand die Psychoanalyse, deren Effektivität heute allerdings von vielen in Frage gestellt wird [2, 3].

Weshalb hatte Freud keinen Erfolg mit der hypnotischen Rückführung? Ich denke, er hat nicht erkannt, welche Bedeutung das erneute Erleben der traumatisierenden Gefühle in den vergessenen Situationen hat und dass das wirklich Befreiende, die Katharsis, darin liegt, jene Gefühlsenergien *aufzulösen*. Und wie soll man etwas wirklich auflösen können, wenn man es nicht erst (meistens in abgemilderter Form) wiedererlebt, so dass man auch weiß, *was* man da auflöst?

Schon im 19. Jahrhundert zeigte sich bei Versuchen mit Hypnose das merkwürdige Phänomen, dass sich die hypnotisierte Person in manchen Fällen so verhielt, als sei sie eine andere Person als heute – aus einer früheren Zeit, oft aus einem anderen Land, manchmal auch vom anderen Geschlecht. Das Phänomen wurde als *hypnotische Halluzination* bezeichnet, weil man sonst keine für die Wissenschaft passende Erklärung fand. Einige wenige wagten sich daran, es unter einer anderen Hypothese zu untersuchen: Reinkarnation [4].

Daraus entwickelte sich allmählich das Verfahren der Rückführung unter Hypnose. In den Sechzigerjahren des 20. Jahrhunderts entdeckte man dann, dass es auch ohne Hypnose geht, und es entstanden nicht-hypnotische Methoden. Man entdeckte außerdem, dass solche Rückführungserlebnisse einen entscheidenden Beitrag zur Lösung persönlicher Probleme leisten können. Auf diese Weise entwickelte sich die sogenannte Reinkarnationstherapie. Diese Bezeichnung ist aber nicht ganz zutreffend, da eine therapeutische Rückführung keineswegs nur in Vorleben führt, sondern sehr oft auch in die Kindheit des heutigen Lebens und sogar in die Pränatalzeit im Mutterleib. Die Geschichte der Rückführung habe ich in meinem Buch *Reinkarnationstherapie* [4] ausführlicher beschrieben. Heute werden die meisten Rückführungen ohne Hypnose durchgeführt.

13. Handelt es sich bei dem, was während einer Rückführung hochkommt, immer um Erinnerungen aus der Vergangenheit?

Nicht immer. Es tauchen auch symbolische Erlebnisse auf und etwas, was ich als »Ausweichfantasie« bezeichnen möchte.

Ein Symbolerlebnis ist eine Art von Traum, der während der Rückführung »geträumt« wird und dessen symbolische Bedeutung ausgewertet werden kann, was dann unter Umständen ebenfalls zur Problemlösung beiträgt.

Eine »Ausweichfantasie« kann auftauchen, wenn man die Vergangenheit unbewusst nicht so sehen möchte, wie sie wirklich war. Man »schönt« die Geschichte und macht etwas anderes daraus, das einem besser passt. Auf diese Weise schwindelt man sich, unbewusst natürlich, an der Problemlösung vorbei, etwa nach dem Motto: »Wenn ich erst das wissen muss, verzichte ich lieber auf die Lösung meines Problems.« Das Problem zu behalten scheint uns in dem Moment einfacher zu sein, als die Wahrheit zu erkennen.

Darüber hinaus ist es durchaus denkbar, dass die Person in manchen Fällen – aber längst nicht so häufig, wie die Gegner es gern hätten – unbewusst etwas konstruiert, zum Beispiel auf der Basis von Kryptomnesie. Das wird man in solchen Fällen daran merken, dass es zu keinen echt erscheinenden Gefühlserlebnissen kommt und das Erlebte kaum zur Problemlösung beiträgt. So etwas kann den Charakter einer »Ausweichfantasie« haben oder auch durch Leistungsdruck hervorgerufen sein. Im letzteren Fall ist es entweder ein äußerer Leistungsdruck, der entsteht, weil sich die Person gedrängt fühlt, »etwas zu liefern«, oder ein Leistungsdruck, den sie sich selbst macht, weil sie unbedingt etwas erleben will. Manche Klienten strengen sich besonders an, weil sie denken, man müsse sich »richtig konzentrieren«, um sich ein inneres Bild vorzustellen. Dabei geht es gar nicht darum, sich etwas vorzustellen und sich zu konzentrieren. Im Gegenteil: Es geht darum, loszulassen und zuzulassen, dass etwas ganz von selbst kommt. Man kann ein solches Erlebnis nicht erzwingen, man kann es nur zulassen.

Ob die »materiellen« Daten eines Rückführungserlebnisses überprüfbar sind oder nicht, ist zwar eine Frage, aber keineswegs die wichtigste. Für die therapeutische Rückführung spielt sie überhaupt keine wesentliche Rolle. Hier geht es nämlich eher darum, zu einem Erlebnis zu kommen, das sozusagen »seelisch« echt ist – so echt, dass man den Eindruck hat, als erlebe die Person wirklich etwas wieder, was ihr einmal geschehen ist. Ein Kriterium dafür ist, dass dabei echte Gefühle erlebt werden (die, wenn sie negativ sind, auch *aufgelöst* werden müssen). Ob sich das, was erlebt wurde, nun in China oder in Japan abgespielt hat, in London oder in New York, im 16. oder im 14. Jahrhundert, ist im therapeutischen Zusammenhang uninteressant.

14. Ist es sinnvoll, ein Rückführungserlebnis aus reiner Neugier anzustreben?

Im Prinzip nicht. Die Erfahrung zeigt jedoch, dass so mancher, der meint, ein solches Erlebnis aus reiner Neugier erleben zu wollen, in Erinnerungen gerät, die mit seinen heutigen Problemen zu tun haben. Gibt es einen Menschen ganz ohne Probleme? Ich glaube nicht. Ein solcher Mensch müsste wohl nicht inkarnieren. Es gibt aber nicht wenige Menschen, die ihre Probleme nicht wahrhaben wollen oder für die manches gar kein Problem ist, selbst wenn die Umwelt es als Problem erlebt. Manche wollen auch nicht über ihre Probleme sprechen, sondern behaupten einfach, sie kämen aus Neugier. Es sieht so aus, als nutze in solchen Fällen das höhere Selbst der Person die Gelegenheit, etwas hochkommen zu lassen, das die Person nicht erwartet hat, so dass sie sich am Ende doch mit einem Problem auseinandersetzen muss, das sie vorher nicht wahrhaben wollte.

15. Was kann man mit einer Rückführungstherapie erreichen?

Probleme, um die es hier meistens geht, sind: Ängste, Phobien, Handlungs- und Reaktionsmuster, Beziehungsprobleme, Minderwertigkeitskomplexe, fehlendes Selbstvertrauen, Versagensängste, Existenzängste, das Gefühl, nicht gut genug zu sein, Verschlossenheit anderen gegenüber (so dass die Liebe nicht fließen kann), Traumatisierung in der Kindheit (das Vorgehen hat sich zum Beispiel bei sexuellem Missbrauch sehr gut bewährt), unklare und eher unbewusste Schuldgefühle (man meint dann oft, man sei an allem selbst schuld), aber auch körperliche und gesundheitliche Probleme, die eher psychosomatisch bedingt sind.

In bestimmten Fällen entdeckt man auch, dass der Klient von einer fremden Seele oder gar einer Wesenheit belästigt wird. Nicht alle, die Rückführungen machen, sind bereit, mit den letztgenannten Fällen umzugehen. Wer es aber ist und weiß, wie man es macht, kann den Klienten durchaus von einem solchen Einfluss befreien [4-6].

16. Löst man dann Karma auf?

Man kann Karma nicht einfach auflösen. Wohl aber kann man die *Nachwirkungen* karmisch bedingter Erlebnisse auflösen (die noch da sind, sozusagen als Nebenwirkungen der damaligen karmischen Lektion). Man kann auch zu der Erkenntnis gelangen, dass man nun die Lektion schon gehabt hat, sie als solche annehmen darf und daher keine weiteren Lektionen mehr braucht. Was als genug empfunden wurde, kann endgültig abgeschlossen werden.

Es kommt auch vor, dass eine Rückführung nicht gelingt. Der Grund ist dann in der Regel, dass die betreffende Person zu sehr im rationalen Verstand bleibt, zu »kopflastig« ist. Vielleicht ist die Zeit für diese Person aber auch einfach noch nicht reif. Sie steckt vielleicht mitten in einer Lektion, die erst noch zu Ende gelernt werden muss. Doch auch wenn wir in einigen Rückführungen keine richtige Erklärung für das Problem finden, gelingt es oft, Kontakt mit dem unbewussten Ich aufzunehmen. Dann kommt manchmal eine Antwort wie: »Es ist noch zu früh. Du musst erst durch die heutige Situation hindurch.«

17. Kann es auch gefährlich sein, sich zu erinnern?

In manchen Fällen können höchst unangenehme Erinnerungen auftauchen, und wenn es um die Lösung eines persönlichen Problems geht, ist dies sogar sehr wahrscheinlich. Sofern das Problem seine wesentliche Ursache in der Vergangenheit hat, wird das damit verbundene Erlebnis sicher nicht besonders angenehm sein. Schöne Erlebnisse verursachen ja keine Probleme. Die Ursache wird also in einem mehr oder weniger traumatischen Erlebnis liegen, in dem »Urtrauma« des Problems.

Man hat bestimmt nicht deshalb Höhenangst, weil man ein herrliches Leben in den Bergen geführt hat und dort immer wieder die Aussicht bewunderte. Vielmehr wird die Angst vermutlich daher kommen, dass man einmal hinuntergefallen ist. Doch im erneuten Erleben jenes »Urtraumas« der Höhenangst liegt auch der Schlüssel zur Befreiung davon. Der Weg dorthin ist, sich zunächst bewusst zu machen, was damals geschah, und dann die damals entstandenen (und noch heute im unbewussten Ich getragenen) traumatisierenden Gefühlsenergien aufzulösen.

Letzteres erfordert den richtigen Umgang mit der Rückführung. Es scheint jedoch leider, als verstünden sich manche Rückführenden darauf nicht genug. Wenn derartige Gefühle auftreten und nicht aufgelöst werden, kann die Folge sein, dass der Betreffende noch lange nach der Rückführung unangenehme Gefühle mit sich herumschleppt. Besonders schlimm ist es, wenn jemand nach einer Rückführung starke Schuldgefühle hat, weil er sich als Täter erlebt hat. In einem solchen Fall hat der Rückführende den großen Fehler gemacht, diese Schuldgefühle zu übersehen oder zu belassen, weil er sie nicht aufzulösen versteht. So etwas soll leider vorkommen. Dann ist aber nicht die Rückführung an sich gefährlich, sondern die Unerfahrenheit des Rückführenden.

Es kann allerdings auch vorkommen, dass sich der Klient unbewusst gegen das Auflösen der unangenehmen Gefühle sträubt und es durch seinen unterschwelligen Widerstand verhindert. Zwar gibt es Methoden, solche Widerstände zu überwinden, aber in ungewöhnlichen Fällen kann es vorkommen, dass sie nicht greifen. Sigmund Freud hat sich viel mit den Widerständen seiner Klienten befasst, die auftreten, weil irgendetwas im Betreffenden krank bleiben will. Seiner Meinung nach besteht ein wesentlicher Teil der Arbeit eines Therapeuten darin, die Widerstände des Klienten zu überwinden. Das ist bei Rückführungen in vielen Fällen genauso.

Ein anderes Thema ist die Erstverschlimmerung. Falls man trotz intensiver Bemühungen nicht richtig an die Ursache des Problems herankommt, sondern sie nur streift (meistens, weil der unbewusste Widerstand zu groß ist), kann es vorkommen, dass das Problem anschließend als größer erlebt wird denn zuvor. Es bleibt aber nicht so, sondern nach einer oder höchstens zwei Wochen ist alles wieder beim alten, weshalb dies kein Grund zur Sorge ist. Das Phänomen ist analog zur Erstverschlimmerung in der Homöopathie, wo es positiv gedeutet wird. Es zeigt im letzteren Fall nämlich, dass man das richtige Mittel gefunden hat. Die Symptome werden zunächst stärker und klingen dann ab. Im Rückführungsfall ist dieses Phänomen ebenfalls eher positiv zu sehen, denn es bedeutet, dass man der richtigen Ursache auf die Spur gekommen ist. Doch weil man an die damals entstandenen negativen Gefühle leider noch nicht richtig herankam und sie demnach nicht aufgelöst werden konnten, ist in einem solchem Fall eine weitere Rückführungssitzung ratsam.

Aus der Vergangenheit sind einige wenige Fälle bekannt, in denen es nach *hypnotischen* Rückführungen zu anhaltenden Problemen kam. Daher werden Rückführungen heute zum größten Teil nicht-hypnotisch durchgeführt. In frühen hypnotischen Rückführungen wurde manchmal der große Fehler gemacht, den Klienten rasch aus einem traumatischen Erlebnis herauszuholen (man riss ihn sozusagen fast mit allen Gefühlen aus der Situation), statt ihn zügig durch die Situation hindurchzuführen. Starke Gefühlsäußerungen – die in hypnotischen Rückführungen wesentlich stärker nach außen treten als in nicht-hypnotischen – machten den Rückführenden Angst, und sie konnten nicht damit umgehen. Heute weiß man es besser.

Wenn der Rückführende viel Erfahrung besitzt und gewissenhaft vorgeht, ist die Rückführung keineswegs gefährlich. Ich möchte an dieser Stelle jedoch hinzufügen, dass die einzige wirkliche Kontraindikation darin besteht, dass der Klient ein psychiatrisches Problem hat. Allerdings ist es sogar in solchen Fällen möglich, mit einer Rückführung zu helfen, wenngleich das sehr viel Erfahrung vom Therapeuten verlangt! (Diese Kontraindikation ist also im Grunde nur bedingt und hängt von Erfahrung und Fähigkeit des Rückführenden ab.)

18. Worauf muss man bei einer Rückführungstherapie achten?

Man sollte bereit sein, alles anzunehmen, was da kommt. Wer schon bewusst die Einstellung hat, dass er manche Dinge gar nicht wissen will, braucht ein solches Erlebnis nicht erst zu suchen. Man darf auch nicht erwarten, dass der Rückführende alles für einen tut, denn eine Rückführung beruht auf *Zusammenarbeit*. Außerdem sollte man unterlassen, etwas zu *machen*, sich etwas vorzustellen oder sich zu konzentrieren. Stattdessen sollte man den Kopf und sich selbst möglichst loslassen und sich dem hingeben, was ganz von selbst kommt. Wichtig ist überdies, Zweifel beiseite zu lassen und das, was hochkommt, nicht schon in der Rückführung analysieren und auswerten zu wollen. Gegen das Auswerten an sich ist natürlich nichts zu sagen, nur sollte es nicht *jetzt*, sondern später erfolgen (weil man erst dann alles überblicken kann, was da kam), denn sonst gehen die Bilder, Eindrücke und Gefühle leicht schon in der Rückführung verloren, und dann hat man nicht mehr viel auszuwerten.

19. Wie findet man einen Rückführenden, zu dem man Vertrauen haben kann?

Ein erfahrener Rückführender, bei dem man gleich ein gutes Gefühl hat, ist auf jeden Fall wünschenswert. Andererseits muss jeder irgendwann anfangen und sich seine Erfahrungen erst erarbeiten (dann erwartet man eben entsprechend weniger). Macht die Person einen vertrauenerweckenden, liebevollen, hilfsbereiten, seriösen und ehrlichen Eindruck und scheint sie nicht vorrangig am Geld interessiert zu sein, sind das jedenfalls sehr positive Kriterien.

Eine gutes Kriterium ist auch, wie viel der Betreffende für eine Rückführung berechnet. Wer einen angemessenen Betrag verlangt (was angemessen ist, ist natürlich von den lokalen Gegebenheiten abhängig und wird erst recht von einem Land zum anderen unterschiedlich sein) und nicht zu sehr darauf aus ist, gleich mehrere Rückführungen mit der Person machen zu dürfen, die jedes Mal extra berechnet werden, dürfte so weit in Ordnung sein. (Während ich dies schreibe, erfahre ich von einem Rückführenden, der für drei Stunden umgerechnet etwa 800 € verlangte. Das ist wirklich *zu viel* und im Vorfeld nicht gerade geeignet, Vertrauen zu erwecken.)

Ein Problem kann in *einer* Rückführung, die allerdings vier Stunden und länger dauern dürfte, oft hinreichend geklärt werden. Eine ganze Reihe kurzer Rückführungen halte ich für weniger sinnvoll. Dann braucht ja jede neue Rückführung einen wesentlichen Teil der (verrechneten) Zeit, um überhaupt erst wieder in das Erlebnis hineinzukommen.

Referenzen

1. Jan Erik Sigdell: *Durch den Tod ins Leben*, Ansata, München 2007, Kapitel 8.
2. Catherine Meyer und Mitverfasser: *Le Livre Noir de la Psychanalyse. Vivre, Penser et aller mieux sans Freud* (»Schwarzbuch Psychoanalyse. Ohne Freud besser leben, denken und sich fühlen«), Les Arènes, Paris 2005.
3. Karin Obholzer: *Gespräche mit dem Wolfsmann: Eine Psychoanalyse und die Folgen*, Rowohlt, Reinbek 1980.
4. Jan Erik Sigdell: *Reinkarnationstherapie*, Heyne, München, 2005. Diese inzwischen vergriffene Ausgabe ist, erweitert und verbessert, unter dem neuen und treffenderen Titel *Emotionale Befreiung durch Rückführung* beim AMRA Verlag in Vorbereitung.
5. http://www.christliche-reinkarnation.com/AttSoulsD.htm.
6. Jan Erik Sigdell: *Unsichtbare Einflüsse*, Amra, Hanau 2012.

Anhang

»Es wird niemals enden.
Unser Bewusstsein, unsere Seele, lebt weiter.«
Brian L. Weiss

»Wir wissen, dass unsere Seele eine
energetische Essenz ist. Und so ist der Tod
nicht das Ende von allem.«
Gregg Braden

»Wie einfach, wie elegant – das ganze System,
das Leben, alles.
Machen wir es doch gleich noch mal.«
Neale Donald Walsch

Der Tod und die Seele

Ein Vortrag in München am 6. August 2014

Es geht hier um das, was nach unserem Tod folgen mag. Also fangen wir mit dem Tod an. Es gibt verschiedene Glaubensvorstellungen darüber. Unsere Kirchen geben enttäuschend wenig Auskunft. Manche Religionen und Philosophien haben da mehr zu sagen. Es gibt auch empirische Aussagen, die aber nach den vorherrschenden Kriterien größtenteils als »unwissenschaftlich« abgetan werden.

Die hauptsächlichen Auffassungen sind:

- Mit dem Tod ist alles aus. Dann hört das Ich auf zu existieren. (Die materialistische Auffassung.)
- Nach dem Tod gerät das Ich in eine Art von Schlafzustand, bis es in der Auferstehung erwacht und vor das Letzte Gericht gestellt wird, beziehungsweise es wird durch Raum und Zeit zum Letzten Gericht »gebeamt«. (Etwas unterschiedliche Auffassungen der heutigen christlichen Theologie.)
- Mit dem Tod erlischt auch das Ich, aber es wird in der Auferstehung wiederhergestellt. (Jehovas Zeugen.) Das wäre eher eine Kopie vom ehemaligen Ich ...
- Nach dem Tod geht das Ich für immer in eine andere, »immaterielle« Existenzform über, und dort geht es irgendwie weiter.
- Nach dem Tod und einem Dasein in einer anderen Existenzform geht das Ich in einen neuen Mutterleib ein und wird wieder verkörpert.

Was ist dann das Ich? Man könnte es auch Seele nennen, aber was ist dann die Seele? Hierzu gibt es verschiedene Auffassungen. Für die Wissenschaft ist nach ihrem derzeitigen Weltbild die Seele ein Zustand und ein Prozess im Nervensystem, ohne das es kein Ich geben kann. Wo sollte es denn sein können, wenn das Gehirn nicht mehr funktioniert? Diese Frage stößt an die Grenzen der derzeitigen Wissenschaft, die in einem dreidimensional materialistischen Weltbild verankert ist. Aber stimmt dieses Weltbild wirklich, oder ist es unvollständig?

Mehrdimensionales Universum

Die heutige Physik erkennt zwar zögerlich, aber dennoch an, dass das Universum mehr als drei Dimensionen haben muss, selbst wenn wir sie nicht wahrnehmen können. Verschiedene Phänomene und Beobachtungen führen dazu, die sich sonst schwer erklären lassen. Zum Beispiel in der mathematischen Physik, wo man mit komplizierten Gleichungen zu tun hat. Dazu gehören partielle Differenzialgleichungen, die man mit verschiedenen Methoden zu lösen versucht. Manchmal geht das nicht ohne Weiteres auf. Ein mathematischer Trick dabei ist, etwas einzuführen, das man Freiheitsgrad nennt. Dann gehen manche Lösungen doch auf. Der Begriff Freiheitsgrad hat oft den Charakter einer weiteren Dimension, aber man hat es lange nicht gerne so sehen wollen. Heute kommt man schwer an dieser Tatsache vorbei.

Warum nehmen wir dann höhere Dimensionen nicht wahr? Weil unsere materiellen Wahrnehmungsorgane verkrüppelt sind ... Wir sehen nur ein kleines Segment des elektromagnetischen Spektrums und hören nur Töne in einem stark eingeschränkten Bereich. Würden unsere Augen weit in den infraroten und ultravioletten Bereich hinein sehen können, wie würden wir die Welt auffassen? Und wenn wir Ultraschall hören könnten? Manche Tiere können da mehr als wir. Wir verhalten uns allzu leicht wie der Blindgeborene, der mit Begriffen wie Farben und Formen, die er nicht betasten kann, große Mühe hat. Der Physiker hat allerdings komplizierte Geräte, die den Wahrnehmungsbereich krückenartig erweitern, und wird manches zugeben müssen, das die meisten von uns schwerlich für wahr halten wollen.

Wie viele Dimensionen gibt es denn? Verschiedene physikalische Modelle rechnen da mit unterschiedlichen Zahlen. Zunächst nimmt man an, dass die vierte Dimension die Zeit sei. Doch nach neueren wissenschaftlichen Erkenntnissen ist sie mehr als das. Aufgrund der archaischen Weltbilder gehe ich davon aus – aber das ist nur eine Hypothese –, dass es 12 Dimensionen geben könnte. Ich erkläre später, warum. Sind dann lediglich »unsere« drei mit Lebensformen irgendwelcher Art bevölkert oder die anderen Dimensionen ebenfalls? Wenn es dort Formen von Leben gibt, würden wir sie nicht wahrnehmen können, außer ihr Dasein umfasst auch den dreidimensionalen Bereich (was vorübergehend der Fall sein könnte).

Und was ist, wenn wir Menschen selbst zu den Letztgenannten gehören? Wenn wir mehr als das sind, was wir mit unseren Sinnesorganen wahrnehmen, nur wissen wir es nicht? Trifft das dann auch für die Seele zu? Gehört zur Seele auch etwas, das in höheren Dimensionen ohne den dreidimensionalen Körper existieren kann? Etwas, das an sich anders wahrnimmt, und erst recht im körperlosen Seelenzustand? In dem Fall könnten wir uns durchaus eine Vorstellung von einem Leben nach dem Tod machen, die unter solchen Hypothesen doch einen wissenschaftlichen Charakter haben kann. Wir müssen nur unser Weltbild ergänzen.

Es gäbe dazu noch viel mehr zu sagen, zum Beispiel könnte man eine Analogie zur nicht-euklidischen Geometrie herstellen, aber das würde hier den Zeitrahmen sprengen.

Angst vor dem Tod

Warum haben Menschen Angst vor dem Tod? Erstens, weil sie nicht wissen, was dann geschieht, zweitens, weil sie den Sterbeprozess fürchten, der unter Umständen körperlich oder auch psychisch erschreckend oder gar schmerzhaft sein könnte (aber es längst nicht immer ist). Das ist verständlich. Jedoch haben meistens auch Menschen Angst vor dem Tod, die vom materialistischen Weltbild fest überzeugt sind. Das ist bemerkenswert unlogisch. Wenn ich mit dem Tod des Körpers aufhören würde zu existieren, dann gäbe es doch überhaupt nichts, was zu fürchten wäre. Wenn wir meinen, dass nachher nichts mehr ist, was fürchten wir dann noch? Vielleicht fürchten wir uns dann deshalb, weil in uns eine leise Ahnung davon ist, dass es irgendwie weitergeht. Irgendetwas in uns weiß, was unser rationaler Verstand nicht glauben will …

Zu den wichtigen empirischen Aussagen in diesem Zusammenhang gehören Nahtoderlebnisse, in denen Menschen erlebten, wie sie den Körper vorübergehend verließen. Forscher wie Raymond Moody und Elisabeth Kübler-Ross wurden oft belächelt, weil sie sich mit solchem »Unsinn« befassten, und die Schulwissenschaft hat angestrengte psychologische Erklärungsmodelle aufgestellt, die darauf hinauslaufen, dass es sich um traumartige Fantasien im sterbensnahen Gehirn handeln würde. Das halte ich für den größeren Unsinn, weil sehr viele Tatsachen dagegen sprechen, beispielsweise Wahrnehmungen im außerkörperlichen Zustand, die unmöglich durch körperliche Sinnesorgane zustande kommen konnten, sich aber doch als wahr erwiesen.

Es gibt heute sicher Hunderttausende von Menschen, die Nahtoderlebnisse hatten, aber viele von ihnen sprechen nicht darüber, weil sie befürchten, nicht ernst genommen zu werden. Andere haben nach dem Aufwachen im Körper das Erlebnis bald wieder vergessen, oder sie halten es selbst für Unsinn. Eines ist aber auffallend: die Reproduzierbarkeit! Die meisten Erlebnisse ähneln sich im Wesentlichen sehr. In der Wissenschaft nimmt man die Reproduzierbarkeit eines Phänomens normalerweise als Indiz dafür, dass es wahr sein dürfte oder zumindest sein könnte – selbst wenn man es noch nicht hinreichend erklären kann. Hier jedoch nicht! Was nicht wahr sein *darf, kann* eben nicht wahr sein. Und warum *darf* es nicht wahr sein? Weil wir sonst unser lieb gewordenes Weltbild ändern müssten. Wir müssten eingestehen, dass wir in manchen Dingen Unrecht hatten, und wer tut das schon gerne? Wenn man seine Karriere auf einer Tätigkeit im Einklang mit diesem Weltbild aufgebaut hat, will man seinen Elfenbeinturm dann etwa eigenhändig niederreißen? So wenig, wie man jenen Konkurrenten ein »gefundenes Fressen« bieten will, die auf den eigenen Posten aus sind oder wegen des damit verbundene Ansehens in akademischen Kreisen intrigieren.

Andere empirische Aussagen über das Leben nach dem Tod bieten sogenannte Rückführungen. Sie führen in – sagen wir es zunächst einmal so – hypothetische frühere Leben zurück, aber auch in (oft vergessene) Kindheitserlebnisse in diesem Leben sowie in die vorgeburtliche Zeit im Mutterleib. Es gibt heute sehr viele Angebote für ein Rückführungserlebnis, die mehr oder auch weniger seriös sind, von erfahrenen und teilweise weniger erfahrenen Begleitern. Als erfahrener Rückführungsbegleiter rate ich Ihnen: Wenn es irgendwie nach Geschäft aussieht, lassen Sie es bleiben. Wenn Sie aber ein gutes Gefühl bei dem Anbieter haben, können Sie eine interessante Erfahrung machen. (Auf die sogenannte Rückführungstherapie komme ich noch zu sprechen.)

Bei solchen Rückführungen erlebt man auch seinen Tod im früheren Leben wieder – nennen wir es zunächst ein hypothetisches früheres Leben. Dabei wird die wissenschaftliche Forderung nach Reproduzierbarkeit durchaus eingelöst, denn meistens ähneln die wiedererlebten früheren Sterbeerfahrungen einander, weisen sogar Ähnlichkeiten mit den erwähnten Nahtoderlebnissen auf. Dies ist ein weiteres Indiz dafür (wenn auch kein Beweis), dass das Erlebnis – wenigstens in den meisten Fällen – wohl nicht nur bloße Fantasie ist. Außerdem erkennen manche Menschen, die Nahtoderlebnisse haben, dabei spontan, dass sie früher bereits gelebt haben. Nicht selten wird ihnen in jenem Zustand auch die Existenz von Reinkarnation bewusst.

Eine Vielzahl von Rückführungserlebnissen wurde durch Nachforschungen bestätigt. Die Person, als die man sich in der Rückführung erlebte, hat es also gegeben, sogar an jenem Ort, an dem man sich erlebte. Die heutige Person erkannte viele Dinge an jenem Ort wieder, selbst solche, die inzwischen nicht mehr dort sind, es aber nachweislich früher einmal waren. Solche Bestätigungen sind wiederum Indizien für die Wahrheit des Erlebten. Sind sie auch Beweise? Je nachdem, wie stark das Indiz ist, kann es in manchen Fällen einem Beweis nahekommen. Nur legen Skeptiker dann gerne die Messlatte höher, um das nicht zugeben zu müssen.

Was nach dem Tod erlebt wird

In Rückführungen erinnern sich Menschen daran, wie sie früher gestorben sind. Auch hier gibt es die erwähnte Reproduzierbarkeit, weil sie es meistens auf vergleichbare Weise erleben. Diese Erlebnisse haben, wie gesagt, Ähnlichkeit mit Nahtoderlebnissen. Die Betreffenden verlassen den Körper und befinden sich in einem Schwebezustand, in dem sie den toten Körper vor sich sehen (sofern er nicht vernichtet ist). Sie können auf die Verkörperung zurückblicken und haben einen Überblick über sie. Irgendwann – ziemlich bald, oder auch erst nach Tagen oder Wochen (selten länger) – gehen die meisten dann lichtwärts, denn sie nehmen eine helle Dimension wahr, die wir Lichtwelt nennen, und fühlen, dass sie am Besten dorthin gehen sollten. Manchmal werden sie auch dorthin begleitet, und auf dem Weg ins Licht findet allmählich eine Art Bewusstseinserweiterung statt.

In der Verkörperung ist unser rationales Ich vom unbewussten Ich ziemlich abgeschnitten. Diese Trennung hört dann auf, und man hat ein stark erweitertes Bewusstsein, in dem man manches in der vorausgehenden Verkörperung anders sieht als zu der Zeit, als man noch darin war. In der Lichtwelt fühlen die Menschen sich außerordentlich wohl, begegnen Seelen wieder, die sie gekannt haben, werten die vergangene Verkörperung aus und wählen eine neue Verkörperung anhand von dem, was sie offensichtlich dazuzulernen haben.

Nur selten wagt eine Seele es nicht, nach dem Austritt aus dem Körper ins Licht zu gehen. Sie befindet sich dann zunächst immer noch in einem Bewusstsein ähnlich wie in der Verkörperung (die genannte Bewusstseinserweiterung hat noch nicht stattgefunden). Sie traut sich manchmal einfach nicht zu, ins Licht zu gehen. Solche Seelen hängen sich gerne an Menschen, das heißt an bereits beseelte Körper, wie eine Art von »Besetzung«. (Vgl. hierzu meine Taschenbuch-Abhandlung *Unsichtbare Einflüsse*, ebenfalls erschienen im Amra Verlag.)

In sehr ungewöhnlichen Fällen kommen auch andere Erlebnisse vor, etwa wenn jemand voller Hass auf einen Mörder stirbt, wobei solche Hassgefühle eine Art Verdunkelung bewirken.

234

Die Seele

Hier können wir die Seelenfrage wieder aufgreifen. Wie spielt die Seele in das Prinzip der Reinkarnation hinein? Wenn jemand sich als Embryo im Frühstadium der Schwangerschaft erlebt, wendet man gerne ein, dass es noch kein entwickeltes Nervensystem gab, und meint, dass deshalb Wahrnehmungen und Gefühle – und auch die Erinnerung daran – unmöglich seien. Doch das ist wieder eine sehr materialistische, körperliche Betrachtungsweise.

Wenn es eine überdimensionale Seele gibt, die also nicht nur in den uns vertrauten drei Dimensionen gelagert ist, wird sie diese Erfahrungen von dort mitgebracht haben. Sie erinnert sich dann nämlich ebenso an frühere Verkörperungen wie an dazwischen liegende unverkörperte Existenzen. Sonst wäre eine solche Erinnerung nicht möglich. Es ist diese Seele, die wahrnimmt und fühlt.

Die Seele hat demnach ein eigenes Gedächtnis. Das zeigt sich auch darin, dass in Todesnähe manchmal vom Ablaufen eines Lebensfilms berichtet wird, oft dann, wenn der klinische Tod bereits stattgefunden hat, aber die Person durch medizinische Intervention wieder ins körperliche Leben zurückgeholt wurde. Dazu will ich folgende Hypothese aufstellen:

Nehmen wir zum Vergleich einen Computer. Er hat eine große Festplatte und einen begrenzten RAM-Speicher, in dem Rechenprozesse ablaufen. Fahren wir den Computer herunter, muss der Inhalt im RAM-Speicher auf die Festplatte übertragen werden, sonst geht er verloren. Es geschieht also beim Herunterfahren ein rascher Übertragungsprozess, bevor der Computer abschaltet. Entsprechend sind in der Verkörperung große Mengen von mehr oder weniger wichtigen Daten im Nervensystem gespeichert, manche gleichzeitig auch im Seelengedächtnis, aber nicht alle. Im Sterbeprozess, beim »Herunterfahren« des Körpers, müssen Letztere dann auf das Seelengedächtnis übertragen werden, damit sie nicht verloren gehen. Das Gehirn funktioniert hier wie ein RAM-Speicher und die Seele wie eine sehr große Festplatte ...

Dieser »Lebensfilm« wird allerdings meistens nicht in Rückführungen erlebt, *weil ja jene Übertragung bereits damals geschehen* ist und sich deshalb nicht in der Rückführung wiederholt. Es wäre dann auch zu bemerken, dass die Kapazität der Seele offensichtlich sehr viel größer sein wird als die des Gehirns, obwohl das Letztere es ständig besser zu wissen meint – ein Konflikt, der zu manchen Problemen und unter Umständen sogar Krankheitszuständen führen kann …

Seelenerinnerung und Reinkarnation

Das führt zu der Hypothese, dass wir *zwei* unbewusste Ichs haben oder zwei Ebenen eines Ichs: eine »Abstellkammer« im Nervensystem für Dinge, die nicht mehr aktuell sind oder an die wir uns einfach nicht gerne erinnern wollen, und das Seelengedächtnis, das ja in der Verkörperung eher unbewusst ist. Erinnerungen der ersten Art treten leichter wieder hervor, zum Beispiel auf externe Anregung hin. Erinnerungen in der Seele liegen tiefer begraben, und es bedarf meistens mehr, um an sie heranzukommen – vor allem muss das rationale Denken genügend ruhiggestellt sein, da es sich sonst gerne in den Weg stellt. An im Nervensystem gespeicherte Erinnerungen können wir manchmal auch »rational« herankommen, an diejenigen in der Seele nicht, denn da blockiert die »Ratio« eher den Zugang.

Sucht man eine Erinnerung im rationalen Denken, wird man sie meistens so nicht finden, es sei denn, sie liegt einigermaßen dicht unter der Oberfläche in der ersten Art von unbewusstem Ich. Liegt sie tiefer, sucht das rationale Ich meistens an der Sache vorbei, denn wenn es etwa um eine vollkommen verdrängte Kindheitserinnerung geht oder erst recht um ein Dasein vor der Geburt, weiß ja das rationale Ich gar nicht, was es suchen soll und wo. Die Ratio kann nur mit dem umgehen, was sie kennt, und kennt sie es gar nicht mehr, wo soll sie dann suchen? Der einzige Weg besteht darin, dass sie zurücksteigt und ohne allzu viel einzugreifen beobachtet, was dann hervorkommen mag, sich von dem sicher höchst Unerwarteten überraschen lässt. Auch Vorstellungen führen kaum zum Ziel, denn was ist, wenn es um etwas geht, das man sich nie vorstellen würde? – Ich hoffe damit einigermaßen erklärt zu haben, weshalb der rationale Verstand ein wesentliches Hindernis für Rückführungserlebnisse ist. Darum hat man solche auch zunächst in hypnotischen Zuständen hervorzurufen versucht. Heute gibt es nicht-hypnotische Methoden, die grob geschätzt in ungefähr 90 Prozent der Fälle gelingen. Zu den 10 Prozent, die nicht das erste Mal zum Erlebnis kommen (es mag allerdings beim zweiten oder dritten Versuch gelingen), gehören vor allem die sogenannten »Kopflastigen« ...

Das Nachprüfen des Erlebnisses ist meistens gar nicht so einfach. Ob man wirklich vor 200 Jahren Schuhmacher in Kairo war, wie soll man das nachprüfen können? In der Mehrheit der Fälle erlebt man sich mehr oder weniger als »ganz gewöhnlicher Mensch«, der kaum Spuren in der Geschichte hinterlassen hat. Aber hin und wieder kommt es zu Erlebnissen, die ohne allzu großen Aufwand nachprüfbar sind – auch wenn man in manchen Fällen dazu eine weite Reise unternehmen und dort zeitraubend in alten Archiven suchen muss. Das ist heute in so vielen Fällen geschehen, dass ich mich persönlich kaum mehr dafür interessiere (einige wenige Klienten von mir haben es getan und mir das auch mitgeteilt, vielleicht gibt es mehr, die es mir nicht mitgeteilt haben). Mir geht es bei Rückführungen an erster Stelle um die Hilfeleistung an Mitmenschen, um ihre Probleme lösen zu können. Das gehört dann zur Rückführungstherapie, auf die ich noch zurückkommen werde. Außerdem genügt dem Zweifler und Skeptiker in dieser Sache nie ein Beweis. Keiner ist gut genug. Man sucht immer Einwände aller Art und legt die Latte nur höher. Menschen dieser Kategorie werden warten müssen, bis sie selbst »auf der anderen Seite« sind ...

Wenn wir nun diese Erlebnisse zumindest hypothetisch als oft gültige Aussagen annehmen, tritt eine empirische Erkenntnis darüber hervor, warum wir reinkarnieren – und über gewisse Gesetzmäßigkeiten der Reinkarnation. Es zeichnet sich nämlich das Bild einer Art von Schule für die Seele ab, die sich durch die Erfahrungen entwickeln soll. Das primäre Entwicklungsziel ist, die uneingeschränkte Liebe zum Mitmenschen zu erreichen. Das bedeutet, dass uns ausnahmslos alle Mitmenschen gleichwertig sind, auch wenn sie auf unterschiedlichen Stufen der Seelenentwicklung stehen. Es bedeutet außerdem, dass wir unseren Mitmenschen wohlwollend gegenübertreten, ebenso wie uns selbst. Unser Ego soll sich nicht über andere erheben, sondern Gerechtigkeit üben. Keine Vorurteile. Kein Mensch ist weniger wert als ein anderer, selbst wenn er ein Betrüger oder Verbrecher sein sollte. Ich *ver*urteile nicht (aber *be*urteilen ist manchmal notwendig).

Unsere Mitmenschen und die Gesellschaft müssen natürlich gegen Verbrechen geschützt werden, keine Frage. Auch ist sehr oft ein Ausgleich gegenüber dem Opfer berechtigt, aber ich suche für Übeltaten weder Vergeltung noch Rache. Ein bedauerndes Verständnis für den Verbrecher wäre eigentlich eine logische Folge davon, dass wir verstanden haben, wie jemand zum Verbrecher wurde. Wenn wir seine Kindheitssituation kennen, erlangen wir meistens ein solches Verständnis. Verbrecher haben in vielen Fällen (vielleicht sogar in allen) eine traumatisierend lieblose und sehr oft auch gewalttätige Kindheit hinter sich.

Karma

Wir begegnen in diesem Bild dem Prinzip von Karma, das wir von östlichen Lehren her kennen, aber eigentlich ebenso aus der Bibel, die gleich an mehreren Stellen erklärt: »Was du anderen tust, wird auch dir getan werden.« Nicht als Strafe, sondern als Lektion, weil erst dadurch die Seele des Menschen so richtig versteht, *was* sie eigentlich getan hat, und dass sie so etwas *nie wieder* tun will. Sie erfährt dann an sich, wie durch sie andere gelitten haben.

Nun mag man vielleicht einwenden: »Wie soll man dadurch lernen, wenn man nicht mehr weiß, warum? Wir haben ja vergessen, was wir in einem früheren Leben taten!« Doch, wie schon gesagt, es ist nur der rationale Verstand in der neuen Verkörperung, der es nicht weiß. Die uns in der aktuellen Inkarnation unbewusste Seele weiß es sehr wohl und zieht erst nach dem Tod Bilanz: »Jetzt erinnere ich mich, weshalb mir das geschehen ist. Ich habe ja anderen Ähnliches angetan. Dann ist es gut so, es hat sollen sein. Ich habe es gelernt.« Die Seele hat dann oft etwas getan, was der Verstand nie tun würde: eine entsprechende Lektion tatsächlich *gesucht*.

Aus dem bisher Gesagten sollte deutlich werden, dass ich *nicht* der Körper mit seinem Verstand bin! Ich bin vielmehr die *Seele,* die durch diesen Körper handelt, erlebt, fühlt und lernt.

Man kann empirisch einige Faustregeln für das Karma aufstellen:

1. Wenn du bestimmte Menschen verachtest, abwertest oder erniedrigst, wirst du wahrscheinlich selbst so ein Mensch werden. Dann wirst du verstehen lernen, dass auch solche Menschen gleichwertig sind. So werden etwa Rassisten, die Schwarze verachten, nicht selten als Farbige wiedergeboren. Eine Frau, die durch widerliche Umstände zur Prostitution genötigt wurde, hatte in einem früheren Leben solche Frauen verachtet und ihre Verachtung gewalttätig gezeigt. Dadurch wurde ihr bewusst, dass auch solche Frauen Menschen sind … Soldaten, die im Krieg fallen, werden oft auf der anderen Seite der Front wiedergeboren. Sie werden zu jenen, die sie für Feinde hielten, um begreifen zu lernen, dass es in Wahrheit keine Feinde gibt. Feindschaft ist Taktik, Politik, Egoismus und eine menschliche Erfindung. Man kann es auch so formulieren: »Wo du in mitmenschlicher Liebe versagt hast, dort musst du selbst hin«, oder: »Du wirst eines Tages das sein, was du heute hasst.« Dort haben wir etwas nachzuholen, nämlich begreifen zu lernen, was wir vorher nicht begreifen wollten.

2. Opfer und Täter kommen wieder zusammen. Unsere Seelen müssen sich miteinander versöhnen, und zwar auf dem Boden, wo der Konflikt entstanden ist, nämlich im verkörperten Zustand. Unsere Seelen erkennen sich, unser Verstand aber nicht. Dadurch ziehen wir uns gegenseitig an oder geraten schicksalsmäßig wieder aneinander. Es gibt um uns herum immer

einige Menschen, mit deren Seelen wir schon früher einmal zusammen waren. Nun finden wir uns wieder – einige, weil wir Freunde waren, uns sogar liebten, andere, weil wir Feinde waren, um uns auf Seelenebene miteinander zu versöhnen. Das ist auch in Partnerschaften nicht selten so, oder zwischen Eltern und Kindern … Wen man liebt, dem darf man wieder begegnen, wen man hasst, dem *muss* man wieder begegnen …

3. Was ich mir unrechtmäßig genommen habe, muss ich zurückgeben. Es geht da weniger um materielle Werte, als zum Beispiel um Freiheit oder gar das Leben. Derjenige, den ich einmal tötete, ist manchmal heute mein Kind. Ich musste dann jener Seele das körperliche Leben wiedergeben, das ich ihr nahm.

4. Karma ist aber nicht unausweichlich. Zwar behaupten östliche Lehren das oft, doch in unserer westlichen Empirie sieht es etwas anders aus. Wir Menschen kennen meistens nur Rechtfertigungen und Ausreden für das, was wir getan haben. Wer bis in den Tod hinein nicht einsehen will, Unrecht getan zu haben, wird um das entsprechende Karma nicht herumkommen. Es geht hier um das bekannte Prinzip: »Wer nicht verstehen will, muss fühlen« – nämlich die Gefühle jener, denen er etwas angetan hat. Wer aber vor seinem Tod zu Einsicht und Reue kommt und weiß, dass er so etwas nie wieder tun will, muss kein diesbezügliches Karma abtragen. Er begreift es ja schon, und die karmische Lektion erübrigt sich. Es ist jedoch möglich, dass seine Seele wegen Schuldgefühlen doch ein eigentlich unnötiges Erlebnis sucht. Deshalb ist es in der Rückführungstherapie wichtig, alte Schuldgefühle in der Seele aufzulösen, die heute unbewusst sind. In den meisten Fällen kann man das aus der Einsicht heraus tun, dass man die Lektion gelernt hat. Die Schuldgefühle haben dann ihren Dienst bereits getan.

Ist Reinkarnation ein ewiger Kreislauf? Das hätte wohl wenig Sinn! Irgendwann wird man ausgelernt haben und muss dann nicht mehr in einen dreidimensionalen Körper gehen, sondern kann auf einer anderen Ebene bleiben. Was braucht es dafür?

Wohl zunächst, dass zwei Kriterien erfüllt sind, aber es mag mehr geben: dass ich endlich die undiskriminierende Liebe lebe und die Egohürde dagegen überwunden habe, und dass ich mich mit keiner weiteren Seele versöhnen muss.

Wie kam es zu Rückführungen?

Die Möglichkeit zur Rückführung und das entsprechende Vorgehen wurden bereits im 19. Jahrhundert entdeckt und experimentell untersucht. Bei verschiedenen Arbeiten und Experimenten mit Hypnose fand man heraus, dass die hypnotisierte Person sich manchmal eigenartig verhielt, als wäre sie eine ganz andere Person in einer anderen Zeit, meistens auch in einem anderen Land – gelegentlich sogar vom anderen Geschlecht. Da man das nach dem aktuellen Weltbild schlecht erklären konnte, tat man es meistens als hypnotische Halluzination oder etwas Ähnliches ab. Einige Wenige nahmen das Phänomen allerdings ernst und befassten sich näher damit.

Der Erste, der uns heute noch bekannt ist, war ein russischer Prinz namens Galizin (vermutlich Nikolai Borisovich Galitzin oder Golytsin, 1794-1866), in Hessen wohnhaft. Er wollte im Jahr 1862 mit einer ungebildeten hessischen Frau, die kein Wort Französisch sprach, ein hypnotisches Experiment durchführen. Zum Erstaunen der Anwesenden fing sie unter Hypnose an, fließend Französisch zu sprechen, und erklärte, weshalb ihr aktuelles Leben so ärmlich war. Sie sagte, sie sei im Jahrhundert davor, also im 18. Jahrhundert, eine Französisch sprechende Adelsdame gewesen, die einfache und ärmliche Menschen verachtete. Deshalb sei es nun nötig, dass sie selbst ein Leben unter solchen Umständen erfuhr. Da sie sagte, wo sie gelebt hatte, konnte der Prinz die Geschichte nachprüfen, und sie stimmte. In diesem Fall hatte es sich um eine zufällige Rückführung gehandelt, denn der Prinz hatte nicht die Absicht gehabt, sie in ein früheres Leben zu versetzen, es war alles spontan gewesen. Der Erste, der absichtlich unter Hypnose eine Rückführung in ein früheres Leben vornahm, war der Spanier José María Fernández Colavida (1819-1888), der etliche Experimente dieser Art durchführte. Seine

Idee griff später der französische Offizier Albert de Rochas d'Aiglun (1837-1914) auf, der ebenfalls sehr viele hypnotische Rückführungen leitete, worüber er in seinem 1911 erschienenen Buch *Les vies successives* ausführlich berichtete.

Seither haben eine ganze Reihe weiterer Personen derartige Versuche unternommen. Genannt sei hier ein schwedischer Pionier, Dr. John Björkhem (1910-1963) [1], der dieses hypnotische Phänomen eingehend studierte und es in seiner philosophischen Habilitationsschrift *De hypnotiska hallucinationerna* (»Die hypnotischen Halluzinationen«, 1942) erwähnte, allerdings ließ er die Erklärung offen. Unter den Pionieren war auch Asa Roy Martin (1887-1949) [2], der sehr interessante Rückführungen durchführte und das wohl erste amerikanische Buch zum Thema schrieb: *Researches in Reincarnation and Beyond* (Eigenverlag Sharon PA, 1942). Ein Meilenstein von historischer Bedeutung bot Morey Bernstein (1919-1999) mit dem spektakulären Fall der Bridey Murphy, niedergelegt in *The Search for Bridey Murphy* (seit 1956 immer wieder neu aufgelegt, deutsche Übersetzung: *Protokoll einer Wiedergeburt*). Seit seinem Erscheinen hat dieses Buch zweifellos viele Menschen zu derartigen Versuchen inspiriert, denn anschließend führten in wachsender Zahl immer mehr Personen überall in der westlichen Welt Rückführungen durch. Damit kam also praktisch eine Lawine ins Rollen … Es entwickelten sich auch nicht-hypnotische Methoden der Rückführung, die heute zum üblicheren Verfahren gehören.

Rückführungstherapie

Bei solchen Versuchen machte man eine wichtige Entdeckung. Man beobachtete wiederholt, dass es den Menschen anschließend besser ging. Sie hatten zum Beispiel bestimmte Probleme nicht mehr, nachdem sie eine traumatische Ursache davon in einem Vorleben durchlebt hatten. Sie konnten sich so von den Nachwirkungen jenes »Urtraumas« lösen – und damit löste sich das Problem. Aufgrund derartiger Beobachtungen fing man an, Rückführungen mit Problemlösung als Ziel durchzuführen, woraus die sogenannte

Reinkarnationstherapie entstand. Sie sollte allerdings besser Rückführungstherapie oder Regressionstherapie genannt werden, weil die Ursache (oder eine der Ursachen) eines Problems auch in der Kindheit des aktuellen Lebens oder in der Zeit im Mutterleib zu finden sein kann. Eine Rückführung führt nicht immer zwangsläufig in frühere Leben zurück, sondern auch – und manchmal nur – an den Anfang des heutigen Lebens.

Nehmen wir als einfaches Beispiel (es ist oft komplexer) einen Fall von Höhenangst. Die betreffende Person erlebt sich in den Alpen und wie sie in einem Streit mit einer anderen Person vom Berg gestoßen wird und in den Tod stürzt. Sie soll nun diese Gefühle wiedererleben: Wut, Angst, Panik, ein jäher Schmerz, und es ist vorbei. Der nächste Schritt besteht dann darin, diese negativen Gefühlsenergien wieder aufzulösen, die wie Narben in der Seele sind, wozu es bestimmte Techniken gibt. Danach können wir erwarten, dass die betreffende Person keine Höhenangst mehr hat, es sei denn, es gäbe noch eine weitere Ursache, die aufzuklären sein würde.

Es ist ja logisch, dass die Ursache der Höhenangst in einem mehr oder weniger traumatischen Erlebnis zu finden sein wird, denn schöne Erlebnisse verursachen wohl kaum Probleme ... Allerdings muss hier betont werden, wie unerlässlich es ist, auch immer die jeweiligen Gefühle in der vergangenen Erfahrung wiedererleben zu lassen. Hat man sie nicht wiedererlebt, weiß man ja nicht, *was* man da auflösen soll. Man muss sie allerdings nicht so intensiv wiedererleben, wie sie damals waren. Es geht eher darum zu wissen, welche Gefühle man dabei überhaupt hatte. Erlebt man die Gefühle nicht, sondern sieht ziemlich teilnahmslos das Erlebnis vor sich, als bloßer Beobachter, hat man eine *Erklärung* des Problems, aber die Lösung meistens so schnell nicht, denn die Seelennarben im unbewussten Seelengedächtnis sind damit noch nicht geheilt.

Erweiterung der Psychoanalyse

Im Prinzip gleicht die Rückführungstherapie also der Psychoanalyse, nur stellt man keine Grenze bei der Geburt auf, sondern lässt offen, dass die Ursache auch davor liegen kann. Einen großen Unterschied gibt es allerdings, denn um Gefühlserlebnisse schleicht die Psychoanalyse herum wie eine Katze um den heißen Brei … weshalb der Weg zur Lösung auch wesentlich länger ist.

Dabei hat Sigmund (Shlomo Sigismund) Freud zunächst selbst hypnotische Rückführungen durchgeführt, obwohl nur in frühere Abschnitte des heutigen Lebens, nie in ein Vorleben. Seine Arbeitshypothese war die bereits erwähnte: Hat das Problem eine Ursache in der Vergangenheit, die verdrängt ist, kann es sich lösen, wenn der Patient sich wieder daran erinnert. Nur hatte er damit keinen Erfolg und änderte sein Vorgehen. Er entwickelte die Psychoanalyse durch freie Assoziation, die im Prinzip das gleiche Ziel verfolgt. Aber auch damit war sein Erfolg geringer als von ihm behauptet, was in mehreren entlarvenden Publikationen gezeigt wird. Zu den wichtigsten gehört meiner Meinung nach das französische Buch *Le Livre Noir de la Psychanalyse* mit Beiträgen vieler Personen, herausgegeben von Catherine Meyer [3]. Ein weiteres entlarvendes Buch ist *Gespräche mit dem Wolfsmann* von Karin Obholzer [4], eine österreichische Journalistin, die den »Wolfsmann«, einen »Paradepatienten« Freuds, aufgespürt und interviewt hat. Jener Patient berichtet bitter darüber, dass Freud ihm gar nicht geholfen habe …

Warum hatte Freud keinen Erfolg mit seinen Rückführungen? *Weil er das Wiedererleben der Gefühle sorgfältig vermied und es dazu nicht kommen ließ.* Aus dem gleichen Grund war sein Erfolg mit der Psychoanalyse auch bei Weitem nicht so groß, wie er behauptete, die erwähnten Bücher (und ein paar weitere) zeigen es. Leider sah sein Verfahren oft wie folgt aus: Kam er mit einem Patienten nicht weiter, hat er ihn als »geheilt« entlassen …

Die Rückführungstherapie lässt sich also durchaus auch als Ergänzung und Erweiterung der Psychoanalyse betrachten, nur eben zeitlich in die Vergangenheit hinein.

Ganz nebenbei deckt sie noch zwei Merkmale für Reinkarnation auf: 1) Gefühle werden deutlich erlebt, was bei einem Fantasieerlebnis unwahrscheinlich wäre, und 2) der Heileffekt des Erlebnisses. Wäre das Erlebnis reine Fantasie, wie könnte es dann heilen? Es ist allerdings in gewissen Fällen nicht ganz auszuschließen, dass es sich um eine Art Symboldrama handelt. Ein solches hat jedoch eher einen geringeren Wirklichkeitscharakter.

Reinkarnation und die Religionen

Es ist ziemlich offensichtlich, dass eigentlich jede alte Religion und Kultur eine Reinkarnationsvorstellung hatte. Einige haben sie jetzt nicht mehr. Die kirchliche Theologie behauptet zum Beispiel das Gegenteil und will glauben machen, dass diese Vorstellung in Indien entstanden sei und sich von dort aus verbreitet habe. Das ist aber nicht möglich, weil Inkas und andere große Indianervölker sowie Eskimos, Wikinger, Kelten, afrikanische und polynesische Völker, australische Aborigines und so weiter ebenfalls Reinkarnationsvorstellungen hatten, wenn auch in etwas abgewandelter Form, und viele davon hatten keine Kontakte mit Indien ... Die Wahrheit ist, dass das Wissen über Reinkarnation in Indien überlebt hat, aber aus manchen anderen Kulturen verschwunden ist, vor allem durch die kirchliche Mission. Dieses Wissen scheint eher ein *Urwissen* der Menschheit zu sein.

Im Judentum etwa gibt es heute noch viele, die an Reinkarnation glauben, und in alten Zeiten waren es wahrscheinlich erheblich mehr. Die Kabbalah erwähnt Wiedergeburt und sogar biblische Texte deuten sie an. Es ist einzig eine Frage von Deutung und freier Übersetzung. Eine ganze Reihe von Bibelstellen können auch anders übersetzt werden als so, wie es das Dogma vorschreibt, und da scheint oft Reinkarnation zwischen den Zeilen durch. Selbst im Neuen Testament. Hat Jesus Reinkarnation gelehrt? Stellen erwähnter Art im Neuen Testament deuten diese Möglichkeit an. Übrigens gibt es auch im Islam reinkarnationsgläubige Gruppen – die Aleviten, Vesiden, Drusen und zumindest früher einmal auch die Kurden.

Das Urchristentum ist das gnostische Christentum. Es entstand aus dem inneren Kreis um Jesus, wo er offensichtlich vieles sagte, was er öffentlich (also im äußeren Kreis) nicht erwähnte. Das gnostische Christentum gab es schon vor Paulus. Die gnostischen Urchristen wurden sogar von Saulus verfolgt, bevor er zu Paulus wurde. Das anschließend entstandene paulinische Christentum ist also nicht das ursprüngliche, sondern eine politisch motivierte Abwandlung. Gewisse politische Kräfte wollten es anders als Jesus und ließen ihn für seine ursprüngliche Lehre töten, um diese dann durch eine »zurechtgelegte« zu ersetzen. Das mündete letzten Endes in die Gründung der Kirche durch Kaiser Konstantin im Konzil von Nizäa im Jahr 325, bei dem den gnostischen Christen verboten wurde, ihre Lehre darzustellen. Später hielt man sie für Häretiker, und sie verschwanden mitsamt ihren Schriften allmählich von der historischen Bühne. Ihre Schriften wurden aber 1945 in Nag Hammadi in Ägypten wiedergefunden, und sie stehen heute wieder zur Verfügung. Daraus geht zweifelsfrei hervor, dass die Gnostiker auch über Reinkarnation Bescheid wussten. Sie gehört also zum urchristlichen Wissen.

Demnach ist der Glaube an Reinkarnation (oder das Wissen davon ...) nicht etwa *unchristlich*, sondern nur *unkirchlich* ... Heute »reinkarniert« dieser Glaube schon längst wieder in unserer christlich geprägten Kultur.

Wie ist das Wissen um Reinkarnation in die Menschheit gekommen?

Dieses Wissen ist offensichtlich so alt wie die Menschheit, denn wir finden zumindest Ansätze, wenn auch etwas unterschiedliche, in praktisch allen alten Kulturen. Wie kam es dazu?

Zu allen Zeiten haben Menschen darüber nachgesonnen, warum wir hier sind und woher wir kommen. Es hat wohl immer einige wenige Menschen gegeben, die sich *spontan* an eine frühere Existenz erinnerten. Diese gibt es heute noch, und einige haben darüber geschrieben. In alten Kulturen gab es das vielleicht sogar öfter, da man in einer weniger materialistisch verankerten Gesellschaft für solche Dinge offener war, und wer eine solche Erinnerung hatte, konnte darüber frei erzählen. Die Umwelt nahm es einigermaßen ernst. Außerdem gab es Schamanen und die sogenannten »Seher« (in Indien die Rishis), Menschen mit paranormalen Fähigkeiten. In alten Kulturen gehörten meistens die Priester dazu, sie waren darin geschult. Sie erschauten, was nach dem Tod geschieht, und erzählten auch darüber. So kam dieses Wissen in die Menschheit.

Später war es oft nicht ungefährlich, dergleichen zu erzählen, und man verschwieg es – auch aus Angst, nicht ernst genommen zu werden. In der Zeit der Inquisition konnte man dafür in den Folterkeller gelangen … und auch sonst passte dieses Wissen nicht immer in das politische Umfeld, vor allem wenn es kirchlich geprägt war. Es passt grundsätzlich nicht in eine materialistisch geprägte Gesellschaft, sei sie kapitalistisch gewinnorientiert oder kommunistisch machtorientiert. Wenn die Menschen davon nicht wissen, sind sie leichter zu beherrschen, insbesondere mit dem Märchen von ewiger Verdammnis. Dass das ein Märchen ist, ist ja offensichtlich, denn erstens würde ein liebender Gott so etwas nie einrichten, sondern einen bessern Weg, und zweitens stände eine *ewige* Höllenstrafe für »nur« einige Jahrzehnte »Sünde« in krassem Widerspruch zu jedem Rechtsbewusstsein und jeder Vorstellung von Gerechtigkeit. So kann es einfach nicht sein.

Geistige Wesenheiten

Man spricht manchmal von Wesenheiten oder auch »Geistern« oder unsichtbaren Entitäten. Gibt es so etwas? Wenn es, wie oben ausführlich besprochen, eine Seele im Sinne von einem Ich gibt, das im Tod den physischen Körper verlässt und ohne ihn weiterexistiert, wahrnimmt, handelt und *lebt,* dann ist doch eine solche Seele eine *für uns Verkörperte* unsichtbare Entität. Ja, mehr noch: Wir wären folgerichtig selbst solche Entitäten, die das in der Verkörperung lediglich vergessen haben. Wir haben vergessen, dass wir nicht der Körper sind, wir *sind die Seele* und *haben* einen Körper, der allerdings leider unsere Wahrnehmungsfähigkeiten einschränkt. Wenn es so ist: Warum sollte es nicht auch andere Entitäten ähnlicher Art geben, die sich nicht verkörpern?

Die logische Schussfolgerung ist, dass es sie mit großer Wahrscheinlichkeit geben wird. Das ist allerdings ein Thema für sich, das in der Rückführung aktuell werden kann, weil wir *manchmal* entdecken, dass der Klient von solchen Wesenheiten belästigt wird. Zu diesem Thema möchte ich aber auf mein Buch *Unsichtbare Einflüsse* hinweisen, worin ich es ausführlich bespreche.

Das urchristliche Weltbild

Dazu will ich nur das urchristliche Weltbild kurz aufgreifen, wie es Origenes dargestellt hat. Er war nicht direkt ein gnostischer Christ, aber er stand den Gnostikern nahe, die etwa das gleiche Weltbild hatten. Das paulinische und damit auch kirchliche Weltbild ist anders.

Die Welten, die nach jenem Weltbild entstanden, können wie folgt dargestellt werden:

1. DIE GÖTTLICHE LICHTWELT
2-10. Neun (eigentlich 3 x 3) Engelhierarchien (vgl. Dionysios Aeropagita)
11. Die Welt der Menschen
12. Die Welt der Dämonen und Widersacher

Dieses Weltbild hat sich in der praktischen Arbeit mit Rückführungstherapie deutlich bewährt. Das bedeutet aber nicht, dass dieses Weltbild die letzte Wahrheit ist, es »passt« lediglich besser als andere zu dieser konkret erfahrenen *Empirie*.

Was die zwei untersten Ebenen betrifft, können sie höchstwahrscheinlich noch weiter in Unterebenen eingeteilt werden. Es dürfte auf der 12. Ebene verschiedene Typen von dunklen Wesenheiten geben. Ebenso dürfte es auf der 11. Ebene verschiedene Menschenarten geben. Damit meine ich keinesfalls etwa »Rassen« auf unserer Erde, denn sie sind eigentlich nur äußerlich unterschiedlich, aber nach der wahren christlichen Lehre alle gleichwertig! Was ich meine ist, dass es wohl auch im Kosmos außerirdisches menschliches Leben geben dürfte. Viele haben mit dieser Vorstellung Mühe, aber unsere heutige wissenschaftliche Astronomie rechnet damit, dass es da draußen *Trillionen* von Planeten gibt. Die Annahme, dass in dieser enormen Menge von Himmelskörpern nur ein einziger menschliches Leben trüge, wäre naiv und unlogisch, weil die Wahrscheinlichkeit dafür so nahe an null liegt, dass man sie vernachlässigen kann. Es könnte außerdem menschliche Lebensformen geben, die unter Bedingungen leben, unter denen wir nicht lebensfähig wären, und die eine völlig andersartige Physiologie haben. Vgl. Jesus: »Im Haus meines Vaters gibt es viele Wohnungen« (Joh 14,2).

Von hier leitet sich meine anfangs genannte Hypothese ab, dass die Anzahl der Dimensionen im Universum 12 sein könnte.

Warum müssen wir überhaupt durch Verkörperungen gehen?

Es ist möglich, in einer Rückführung zur allerersten Verkörperung als Mensch zurückzugehen und dann noch einen Schritt weiter zurück, zu dem Zustand, bevor man zum ersten Mal inkarnierte. Was dann erlebt wird, hat auch die bereits erwähnte indizträchtige Reproduzierbarkeit, weil die Menschen es ziemlich ähnlich erleben. Wäre es reine Fantasie, wären die Erlebnisse sicher viel unterschiedlicher.

Sie erleben, wie sie vielleicht vor Jahrtausenden aus einer lichtvollen Dimension hierher kamen, um sich zu inkarnieren. Auf die Frage warum kommt die Antwort: um zu wachsen und mit den Erfahrungen zu lernen. Es sieht nach der oben genannten Seelenschule aus. Zwar wird von manchen Kritikern behauptet, dass Reinkarnation, wenn es sie denn gäbe, kein Ende haben könne. Aber wozu eine »Schule«, wenn sie nie fertig wird? Selbstverständlich hat Reinkarnation ein Ende, wonach wir in jene lichtvolle Dimension zurückkehren, *um dort zu bleiben* und nicht noch einmal hinauszugehen – es sei denn, freiwillig.

Dazu dient offensichtlich das Prinzip vom Karma. Wer am eigenen Leib das Unrecht erlebt, das er früher einmal anderen getan hat, erfährt eine lehrreiche *Lektion* – es geht da nicht um Strafe! Das meiste Karma wird dort aufgebaut, wo wir in der Liebe versagen. Das kann auch eine Unterlassungstat sein.

Karma beinhaltet oft Leid, nämlich das Leid, selbst kennenzulernen, was wir einmal anderen verursacht haben, auch wenn es grausam erscheinen mag. So hat Leid irgendwo eine Ursache und eine Gerechtigkeit. *Ohne Grund zu leiden, wäre hingegen die größte Ungerechtigkeit!*

Das Problem des Leidens

Die Welt, in der wir leben, ist zweifellos eine Stätte des Leidens. Es wird unaufhörlich getötet, gemordet, geschlachtet, gequält, gefoltert … Kinder werden missbraucht, Frauen vergewaltigt … Seuchen und Hungersnöte rauben unzählige Leben. Und so weiter und so fort … Manche befürchten heute, dass uns ein Dritter Weltkrieg mit umfassender atomarer Verseuchung bevorstehen könnte, was aufgrund aktueller Ereignisse im Nahen Osten und der Ukraine durchaus vorstellbar ist. Die Radioaktivitätspest von Fukushima verbreitet sich immer mehr im Pazifischen Ozean, in dem das Meeresleben am Aussterben ist, bis an die amerikanische Westküste und dann wohl noch weiter. Kann das so einfach mit Karma erklärt werden?

Ich bin der Meinung, dass das aus unserem dreidimensionalen Ententeich heraus viel zu schwer zu beurteilen ist. In einem mehrdimensionalen Weltbild, das auch noch die Existenz sehr vieler anderer Zivilisationen im Universum mit einschließt, könnte man einen weiteren Überblick bekommen, bei dem uns klar wird, weshalb das alles so ist. Aber diesen Überblick haben wir noch nicht. Auch spielt hier die Zeit eine Rolle. Im Laufe der Menschheitsgeschichte hat es ganz offensichtlich (in verschiedener Hinsicht) eine *wahrhaft unzählige* Menge von Tätern gegeben. Vielleicht haben im Laufe der Zeit die individuellen Karmas der Seelen doch nur teilweise ausgelebt werden können *und sich kumulierend aufsummiert,* so dass nun eine Art von Sammelkarma bevorsteht, wie ein Abschluss der derzeitigen Menschheitsgeschichte, worauf ihre Neugeburt mit Sicherheit folgen muss, denn sonst wäre schließlich alles umsonst … Auf den Trümmern des Alten wird dann das Neue entstehen.

Es wird unter uns keine/n geben, der oder die niemals auf der Täterseite war (ob aktiv oder eher als Mitläufer oder passiver Unterlassungstäter), keine/n ganz ohne Karma. Sonst hätte die Seele es ja nicht nötig, noch einmal inkarniert zu sein … Die wenigen in dieser Welt freiwillig Inkarnierten könnte man wohl fast an einer Hand abzählen.

Die Trennung überwinden

Wir sind in der Verkörperung durch sie *voneinander getrennt.* In der Lichtwelt (vgl. das urchristliche Weltbild) gibt es diese Trennung nicht. Wir sind dort direkt verbunden und doch individuell. Wenn wir so weit kommen, dass wir nach einer letzten Inkarnation nicht mehr aus dem Licht heraustreten müssen, sondern darin bleiben können, kann es offensichtlich diese Trennung nicht mehr geben. Also müssen wir sie schon vorher abbauen, und der Weg dazu, hat mit *Liebe* zu tun, denn sie überbrückt das Trennende. Wohlwollen und positive Gefühle füreinander bauen Trennung ab. Hass und andere negative Gefühle festigen sie.

Referenzen

1. http://www.christliche-reinkarnation.com/Bjoerk.htm
2. http://www.christliche-reinkarnation.com/Martin.htm
3. Catherine Meyer (Hrsg.): *Le Livre Noir de la Psychanalyse,* mit Beiträgen sehr vieler Personen, Éditions des Arènes, Paris 2005, 831 Seiten!
4. Karin Obholzer: *Gespräche mit dem Wolfsmann,* Rowohlt, Reinbek 1980.
5. Dieter Hassler: *Indizienbeweise für ein Leben nach dem Tod und die Wiedergeburt,* Shaker Media, Aachen 2011. Webseite von Dieter Hassler: http://www.wiedergeburt.org/

Ein Märchen vom freien Willen

Gott, der Urschöpfer, betrachtete Seine Schöpfung und fand, dass sie gut war. Es gab in ihr eine große Zahl von Wesen, und alle trugen sie ein Samenkorn für das Wachstum zum vollkommenen Guten in sich, den Samen der Vollendung. Sie wuchsen fröhlich, wie spielend, in einem Paradies auf und hatten den freien Willen, Entscheidungen selbst zu treffen. Dadurch konnte jedes dieser Wesen seinen eigenen Weg gehen, so wie es seiner Natur am besten entsprach [1].

Wer seinen freien Willen ausleben wollte, sah sich jedoch manchmal mit Einschränkungen konfrontiert. Der eigene freie Wille konnte nämlich in Konflikt mit dem freien Willen eines anderen Wesens geraten. Es konnte sein, dass das, was ein Wesen gern getan hätte, im Widerspruch zu dem stand, was ein anderes Wesen wollte – oder sogar zu dem, was viele andere Wesen wollten. Hätte man in einem solchen Fall auf dem eigenen freien Willen bestanden, wäre dies einem Beschneiden des freien Willens anderer gleichgekommen und sie hätten sich verletzt gefühlt.

In der Lichtwelt ist es aber nicht gut möglich, einen anderen zu verletzen. Man ist dort mit jeweils dem Wesen verbunden, dem man sich zuwendet – direkt oder, wenn man etwas tut, was jenes Wesen betrifft, auch indirekt. Es gibt keine wirkliche Trennung. Man fühlt und erlebt alles mit, was in dem Wesen vorgeht, mit dem man es zu tun hat, weil man dort empathisch und telepathisch miteinander kommuniziert, und nicht sprachlich. Wenn man jemand verletzen sollte, würde man diese Verletzung selbst unmittelbar mitfühlen. Deshalb tut man nichts, was einen anderen verletzt, denn damit würde man sich gleichzeitig selbst verletzen. Man tut auch nichts, was den freien Willen eines anderen Wesens beschneidet, denn das würde man sofort als Beschneidung des eigenen freien Willens erleben.

Der freie Wille wirkt sich in der Lichtwelt also automatisch so aus, dass er nicht absolut, sondern relativ ist. Man sucht nicht an erster Stelle das eigene Beste, sondern das gemeinsame Beste. Nur dann, wenn es niemanden verletzt oder in seinem freien Willen beeinträchtigt, sucht man das eigene Beste. Der freie Wille wird nicht egoistisch, sondern altruistisch gelebt.

Es gab in der Lichtwelt Wesen, die meinten, dass unter diesen Umständen der freie Wille nicht wirklich frei sei. Es müsse möglich sein, meinten sie, den freien Willen voll auszukosten und sich alles zu erlauben, was man wolle. Gott wandte ein, dass dies nicht gehe, da es dann immer wieder zu unvermeidlichen Konflikten mit anderen Wesen kommen müsse. »Du bist allmächtig«, sagten die Wesen, denen ein altruistischer freier Wille nicht genug war. »Dann kannst Du es auch so einrichten, dass dies möglich wird. Es ist unser Wille, dass Du es tust. Es steht uns gemäß unserer Willensfreiheit zu!« Und Gott fand eine Lösung.

Solange man mit anderen in der Lichtwelt lebt, ist es natürlich nicht möglich, den eigenen freien Willen egoistisch und rücksichtslos auszuleben. Da müsste man schon wie ein Eremit in der Wüste leben, und das wäre wohl auch nicht nach dem freien Willen der meisten. Es gibt keine Möglichkeit zu vermeiden, dass es bei vielen egohaften Ansprüchen auf den freien Willen zu Konflikten kommt. Und ein solcher Konflikt würde in der Lichtwelt ganz direkt miterlebt. Das würde bedeuten: Der »Täter« erlebt unmittelbar und unvermeidlich sofort alles mit, was sein »Opfer« fühlt und erlebt. Er ist gleichzeitig »Täter« und »Opfer«. Das wäre sozusagen »Sofortkarma«, denn Ursache und Wirkung wären eins. Und deshalb wird man in jener Welt einfach nie zum Täter.

Gottes Lösung bestand nun darin, Ursache und Wirkung so voneinander zu trennen, dass die Letztere in der Regel erst viel später erlebt wurde. Derjenige, der es so wollte, wurde also nicht an einer Tat gehindert, sollte deren Auswirkung aber gleichwohl erleben. Um dies zu ermöglichen, änderte Gott die Zeit. Es gibt zwar auch in der Lichtwelt eine Zeit, denn ohne jede Zeit würde ja alles stillstehen. Was man dort als Zeit erlebt, ist aber etwas anderes als das, was nun entstand.

Gott erschuf einen abgeschlossenen Raum, in dem jene Wesen, die es so wollen, die *Illusion* eines auch egoistischen Auslebens des freien

Willens erleben können. In diesem Raum herrscht die andere Zeit. Um die Illusion zu ermöglichen, verdichtete Gott die Sonderschöpfung in diesem Raum zu materiellen Welten. Die Wesen, die dorthin gingen, inkarnierten größtenteils in physischen Körpern.

Da das egoistische Ausleben des freien Willens nur eine *Illusion* sein kann, ist es offenbar nicht möglich, den freien Willen in einer bestimmten Weise auszukosten, ohne dass andere darunter leiden und sich als in ihrer eigenen Willensfreiheit eingeschränkt erleben – so, als nähme ihnen jemand den eigenen freien Willen weg, um ihn für sich zu pachten. Diese *Illusion* wurde dadurch möglich, dass die verkörperten Wesen nunmehr voneinander getrennt waren – nicht wirklich, aber scheinbar. Zunächst kam es in jenen Wesen selbst zu einer inneren Trennung zwischen dem bewussten, egohaften Ich und jenem Teil ihres Ichs, in dem sie doch noch miteinander verbunden waren. Der Trick war, diese Verbundenheit – ohne die eine Existenz nicht möglich wäre, weil wir dadurch auch mit dem göttlichen Ursprung verbunden sind – vor ihnen zu verbergen, sie ihnen unbewusst zu machen. Somit entstand in jenen Wesen ein *unbewusstes Ich*.

Mit ihrem bewussten Ich konnten diese Wesen nun auch solche Äußerungen des freien Willens erleben, die Unterdrückung und Verletzung anderer mit sich brachten. Da war es zum Beispiel möglich, dass jemand einen anderen versklavte. In der Lichtwelt könnte so etwas nie geschehen, wohl aber in der Welt der Illusion. Der Versklavte erlebte Leid und Verlust seines eigenen freien Willens, aber der Täter erlebte und fühlte es nicht mit. Nicht bewusst. Noch nicht.

Doch weil eine solche Situation ein Ungleichgewicht zwischen Erleben und Willensfreiheit verursacht, muss das Gleichgewicht nun wiederhergestellt werden. Dies geschieht, indem die Rollen in einer neuen Inkarnation gewissermaßen vertauscht werden. Der Täter wird zum Opfer. Das Opfer hingegen wird in der Regel nicht zum Täter, denn wer bereits ein Opfererlebnis hatte, kennt die damit verbundene Tat und deren Auswirkungen ja aus eigener Erfahrung, auch wenn die Erinnerung daran in einer neuen Inkarnation meist ins Unbewusste absinkt. Diese unbewusste Erinnerung hindert den Betreffenden nun daran, so etwas selbst (wieder) zu tun, jedenfalls nicht in einer gleichen oder ähnlichen Form. Aber es gibt ja genug andere verkörperte Wesen, die ihren freien Willen ebenfalls auf solche Weise ausleben wollen und somit zu Tätern werden. Sie haben offenbar noch keine Opfererlebnisse hinter sich und deshalb auch keine entsprechende unbewusste Erinnerung, die sie daran hindert.

In den materiellen Welten herrscht das Gesetz des Karmas. Was wir anderen antun, werden wir am eigenen Leib erfahren müssen. Was wir anderen wegnehmen, werden wir zurückgeben müssen. Dies ist kein blindes Gesetz, es geht nicht um »Auge um Auge und Zahn um Zahn«, auch wenn sich diese Fehlinterpretation im bewussten Ich mancher Verkörperten festgesetzt hat. Wer nämlich selbst zu der Einsicht gelangt, dass das egoistische Ausleben des freien Willens illusionär und sinnlos ist, braucht das Erleben der Folgen am eigenen Leib eigentlich gar nicht mehr. Wer sich auf diese Weise entwickelt, wer dadurch reift und das in sich entfaltet, was wir Liebe und Mitgefühl nennen, nähert sich dem Ziel, das Gott, der Urschöpfer mit dieser Sonderschöpfung gesetzt hat. Er hört allmählich auf, das egoistische Ausleben des freien Willens für sich zu beanspruchen – weil er es als Verirrung erkannt hat –, und handhabt den freien Willen immer mehr altruistisch. So kann er mit der Zeit den abgeschlossenen Raum der Sonderschöpfung verlassen und in die göttliche Lichtwelt zurückkehren – um eine sehr wichtige Erfahrung bereichert.

Manche, die dies bereits erreicht haben, inkarnieren dennoch wieder, weil sie auch anderen Menschen helfen wollen, zu solchen Einsichten zu gelangen. Sie nehmen Aufgaben an, die auch traurig und schmerzlich werden können, weil es immer noch so viele Menschen auf dieser Welt gibt, die diese Wahrheiten nicht hören wollen. Das bedeutet auch, dass sie manchmal freiwillige Opfererlebnisse auf sich nehmen – nicht mehr als Folge eines Karmas, sondern weil dies für ihre Hilfstätigkeit unvermeidlich werden kann. Einer, der von ganz oben aus dem göttlichen Licht kam, ließ sich sogar kreuzigen …

Die Schöpfung hat viele Dimensionen. Wir in den dichtesten Welten der Sonderschöpfung Verkörperten erleben jedoch nur drei dieser Dimensionen, da wir nur diese drei wahrnehmen können. Wir sind blind für die Realitäten weiterer Dimensionen. Es gibt aber in unserer Sonderschöpfung auch Wesen, die vier oder gar fünf Dimensionen wahrnehmen können. Sie sind ebenfalls verkörpert, nur nicht in einem gleich stark verdichteten Zustand wie wir Menschen. Manche von ihnen sehen deshalb Möglichkeiten, die wir nicht sehen können, um uns nach ihrem freien Willen zu manipulieren und von uns zu profitieren. Zum Beispiel können sie unbemerkt gewisse Formen der Lebensenergie von uns abzapfen. Es gab Zeiten, in denen diese Verkörperten höherer Dimensionen mit den Menschen Kontakt hatten, und dabei entwickelten sie eine Strategie. Um sich verehren zu lassen – was gleichzeitig auch ein Schutz vor Angriffen der Menschen bedeutete – gaben sie sich als »Götter« aus. Sie ließen um sich herum Glaubensvorstellungen entstehen, welche die Menschen Religionen nannten. Dadurch konnten sie die Menschen von höheren Wahrheiten abschirmen – von Wahrheiten über ihre eigene Natur, über die Natur der »Götter« und über den wahren Gott, den Urschöpfer. Man sollte möglichst nicht mehr über einen Urschöpfer Bescheid wissen, sondern jene »Götter« für die Schöpfer halten – oder auch nur einen von ihnen –, um auf diese Weise weiterhin in Unwissenheit und Manipulierbarkeit zu verharren. Obwohl diese Religionen unvermeidlicherweise von Dingen sprechen mussten, die zu höheren Dimensionen gehören, ließ man unter den Menschen nur Wissenschaften zu, die rein dreidimensional orientiert waren. Was darüber hinausging, wollte man vor ihnen verheimlichen und ganz für sich allein behalten (vgl. [2]!).

Es wird aber eine Zeit kommen – und sie hat schon begonnen – in der die Menschen allmählich erwachen, Stück für Stück bisher unerkannte Wahrheiten entdecken, zu einem erweiterten Bewusstsein heranreifen und das Joch jener »Götter« schließlich abwerfen werden. Schon heute tragen manche Menschen dazu bei, und noch ernten sie oft viel Spott und Hohn, doch das ist nur ein Teil jener

Strategie, mit der man das Erwachen der Menschheit hinauszuzögern versucht. Früher erklärte man sie manchmal für verrückt, aber an solche Erklärungen glauben heute immer weniger Menschen.

Der Glaube an Reinkarnation und Karma in Indien

Es wird oft behauptet, die Reinkarnationsvorstellung sei in Indien entstanden, was erwiesenermaßen nicht stimmt. Verschiedene andere alte Kulturen hatten ebenfalls Reinkarnationsvorstellungen, obwohl sie keine Verbindung zu Indien haben konnten. Dennoch spielt Indien im Zusammenhang mit der Reinkarnationslehre eine wichtige Rolle, denn dort hat die Lehre *überlebt,* während sie in vielen anderen Kulturen verloren ging (nicht selten mit der Kultur selbst).

Manche meinen, dass schon in den vier großen Veden diese Lehre vermittelt werde, doch dafür gibt es keine klaren Belege. Die Idee vom Karma und der Reinkarnation taucht erst später auf, und zwar in den Upanishaden. Die ersten Texte, die so etwas erwähnen, dürften *Brihadaranyaka Upanishad*[1] und *Chandogya Upanishad* sein. In der *Brihadaranyaka Upanishad* wird von einem Gespräch zwischen Artabhaga und Yajñavalkya berichtet. Ersterer fragt: »›Yajñavalkya … wenn hier ein Mensch stirbt, was verlässt ihn nicht?‹ – ›Nur der Name …‹«. Wenn dann die Organe des Menschen aufgelöst sind, »›… wo bleibt dann der Mensch?‹ – ›Reiche mir deine Hand, lieber Artabhaga, wir beide wollen darum alleine wissen. Nicht gehört unser Wissen vor die Leute.‹ Sie zogen sich zurück und besprachen es. Was sie besprachen, davon sprachen

---

1 Ich verwende hier für unsere Zwecke eine vereinfachte laut*ähnliche* Schreibweise statt der wissenschaftlichen Transliteration, die durch Diakritika Schriftzeichen des Sanskritalphabets *devanagari* wiedergibt, welche in unserem Alphabet keine direkte Entsprechung haben. Auch verzichte ich auf Großschreibung der Substantiva, da andere Sprachen diese nicht verwenden, und gebrauche sie nur bei Namen. Ähnlich tue ich es unten mit griechischen, hebräischen und einigen anderen Fremdwörtern.

sie als von dem Karman (Handeln, Tun): was sie verkündeten, das verkündeten sie als Karman. Gut wird einer durch gute, schlecht durch böse Tat. Darauf schwieg Jaratkarava Artabhaga« (III.2.13) [3]. Ähnliches lesen wir an einer anderen Stelle: »So wie man tut und sich verhält, so wird man. Derjenige, der Gutes tut, wird gut, wer Schlechtes, wird schlecht; man wird gut durch gute Taten und schlecht durch schlechte« (IV.4.5) [3, 4]. In der *Chandogya Upanishad* gibt es parallele oder ähnliche Stellen. Die Upanishaden datieren zwischen 900 und 600 vor Christus.

Der Mensch kann hauptsächlich zwei Wege gehen: den Weg der Hinwendung zum Göttlichen, *devayana,* oder den weltlichen Weg, *pitriyana* (den »Weg der Väter«). Wer letzteren Weg beschreitet, geht wieder in den Kreislauf der Geburten ein und »kommt zurück, wie er war« (also gut oder schlecht) [4].

In den vier großen Veden gibt es keine eindeutigen Belege für Reinkarnation und Karma, doch an einer Stelle im *Rigveda* lesen wir: »Möge dein Auge zur Sonne gehen, dein Lebensatem zum Wind. Gehe zum Himmel oder zur Erde, so wie deine Natur ist (vgl. oben: *devayana* und *pitriyana*); oder gehe zu den Wässern, wenn das dein Schicksal ist. Schlage Wurzeln in den Pflanzen mit deinen Gliedern« (10.16.3). Das wird von manchen Gelehrten als Hinweis auf Reinkarnation gedeutet, doch diese Deutung ist umstritten [4]. Eine weitere Andeutung finden wir in *Rigveda* 10.14.12: »Sie sollen uns hier und jetzt das schöne Leben zurückgeben, auf dass wir die Sonne sehen mögen« [5]. Sonst sucht man in den großen Veden vergebens nach Hinweisen, die diesbezüglich gedeutet werden könnten.

Hingegen findet man in den vier Veden und auch in den Upanishaden wiederholt Hinweise auf den »Wiedertod« (*punarmrityu*) [6], allerdings ohne jede Verbindung zur Wiedergeburt. Damit scheint vielmehr die Vorstellung verbunden zu sein, der Mensch könne in einer *anderen* Welt, in die er nach seinem Tod eingeht, noch einmal sterben. Allerdings mag die Wiedergeburt in unserer Welt aus der Perspektive einer jenseitigen Welt wie ein Sterben aussehen.

Tull [4] hat eine merkwürdige Deutung dieser Stellen vorgeschlagen. Er meint, sie hätten sich ursprünglich nicht auf gewöhnliche Menschen bezogen, sondern nur auf den vedischen Opferpriester. Verrichtete er seine Opferrituale gut, ging es ihm nach dem Tod gut, machte er sie schlecht, ging es ihm schlecht. Damit scheint er sagen zu wollen, der Begriff Karma sei ursprünglich nur auf das Priesteramt angewandt worden, was man wohl als »intellektualisiertes Missverständnis« auffassen muss.

Im Gegensatz dazu wird das Leben eines jeden Menschen als Opferritual aufgefasst. Tull beschreibt das selbst, scheinbar ohne den Zusammenhang richtig zu erkennen, in der folgenden Übersetzung aus der *Chandogya Upanishad:* »In der Tat ist ein Mensch eine Opferung. Seine (ersten) vierundzwanzig Jahre sind die Morgenopferung ... Die nächsten vierundvierzig Jahre sind die Mittagsopferung ... Und die nächsten achtundvierzig Jahre sind die dritte Opferung« (3.16.1-5) [4][2]. Der Tod und die Kremierung ist dann die endgültige Opferung. Somit ist der Hinweis auf das Tun des Opferpriesters nur als Gleichnis zu sehen. Jeder ist – mit seinem Leben als »Opferritual« – sein eigener »Opferpriester«.

Tull [4] zitiert Keith [7] mit der folgenden Aussage: »Der mythische Charakter des Ganzen ist offensichtlich und zeigt uns, dass die neue Lehre von der Handlung, die das zukünftige Leben bestimmen wird, ohne Zweifel unvorteilhaft für die Opferpriester war. Es war also naheliegend, dies als heiliges Mysterium zu bewahren.« Deshalb sei man bestrebt gewesen, das Ganze hinter einer Art esoterischem Symbolismus zu verbergen.

In den *Puranas* ist wiederholt von einem Karma die Rede, welches der Sterbende mitnimmt, ob in ein jenseitiges Dasein oder in eine neue Verkörperung. Auch der Vorgang des Sterbens und des Geborenwerdens als Wiederverkörperung wird dort mehrfach beschrieben [6].

---

2 Dass sich diese Zahlen auf 116 Lebensjahre summieren, darf wohl als Hinweis auf eine nach altindischer Auffassung *mögliche* Lebensdauer gewertet werden.

Im *Charaka Samhita,* einem alten medizinischen Lehrbuch, werden Karma und Reinkarnation ebenfalls mehrfach erwähnt, wobei in unserem Zusammenhang das Folgende interessant ist. Die Psyche des Menschen ist von drei Arten: *sattvisch* (rein, in der Art geistig), *rajasisch* (impulsiv, aktiv) und *tamasisch* (träge, lethargisch). Wer vom *sattvischen* Typ ist, kann Erinnerungen an die vorausgehende Inkarnation mehr oder weniger behalten und wird dann *jatismara* genannt (»sich an [frühere] Leben erinnernd«) (*Charaka Samhita, Sharirasthana* III.13) [8, 9]. Weiter wird gesagt: »Die Wiedergeburt wurde erkannt in Wahrnehmungen der alten Heiligen und durch göttliche Vision ...« (*Charaka Samhita, Sutrasthana* XI.29) [9].

Was steuert uns nun in ein bestimmtes neues Leben hinein? Natürlich unser Karma, aber auch unsere Begierden und Verhaftungen – sogar unterdrückte – sowie alle möglichen Verblendungen. In irgendeinem indischen Text (ich weiß nicht mehr, in welchem) steht: »Wer enthaltsam lebt aber dafür seine Begierden unterdrückt, nimmt diese mit und trägt sie in ein neues Leben.« Und in der *Mundaka Upanisad* lesen wir: »Wer Begierden pflegt und sich im Gedanken damit beschäftigt, wird dort geboren, wohin diese führen« (2.2) und »Wer Brahman (den einen höchsten Gott) kennt und von Begierden frei wird ... ist auch aus dem Kreislauf von Geburt und Tod befreit« (2.2) [10].

Letzterem würde ich hinzufügen: sofern er kein negatives Karma mehr hat. Auch wer gegen Begierden ankämpft, »beschäftigt sich in Gedanken damit«. Der Versuch, die Begierden zu unterdrücken, schwächt sie nicht, sondern versteckt sie nur. Sie sind verborgen, aber immer noch da und wirken sich früher oder später entsprechend aus. Wie also überwindet man sie wirklich? Eine Möglichkeit wäre, sie bis zur Sättigung auszuleben, doch das ist bestimmt nicht der beste Weg. Was dann? Geistige Übungen, Gebet, Transformation? Wahrscheinlich, aber auch das ist nicht leicht ... In manchen Fällen könnte eine Rückkehr zur eigentlichen Ursache solcher Begierden helfen: eine Rückführungstherapie.

In alten Texten (etwa im *Garuda Purana* I.225) wird behauptet, man könne – je nach Karma – auch als Tier, sogar als Insekt oder Wurm, oder als Pflanze wiedergeboren werden. So etwas lässt sich in keiner Weise mit dem modernen empirischen Reinkarnationsverständnis vereinbaren. Wie ist diese Vorstellung entstanden? Möglicherweise aus *Gleichnissen* für das Schicksal, das auf verschiedene Arten von Verfehlungen folgen kann. Vielleicht war sie aber auch die Folge einer »Angstpropaganda« der Priesterschaft zum Zwecke der Abschreckung, ähnlich wie die Angstmacherei der Kirche, die mit Hölle und ewiger Verdammnis arbeitet.

In der *Brihadaranyaka Upanishad* wird der »Wiedertod« (*punarmrityu*) an vier Stellen erwähnt, immer im Zusammenhang mit Opferungen (1.2.7, 1.5.2, 3.2.10 und 3.3.2). Die Sprache ist obskur und reich an Symbolen, und wiederholt lesen wir: »Wer das weiß, überwindet den Wiedertod.« Das soll offenbar heißen: wer die Symbolik versteht. Es geht um eine Verbindung von Opferritual und *Meditation*, und es wird angedeutet, dass sich der Sterbende in der Meditation selbst als die Opfergabe vorstellen soll. (Vgl. das oben erwähnte Zitat aus der *Chandogya Upanishad* 3.16.1-5.) Es geht also offenbar nicht darum, zum Beispiel ein Pferdeopfer (1.2.7) darzubringen, selbst wenn der Text (wahrscheinlich auf Grund einer Missdeutung der Symbolik) offenbar teilweise so aufgefasst wurde. In diesem Zusammenhang heißt es auch: »Es wird gesagt, man könne den Wiedertod dadurch überwinden, dass man ein Jahr lang Milch ins Feuer opfert. So soll man nicht denken. Wer es wie oben (symbolisch angedeutet) versteht, überwindet den Wiedertod am selben Tag, an dem er die Opferung durchführt, weil er alle Nahrung (alles Lebenserhaltende) den Göttern darbringt« (1.5.2).

Auf die christliche Anschauung übertragen könnte man es folgendermaßen sehen: Wer sich in jeder Hinsicht voll und ganz Gott übergibt, überwindet den »Wiedertod«. Aber welchem Gott? Dem Urschöpfer und nicht einem »Zwischengott«, der Macht über Menschen haben möchte. Oder auch Christus, denn er ist aus dem Urschöpfer hervorgegangen.

Keine Seele und kein Gott im Buddhismus?

Eine weit verbreitete Auffassung über den Buddhismus, die auch von vielen Buddhisten vertreten wird, besagt, Siddharta Gautama (ca. 563 bis 483 v. Chr.), der Buddha, habe die Existenz einer Seele und sogar eines Schöpfergottes abgelehnt. Trotzdem lehrte er Reinkarnation und Karma. Wie geht das zusammen? Wenn es Reinkarnation, aber keine Seele gibt, *was* geht dann nach dem Tod eines Menschen weiter und wird zu einem neuen Bewusstsein in einem neuen Körper? *Wer* lernt dann aus dem Karma?

Viele heutige Buddhisten erklären dies so: Reinkarnation ist, wie wenn ich eine Kerze an einer anderen entzünde. Was geht hinüber? Die Flamme, das Feuer. Ist das keine Seele? Man spricht von der »Übertragung des Bewusstseins«, doch wessen Bewusstsein ist das? Wer oder was trägt dieses Bewusstsein hinüber? Ist dieses Rätsel ohne die Vorstellung einer Seele zu lösen? Die Auffassung, es gäbe keine Seele, steht im Widerspruch zu empirischen Erkenntnissen. Oder anders ausgedrückt: Menschen haben sich in bestimmten Situationen (zum Beispiel in Nahtoderlebnissen und spontanen oder evozierten Rückerinnerungen) als Seele erlebt.

Im *Majjhima-Nikaya* 63 sagt der Buddha: »Malunkyaputta, sei dir immer bewusst, was ich erläutert habe und was ich nicht erläutert habe … Ich habe nicht erläutert, dass ein Heiliger nach dem Tod weiter existiert. Ich habe nicht erläutert, dass ein Heiliger nach dem Tod nicht weiter existiert. Ich habe nicht erläutert, dass ein Heiliger nach dem Tod sowohl weiter existiert als auch nicht weiter existiert … Und was, Malunkyaputta, habe ich erläutert? Das Elend … den Ursprung des Elends … die Beendigung des Elends … den Weg, der zur Beendigung alles Elends führt«, und an anderer Stelle: »Ich lehre nur eins, ihr Mönche, nach wie vor, nämlich das Leid und die Aufhebung des Leids« [11]. »Das wichtigste Element der buddhistischen Reform waren immer seine sozialen und moralischen Verhaltensregeln … Obwohl der ethische Aspekt von Karma und Wiedergeburt die Grundlage dieser Verhaltensregeln bildet, hat der Buddha ihre metaphysische und wissenschaftliche Basis offen-

bar weder mit ungelehrten Mönchen noch mit Laien diskutiert«
[12]. Es sei dahingestellt, ob der Buddha diese Frage »exoterisch«,
also in der Öffentlichkeit, eher vermieden und nur »esoterisch« mit
wenigen Gelehrten erörtert hat. Auf jeden Fall ist einiges an Ge-
dankengymnastik erforderlich, um Reinkarnation und Karma ohne
jeden Seelenbegriff zu erklären, ohne eine Form von Selbst, das sich
als individuell erlebt und das als Ich bewusst in eine neue Existenz
in einem neuen Körper übergeht. Wozu Karma, wenn man nicht
unmittelbar daraus lernen kann? Wenn kein Selbst da ist, das sich
dadurch entwickelt? Was ist denn das Bewusstsein, das übertragen
wird, wenn nicht ein solches Selbst? Ist vielleicht »im Volk« eine bestimmte Meinung über das entstanden, was der Buddha *nicht* sagte?
Hat man, da er zu diesem Thema geschwiegen zu haben scheint,
etwas hineininterpretiert? Dann wäre es immerhin möglich, dass er
mit Absicht nichts dazu gesagt hat, weil derjenige, der den von ihm
gewiesenen Weg geht, mit der Zeit selbst darauf kommen würde.
Die eigene Erkenntnis einer Seele und auch eines Schöpfers ist natürlich viel mehr wert als jede Theorie darüber.

Ein anderes Gleichnis erklärt das gleiche Thema. Gerät eine Eichel in die Erde, ist schon bestimmt, was daraus wachsen wird:
eine Eiche und kein anderer Baum. Es ist auch bestimmt, welchen
Charakter dieser Baum haben wird. Gegenfrage: Wie kommt gerade diese »Eichel« in einen bestimmten Mutterleib? Ist sie nicht die
Seele? Man sagt dann, das Karma sei keine unabhängig existierende
Entität, die von einem Leben zum anderen gehe, sondern ein gemeinsamer Lebensprozess mit einer Mischung aus Lebensenergien
im ständigen Fluss. Sicher ist Karma keine Entität, sondern ein
»Schicksalsprogramm«, aber wie wird es übertragen? Taten, so heißt
es, hätten eine entsprechende »karmische Atmosphäre« geschaffen,
durch die der fortgesetzte Lebensfluss »gefärbt« werde.

Es wird erzählt [13, 14], Mahamoggalana, ein Schüler des Bud-
dhas, sei ermordet worden, worauf der Buddha erklärte, dies sei
sein Karma gewesen, weil er in einem früheren Leben seine Eltern
grausam umgebracht habe. In diesem Fall muss das Schicksal doch
mit jenem Schüler als Individuum verbunden gewesen sein. Etwas

von ihm muss auch in jenem Elternmörder gewesen sein. Sollte denn, nur weil jemand einmal seine Eltern umgebracht hat, jemand anders ebenfalls umgebracht werden, weil im Lebensfluss zufällig etwas vom Ersteren auf den Letzteren übergeht? Und wenn es tatsächlich irgendwie »stellvertretend« so sein sollte, dass etwas Unreines im allgemeinen Lebensfluss berichtigt und bereinigt wird, warum muss dann gerade jener Schüler darunter leiden? Hier stellt sich die Frage nach Sinn und Gerechtigkeit, aber der Buddha sagte, dass es kein unschuldiges Leid gibt [12]. Demnach muss es eine kausale Verbindung zwischen dem Elternmörder und dem ermordeten Schüler geben, und diese Verbindung ist ein gemeinsames Selbst oder ein gemeinsamer Wesenskern – ein Selbst (hier bleibt offen, welcher Art und in welcher Form), das zuerst im Körper des Elternmörders und dann im Körper jenes Schülers war. Und das ist es doch, was wir Seele nennen – eine Seele, die nicht das Karma *ist,* die es aber *trägt.* Mir scheint, dass man hier aneinander vorbei redet, obwohl man im Grunde das Gleiche meint.

Vielleicht kann man es in der Art vom Buddha selbst etwa so zusammenfassen: »Ich habe nicht erläutert, dass es eine Seele gibt. Ich habe nicht erläutert, dass es keine Seele gibt. Ich habe nicht erläutert, dass es sowohl eine Seele gibt als es auch keine Seele gibt ...«

Der Reinkarnationsgedanke bei den Griechen und Römern

Mehrere altgriechische Philosophen haben sich in ihren Schriften mit dem Reinkarnationsgedanken auseinandergesetzt. Es wird manchmal behauptet, sie hätten die Idee aus Indien gehabt, aber einschlägige Werke sind sich weitgehend darin einig, dass dies unwahrscheinlich ist. Vielmehr vermutet man den Ursprung des Reinkarnationsglaubens der Griechen auf europäischem Boden. Der Historiker Herodotos[3] (484 bis 425 v. Chr.) behauptete, dass

---

3 Ich kann mich nicht damit befreunden, griechische Namen wie Pudeln zu stutzen

man diese Auffassung von den Ägyptern habe, doch auch das ist zweifelhaft, da ägyptische Quellen keine Bestätigung dieser These enthalten. Die Orphiker (seit etwa 600 v. Chr.) lehrten die Seelenwanderung und stellten sie in ihren Mysterien dar. Pythagoras (ca. 580-572 bis ca. 500-490 v. Chr.) vertrat diese Tradition, doch leider sind keine Schriften von ihm erhalten geblieben, in denen dieses Thema behandelt wird. Es wird jedoch erzählt [14], dass er sich an frühere Leben erinnerte und das glaubwürdig demonstrierte, als er in Argos den Schild des Euphorbos als seinen identifizierte, noch bevor ihm eine entsprechende Inschrift gezeigt wurde. Er behauptete, jener Euphorbos, Sohn des Panthos, gewesen zu sein, der den Schild bei sich trug, als er vor den Mauern Trojas von Menelaos getötet wurde. Nach Herakleides soll Pythagoras in einem noch früheren Leben Aithalides gewesen sein, der Sohn des Hermes und ein Held unter den Argonauten.

Empedokles (ca. 494-482 bis ca. 434-420 v. Chr.) thematisiert in seinem Lehrgedicht *Von der Reinigung* die Wiedergeburt der Seele, obwohl seine Lehre sonst ziemlich materialistisch war [15].

Der Hauptvertreter der griechischen Reinkarnationslehre war Platon (ca. 428 bis 347 v. Chr.), der sie in seinen wahrscheinlich fingierten Dialogen mit Sokrates darlegte, und zwar hauptsächlich in *Phaidon, Phaidros, Politeia* und *Timaios*.

Die dem Irdischen verhaftete Seele kann nicht erlöst werden, da ihre Haltung sie immer wieder in das Irdische zieht, wo sie dann erneut verkörpert wird. »Wenn sie (die Seele) aber, meine ich, befleckt und unrein von dem Leibe scheidet, weil sie eben immer mit dem Leibe verkehrt und ihn gepflegt und geliebt hat und von ihm bezaubert gewesen ist und von den Lüsten und Begierden, so dass sie auch glaubte, es sei überall gar nichts anderes wahr als das Kör-

---

und eine letzte Silbe wegzulassen, wie es sich aber leider eingebürgert hat. Warum, eigentlich, soll man z.B. »Herodot« statt »Herodotos« sagen, und warum bei den Römern »Ovid« statt »Ovidius«? In meiner Muttersprache Schwedisch ist das nicht gebräuchlich. Außerdem finde ich es bemerkenswert, dass man meistens die Silben der griechischen Namen in eher lateinischer Art betont. Der Grieche betont in vielen Fällen anders.

perliche, was man betastet und sieht, isst und trinkt und zur Liebe gebraucht ... meinst du, dass eine so beschaffene Seele sich werde rein für sich absondern können? – Wohl nicht im Mindesten, sprach er. – ... Und dies, o Freund, muss man doch glauben, sei unbeholfen und schwerfällig, irdisch und sichtbar, so dass auch die Seele, die es an sich hat, schwerfällig ist und wieder zurückgezogen wird in die sichtbare Gegend aus Furcht vor dem Unsichtbaren und der Geisterwelt, wie man sagt, an den Denkmälern und Gräbern umherschleichend, an denen daher auch allerlei dunkle Erscheinungen von Seelen sind gesehen worden ... Und freilich leuchtet auch ein, o Kebes, dass dies nicht die Seelen der Guten sind, sondern der Schlechten, welche gezwungen sind herumzuirren, Strafe leidend für ihre frühere Lebensweise, die schlecht war. Und so lange irren sie, bis sie durch die Begierde des sie noch begleitenden Körperlichen wieder gebunden werden in einen Leib« [16].

Wer sich aber der Philosophie widmet, das heißt dem Geistigen, und dadurch zur Einsicht gelangt, kann sich von der Wiedergeburt befreien. »Es erkennen nämlich die Lernbegierigen, dass die Philosophie, indem sie ihre Seele findet, ordentlich gebunden im Leibe und ihm anklebend und gezwungen, wie durch ein Gitter durch ihn das Sein zu betrachten ... die Lehrbegierigen erkennen, dass, indem die Philosophie in solcher Beschaffenheit ihre Seele annimmt, sie ihr gelinde zuspricht und versucht, sie zu erlösen, indem sie zeigt, dass alle Betrachtung durch die Augen voll Betrug ist, voll Betrug auch die durch die Ohren und die übrigen Sinne, und deshalb sie überredet, sich von diesen zurückzuziehen ... sich vielmehr in sich selbst zu sammeln und zusammenzuhalten ... Dieser Befreiung nun glaubt nicht widerstreben zu dürfen des wahrhaften Philosophen Seele und enthält sich deshalb der Lust und Begierde, der Unlust und Furcht ...« [16].

In *Politeia* [17] wird die Geschichte von Er erzählt, die ein wenig an jene Nahtoderlebnisse erinnert, von denen heute immer mehr bekannt werden: »Ich werde jedoch ... berichten von Er, dem Sohne des Arménios, eines Pamphyliers von Geburt. Dieser war einst in einer Kriegsschlacht gefallen, und als nach zehn Tagen die Leichname bereits verwest aufgehoben wurden, ward er noch unversehrt gefunden. Nach Hause gebracht, lebte er im Augenblicke seiner Bestattung am zwölften Tage auf dem Scheiterhaufen wieder auf, und nach seinem Wiederaufleben erzählte er die Dinge, die er im Jenseits gesehen habe. Er sprach aber wie folgt: Nachdem seine Seele aus ihm gefahren, sei er mit vielen anderen gewandelt, und sie seien an einen wunderbaren Ort gekommen, wo in der Erde zwei nahe aneinanderstoßende Öffnungen gewesen seien, und am Himmel gleichfalls oberhalb zwei andere ihnen gegenüber. Zwischen diesen Öffnungen seien nun Richter gesessen: Diese hätten allemal, nachdem sie ihren Urteilsspruch getan, den Gerechten befohlen, den Weg rechts und durch den Himmel zu wandern, nachdem sie ihnen zuvor vorn ein Zeichen von beurteilten Taten angehängt, die Ungerechten aber hätten sie nach der Öffnung zur linken Hand, und zwar nach unten, verwiesen, und auch diese hätten ihre Zeichen, aber hinten, anhängen gehabt über alles das, was sie verübt hätten. Als nun auch Er vorgekommen sei, hätten sie ihm bekannt gemacht, er müsse den Menschen ein Verkündiger des Jenseits werden, und sie hätten ihn aufgefordert, alles an diesem Orte zu hören und zu schauen. Da habe er denn nun gesehen, wie nach der einen Öffnung in dem Himmel und nach der andern in der Erde die Seelen abgegangen seien, nachdem sie jedes Mal ihren Urteilsspruch vernommen hätten, aus den beiden anderen (Öffnungen) neben jenen beiden seien aus der in der Erde Seelen hervorgekommen, voll Schmutz und Staub, aus der im Himmel dagegen seien andere, von jenen verschiedene, reine Seelen herabgestiegen ... die Hauptsache aber, sagte er, sei dies: Für alle Ungerechtigkeiten, die nur jeder Einzelne an einem verübt gehabt, dafür habe er wegen jeder Einzelnen eine besondere Strafe bekommen, nämlich wegen eines jeden Vergehens eine zehnfache ... So hätten diejenige, die dadurch, dass sie Städte oder Heere verraten und in Knechtschaft gestürzt oder sonst ein großes Unglück mit angefangen hatten, eines mehrfachen Todes schuldig waren, für jede einzelne aller dieser Taten zehnfache Qualen auszustehen, und waren sie andererseits Urheber einiger Wohltaten, auch gerecht und fromm, so empfingen sie auch dafür ihren Preis nach demselben Maßstabe … Für Frevelmut und Ehrfurcht gegen Götter und Eltern sowie für eigenhändigen Mord gibt es seiner Erzählung nach eine Vergeltung in größerem Maßstabe …

Sie hätten nun, nachdem sie angekommen seien, alsbald sich zur Lachesis (eine Schicksalsgöttin) begeben. Da habe eine Art von Prophet sie in eine Reihe gestellt[4] … habe da also geredet: ›Es spricht die Jungfrau Lachesis, die Tochter der Notwendigkeit. Eintägige Seelen! Es beginnt mit euch eine andere Periode eines sterblichen und todbringenden Geschlechts, nicht euch erlost das Lebensverhängnis, sondern ihr wählt euch das Geschick. Sobald einer gelost hat, so wähle er sich eine Lebensbahn, womit er nach dem Gesetze der Notwendigkeit vermählt bleiben wird. Die Tugend ist aber herrenlos, von ihr erhält ein jeder mehr oder weniger, je nachdem er sie in Ehren hält oder vernachlässigt. Die Schuld liegt an dem, der gewählt hat. Gott ist daran schuldlos.‹ Auf diese Worte habe er die Lose auf sie hin geworfen. Ein jeder habe nun das neben ihm liegende Los aufgehoben, nur Er selbst nicht, ihm habe er es nicht gestattet. Wer es aber aufgehoben habe, dem sei klar gewesen, die wievielte Stelle er bekommen habe. Hierauf habe er sogleich die Muster der Lebensweisen vor sie auf den Boden gestellt in weit größerer Anzahl als die der Anwesenden. Da hätte es denn allerlei gegeben, Lebensweisen von allen Tieren und auch, versteht sich, alle menschlichen … Im Übrigen seien die Lebensweisen durcheinander gemischt und teils mit Reichtum oder Armut, teils mit Krankheit, teils mit Gesundheit verbunden, manche lägen auch zwischen den genannten Zuständen in der Mitte.«

---

4 Dies erinnert – wie ich finde – an die Darstellung in *Pistis Sophia*, siehe Frage 17, Kapitel 3, wo über eine Lichtjungfrau und ihren »leuchtenden Mitarbeiter« die Rede ist. Das soll nun nicht dazu verleiten zu denken, dass die Gnostiker dies von den Griechen hätten, sondern es wird sich eher um eine Art von gemeinsamer Einsicht handeln.

Ob diese Geschichte nun wahr ist (was im Lichte neuzeitiger Berichte über Nahtoderlebnisse nicht ganz undenkbar scheint) oder nicht, sie spiegelt auf jeden Fall Platons Auffassung wider. Allen reinkarnationsgläubigen griechischen Philosophen ist gemeinsam, dass sie auch an Reinkarnationen als Tier glaubten, was, wie bereits dargelegt wurde, nicht mit der modernen empirischen Reinkarnationsauffassung übereinstimmt.

Auch Aristoteles sprach in seinem zum Teil verloren gegangenen Text *Ethica Eudemia* (der Titel der lateinischen Übersetzung) in Übereinstimmung mit Platon von einer unsterblichen Seele. Später scheint er sich von Platons Philosophie distanziert zu haben. Leider ist die Mehrzahl seiner Schriften nicht erhalten, so dass sein Standpunkt heute nicht mehr endgültig geklärt werden kann.

In seinem Text *De Generatione Animalium* ([18] Buch 2.3 – wiederum die lateinische Übersetzung) erwähnt Aristoteles drei Arten von Seele: »Denn alle drei Arten von Seele (die ernährende, die empfindende und die rationale) und nicht nur die ernährende, müssen potenziell vorhanden sein, bevor sie aktuell vorhanden sind. Und es ist notwendig, dass sie (1) entweder alle im Embryo entstehen, ohne vorher außerhalb davon existiert zu haben, oder dass sie (2) alle vorher existiert haben, oder dass (3) eine oder zwei vorher existent waren und die andere(n) nicht ... Nun, dass sie unmöglich alle präexistent gewesen sein können, geht aus dieser Überlegung klar hervor ... Es bleibt der Vernunft (der rationalen Seele) also allein vorbehalten, so (von außen) einzutreten und allein göttlich zu sein, weil keine Körperaktivität mit der Aktivität der Vernunft verbunden ist.« Demnach wäre die »rationale Seele« also sowohl präexistent als auch göttlicher Herkunft.

Im alten Rom hatte man kaum eine eigenständige Reinkarnationslehre, sondern man übernahm sie weitgehend von den Griechen. Unter anderem haben Horaz (Horatius), Vergil(ius) und Ovid(ius) in diesem Sinne über Reinkarnation geschrieben.

Die Seelenwanderung bei den Kelten und alten Nordeuropäern

Die Kelten

In irischen Sagen wird erwähnt, dass nur Gottheiten und Helden wiedergeboren werden. Andere Schriften behaupten, jene Helden seien »natürlich« geboren, doch hier handelt es sich wahrscheinlich um einen Eingriff der christlichen Zensur. Aus den heute noch vorhandenen Schriften geht nicht klar hervor, ob auch gewöhnliche Sterbliche reinkarnieren. Es ist sehr wahrscheinlich, dass wichtige Texte verloren gegangen oder zerstört worden sind [19].

Die Sagen beschreiben oft, wie sich eine Gottheit (eine Wesenheit der »Anderswelt«) in Gestalt eines Insekts oder eines Würmchens in einem Trank oder einer Speise versteckt und dann von einer Frau, meistens unwissend, geschluckt wird, um sich anschließend in ihrem Mutterleib einzunisten und verkörpert zu werden. Auf diese Weise nahm die Göttin Etain menschliche Gestalt an, vergaß dann aber, wer sie vorher gewesen war. Der Gott Lug wurde erst als ein Junge geboren, der bald starb. Doch dann wurde er in Gestalt eines Tierchens von Dechtire geschluckt, um von ihr als Cúchulainn noch einmal geboren zu werden [19, 20].

Einige Verfasser weisen auf eine Geschichte über zwei Schweinehirten hin, die durch eine Reihe von Tierverkörperungen gingen. Es dürfte sich hier jedoch eher um magische Verwünschungen als um Reinkarnationen handeln. Weitere Geschichten über eine Wiedergeburt sind die von Conchobor, Cornall Cernach, Tuan Mac-Cairill, Aed Slane und Taliessin. »Tuan, Sohn von Starn, lebte hundert Jahre als der Bruder von Partholon … und wurde dann nach 220 Jahren als der Sohn von Cairell wiedergeboren.« [21].

Auch Fionn (Find) wird mit einer Wiedergeburt in Verbindung gebracht. In einer Geschichte wird er als Mongan geboren und später zum König gekrönt. Da kommt der Krieger Fian Caoilte von den Toten zurück und sagt: »Wir waren mit dir zusammen, als du Fionn warst.« Mongan gebietet ihm zu schweigen, denn er will nicht, dass dies bekannt wird [19]. Aber Caoilte erzählt weiter: »Wir kamen aus Schottland und trafen hier in der Nähe, an den Ufern von Ollarba, auf Fothad Airgdech und lieferten ihm eine wilde Schlacht. Ich warf meinen Speer so, dass er durch seinen Körper drang und die Eisenspitze sich löste und in der Erde stecken blieb. Man wird den nackten Felsen finden, von wo ich den Speer warf, und ein Stück weiter weg die Eisenspitze in der Erde. Noch etwas weiter wird man das Grab von Fothad Airgdech finden.« Man ging auf die Suche und fand alles, wie er es beschrieben hatte [21].

Die meisten dieser Geschichten sind in ihrer ursprünglichen Form verloren gegangen. Sie berichten oft von Schwängerung durch magische Mittel oder von der sexuellen Vereinigung einer herabgestiegenen Gottheit mit einer sterblichen Frau und – als Folge von beidem – einer Wiedergeburt.

Bei Kinderlosigkeit wandten sich keltische Frauen häufig an einen Priester und nahmen magische Mittel in Anspruch: ein Gebet, ein Amulett, einen Zaubertrank oder eine Speise. In vielen Sagen wird berichtet, dass die Frau ein Samenkorn, eine Frucht, ein Insekt oder etwas Ähnliches schluckte, woraufhin ein Held oder eine Heldin wiedergeboren wird. Die Kelten glaubten an die Möglichkeit, dass die Seele eines gestorbenen Menschen in den Mutterleib einer Frau eingehen könne, um durch sie erneut geboren zu werden oder zumindest eine Empfängnis zu ermöglichen. Deshalb besuchten kinderlose Frauen oft Dolmen und andere Megalithgräber.

Es gibt zwei historische Berichte über den Reinkarnationsglauben der Kelten. Einer stammt von Julius Caesar: »Insbesondere möchten sie (die Gallier) die Lehre einprägen, dass Seelen unsterblich sind und von einem Körper zum anderen gehen.« Und Diodorus Siculus schrieb: »Das Ende des Lebens achten sie für nichts. Es herrscht nämlich unter ihnen die Meinung des Pythagóras, die Seelen der Menschen seien unsterblich, und nach einer bestimmten Zahl von Jahren lebe man wieder auf, indem die Seele in einen anderen Körper wandere.« Pomponius Mela und Lucan machten ähnliche Aussagen [21, 22]. In vielen irischen und walisischen Sagen und Liedern können die Götter ihre Gestalt ändern und in

Tiergestalt erscheinen. Götter und Helden können aber auch als Tiere geboren werden, bevor sie (erneut) Menschen werden.

In Irland gab es noch im 19. Jahrhundert alte Menschen, die an Reinkarnation glaubten. Evans-Wentz hat dort nachgeforscht und entsprechende Auskünfte bekommen, allerdings etwas widerwillig, weil man darüber nicht gern sprechen wollte. »Man konnte sie kaum dazu bringen, über ihren Glauben zu sprechen. Es war wie ein Geheimnis, über das sie nur miteinander offen sprachen.« Sie glaubten auch, dass Krankheit und Unglück im hohen Alter die Strafe für Sünden in einem früheren Leben seien. In Wales und in der Bretagne war es ähnlich [21].

Nordeuropäisches Altertum

Die Reinkarnationsidee ist auch in der nordischen Mythologie und in der poetischen *Edda* zu finden. Im *Helgakviða Hjörvarðssonar* (»Legendengesang von Hjörvarðsson«) wird von der Liebesbeziehung zwischen Helgi Hjörvarðsson und der Walküre Sváfa berichtet. Die poetische *Edda* erzählt, dass diese beiden später als Helgi Hundingsbane und Walküre Sigrún wiedergeboren wurden. Indirekten Hinweisen zufolge sind sie sogar noch ein zweites Mal als Helgi Haddingjaskati und Walküre Kára wiedergeboren worden. Diese Geschichte, so heißt es, sei im *Káruljóð* (»Das Káralied«)[5] zu finden, doch diese Schrift ist leider verloren gegangen [23]. Eine alte isländische Handschrift aus dem 13. Jahrhundert (also nach der Christianisierung des Landes im Jahre 1000) fügt hinzu: »Das war der Glaube in der Vorzeit, dass Menschen wiedergeboren würden, und das wird nun Altweiber-Verirrung genannt« [64] (meine wörtliche Übersetzung nach [27, 28] von »*Þat var trúa í forneskju, at menn væri endrbornir, enn þat er nú kölluð kerlinga villa*«). In der *Gautreks Saga* (»Die Sage von

---

5 Das isländische und altnordische Alphabet bezeichnet durch Akzente eine meistens diphthongierte Aussprache: *á = au, é = je, í =* offenes *i, ó = ou, ú =* offenes *u.* Der Konsonant ð wird wie *th* im englischen »that« ausgesprochen, þ wie *th* im englischen »thing« und der Vokal *æ* etwa wie *ai.*

Gautrek«) wird Starkaðr geschmäht, weil er angeblich die Wiedergeburt eines Riesen sei [24]. Dem *Flateyarbók* (»Das Buch von der flachen Insel«) zufolge soll der norwegische König Óláf die Wiedergeburt von Óláfr Geirstaðaálfr gewesen sein. Der König soll bei einem Besuch in Geirstad geäußert haben: »Es war eine Zeit, da wir hier waren und von hier wegkamen.« König Óláf (der Heilige genannt), der bei der Christianisierung Norwegens eine große Rolle spielte, soll diese Behauptung später zornig von sich gewiesen haben: »Das habe ich nicht gesprochen, und das werde ich nie sprechen, und wenn ich ein anderes sage, wie ich soeben gesprochen habe, so ist mein Glaube falsch.« Nach seiner Bekehrung zum Christentum wollte er offenbar nicht mehr zu seiner früheren Aussage stehen. Zander [25] räumt allerdings ein, es könne sich hier um ein möglicherweise absichtliches Missverständnis der christlichen Herausgeber handeln.

In der *Edda* lesen wir über Brynhildes Todesfahrt (Vers 15): »Aufs Neue immer zu Not und Sorge werden Weiber und Männer zur Welt geboren« [26]. Wörtlich (meine Übersetzung nach [27, 28]): »Frauen und Männer werden bei großer Trübsal allzu lange (wieder) zum Leben geboren« (»*Munu við ofstríð alls til lengi konur ok karlar kvikvir fæðask*«).

Helmut Zander [25] ist meistens sichtlich bemüht, diese Deutung alter Hinweise auf den Reinkarnationsglauben wegzuerklären. Beispielsweise schreibt er über den germanischen Meisterschützen Egil, er sei »in seiner ganzen, vollen Person mit Körper, Seele und vollständiger Ausrüstung« ins Totenreich zu seinen Verwandten gekommen, und will damit behaupten, dass man damals »Seele« und »Leben« gleichsetzte und den Germanen die Trennung von Körper und Seele unbekannt gewesen sei. Das darf wohl als logischer Purzelbaum betrachtet werden, denn erstens ist in dem Zitat von Körper *und* Seele die Rede, und zweitens konnte doch wohl jeder, der dieser Geschichte nach dabei war, feststellen, dass Egils Körper tot auf dem Schlachtfeld (oder wo immer er starb) lag und dann bestattet wurde. Demnach kann man diese Stelle nur so interpretieren, dass Egil im Totenreich erschien, *wie* er im Leben ausgesehen hatte, aber nicht *mit* seinem physischen Körper, sondern mit einem ähnlich aussehenden *seelischen*. Und aus so einer Gestalt heraus hätte er sicherlich auch wieder inkarnieren können.

Es gibt keine eindeutigen Hinweise auf einen germanischen Reinkarnationsglauben, denn die Germanen haben leider keine schriftlichen Zeugnisse hinterlassen, denen man solche Hinweise entnehmen könnte. Nur zwei Äußerungen scheinen darauf hinzudeuten, dass die Germanen an Wiedergeburt glaubten. Appian schreibt in seiner *Römischen Geschichte:* »Cäsar besiegte die Germanen unter ihrem Führer Ariovist, die wegen der Hoffnung auf Wiedergeburt Verächter des Todes waren« [29]. Und Lucan berichtet: »So stürzen die Männer mutig entgegen dem Stahl und sterben mit williger Seele. Hier heißt feige, wer das Leben schont, das doch wieder zurückkehrt« [30].

Kalevala – das finnische Volksepos

Auch im *Kalevala* [31] wollte man Hinweise auf Reinkarnation sehen, doch sie sind nicht gesichert. Die Hauptperson in diesem alten Volksepos ist der alte weise Väinämöinen, der als ein Mensch göttlicher Herkunft dargestellt wird. Joukahainen will sich an ihm rächen und erschießt sein Pferd, als er nach Pohja reitet. Väinämöinen stürzt ins Wasser und wird von einem Sturm aufs Meer hinaus getrieben, begleitet von den bösen Wünschen Joukahainens, er möge nie wieder zurückkommen. Nach acht Tagen und neun Nächten wird Väinämöinen von einem Adler aus dem Wasser geholt und nach Pohja gebracht. In diesem Motiv wollen einige die Wiedergeburt sehen. Das Meer sei das kosmische Meer, wo sich die Seelen aufhalten, und die Rettung durch den Adler sei Väinämöinens Wiedergeburt.

Dass das Meer nicht einfach nur ein großes Wasser ist, sondern auch das Jenseits, zeigen einige Geschichten, zum Beispiel die von Aino, Joukahainens Schwester, die sich das Leben nahm. Als Väinämöinen eines Tages fischt, fängt er einen sonderbaren Lachs, der bald wieder aus dem Boot zurück ins Wasser springt. Von dort spricht er zu ihm und sagt, er sei in Wirklichkeit kein Lachs, sondern Aino, die ihm etwas zu sagen habe.

Eine weitere Geschichte handelt von Lemminkäinen, der die schöne Kyllikki zur Frau haben will, doch zuvor muss er einige Bedingungen erfüllen. Unter anderem soll er im Tuoni-Fluss (Tuoni ist sowohl der personifizierte Tod als auch das Reich des Todes) einen Schwan erschießen. Doch da lauert ihm ein Zauberer auf und tötet ihn. Der Leichnam treibt den Fluss hinunter, und Tuonis Sohn zerstückelt ihn in fünf Teile. Lemminkäinens Mutter erfährt vom Tod ihres Sohnes und sucht verzweifelt nach den Körperteilen, die sie schließlich findet und wieder zusammenfügt. Sie betet zur Göttin Suonetar (»Aderjungfrau«), sie möge seine Adern und Sehnen wieder zusammenfügen, und ihre Bitten werden erhört. Der Körper ist aber noch nicht wieder lebendig. Daher bittet sie nun die Honigbiene, aus verschiedenen Gegenden Honig und andere Zutaten zu sammeln, aus denen sie eine Salbe bereitet. Diese Salbe macht Lemminkäinen wieder ganz lebendig. Auch in diesem Motiv könnte man eine Anspielung auf Reinkarnation sehen.

Eigenartigerweise sterben hier Menschen und sind später wieder da, und zwar genau so, wie sie vorher waren. Kullervos Familie wird vor seiner Geburt umgebracht, nur die mit ihm schwangere Mutter bleibt am Leben. Über ihr Schicksal nach Kullervos Geburt wird nichts erzählt. Kullervo, der bereits als Säugling weiß, dass er die Tat, die an seiner Familie verübt wurde, rächen wird, kommt jedoch als Pflegekind in die Feindfamilie. Dort übt er schon als kleiner Junge Rache, indem er ein Baby jener Familie tötet. Daraufhin wird er als Sklave an den Schmied Ilmarinen verkauft, dessen böswillige Frau ihn sehr schlecht behandelt. Dafür rächt er sich mit einer zauberkräftigen Verwünschung, die zum Tod dieser Frau führt. Er kehrt an seinen Geburtsort zurück und erfährt dort, dass seine getöteten Eltern und Geschwister gar nicht tot sind, sondern in Lappland leben. Er findet sie und erfährt von der Mutter, dass seine Schwester (erneut!) den Tod fand. Später trifft er eine junge Frau, die er verführt, doch dann stellt sich heraus, da sie eben jene Schwester ist. Voller Schuldgefühle wegen der Verführung der eigenen Schwester bringt sich Kullervo schließlich selbst um. Auch aus dieser Geschichte könnte man schließen, dass im alten Finnland an Reinkarnation geglaubt wurde – und an Karma, denn an einer anderen Stelle im *Kalevala* heißt es: »Wer dem einen eins versetzte, der erhielt auch selber Hiebe« [31]. Die schwedische Übersetzung gibt es etwa so wieder: »Jeden Schlag, den man seinem Nächsten gibt, wird man auf seinem eigenen Rücken spüren« [32].

Es ist jedoch damit zu rechnen, dass ein alter Reinkarnationsglaube, der in den Gesängen zum Ausdruck kam, durch die Christianisierung Finnlands allmählich allegorisch verwischt oder verdunkelt wurde. Man weiß, dass die Gesänge im Laufe der Jahrhunderte verändert wurden und zum Beispiel die Schöpfungsgeschichte im ersten Gesang früher anders war als in späteren Aufzeichnungen [31]. In einer früheren Version schwimmt Väinämöinen selbst im Urmeer, bevor es zur Schöpfung der Welten kommt. In der späteren Version wird Luonnotar (die »Tochter der Natur«; auch Ilmatar, »Tochter der Luft«, genannt) vom Wind geschwängert, und dadurch geht Väinämöinen (der bereits im Mutterleib alt und weise ist) aus dem Wasser (des Urmeeres) in ihren Mutterleib über. Hier wurde wahrscheinlich das christliche Motiv von der jungfräulichen (»unbefleckten«) Empfängnis adaptiert [31]. In ähnlicher Weise könnten auch auf den Reinkarnationsglauben deutende Stellen abgeändert worden sein. In diesem Zusammenhang ist es interessant, dass das Wort für einerseits Wind und Luft und andererseits Geist und Seele in manchen alten Sprachen das Gleiche ist: Hebräisch *ruah,* Griechisch *pneuma,* Latein *spiritus.* Maria wurde vom Heiligen Geist geschwängert und Luonnotar vom Wind. Im Finnischen bedeutet *henki* sowohl Geist als auch Luft.

Der Reinkarnationsglaube im Judentum

Im esoterischen Mystizismus des Judentums entstand eine Lehre über die Reinkarnation (*gilgul,* manchmal auch *ha'ataqah*) der Seele, die eher geduldet als anerkannt oder unterstützt wurde. Sie fand später einen besonderen Ausdruck in der Kabbalah.

In der zweiten Hälfte des 7. Jahrhunderts vertrat 'Anan ben David den Reinkarnationsglauben. Er gründete die Bewegung der Karaiten, in der seine Auffassung zu dieser Frage allerdings nicht allgemein akzeptiert wurde. Im 13. Jahrhundert entstand der Begriff der »Seelenschwängerung«, *ibur,* der unten noch näher erklärt werden wird [33]. Mit diesem Begriff setzten sich später besonders die Kabbalisten Isaak Luria und Chaim Vital auseinander.

Die Erschaffung der Seelen

Die reinkarnationsgläubigen Juden sagen, am Ende des sechsten Schöpfungstages sei auch die Schöpfung zu Ende gewesen. Da waren bereits alle Seelen erschaffen, und es entstanden keine neuen mehr. Die Anzahl der Seelen lag also schon fest. Die Seelen verweilen als individuelle Entitäten zunächst in einer paradiesischen Welt und kehren nach Beendigung ihrer Inkarnation in der niedrigeren Welt dorthin zurück [34].

Der Mensch, aus Staub der Erde gemacht, kann nicht zur Perfektion gelangen, wenn ihn seine göttliche Seele nicht himmelwärts hebt. Sein Leben ist ein ständiger Kampf zwischen den grobstofflich materiellen Neigungen seiner irdischen Natur und den hohen spirituellen Eingebungen seiner Seele. Je nachdem, wie er sich verhält, verliert seine Seele mehr oder weniger von ihrem spirituellen Glanz und ihrer Reinheit. Der Mensch hat aber einen freien Willen und herrscht über seine eigenen Taten, denn sonst müsste das ganze System von Lohn und Strafe aufgegeben werden, was eine Vorausbestimmung dennoch nicht ausschließt.

Die Seelen wurden erschaffen, um in Menschenkörper einzugehen. Sie können aber nicht wählen – weder den Körper, in den sie eintreten, noch den Zeitpunkt dafür, noch die Dauer und das Ende jener Verkörperung. Das ganze Leben ist mit dem Eintritt der Seele in den Körper vorausbestimmt. Da sich die Seele nur ungern verkörpern lässt, besonders wenn das bevorstehende körperliche Leben negativ ist, wird sie von einem Engel ergriffen, der sie erst durch die Seligkeit im Himmel und die Pein in der Hölle trägt, so dass sie den Lohn beziehungsweise die Strafe für entsprechende Taten kennen lernt. Nach ihrer Einkörperung vergisst sie dieses Erlebnis zwar wieder, aber eine vage Erinnerung bleibt, und damit hat sie einen inneren Maßstab für das, was gut und böse ist.

Die Seele beginnt nun ihren Aufenthalt auf der Erde. Sie soll den Körper meistern und nicht sein Sklave werden. Zu Beginn der ersten Verkörperung ist sie noch rein. Dann aber sieht sie sich den Versuchungen des Materiellen ausgesetzt, denen sie mehr oder weniger nachgibt. Dämonen versuchen sie mit allen möglichen Verführungen weiter vom rechten Pfad abzubringen.

Die befleckte Seele kann aber wieder gereinigt werden. Nach dem Tod bekommt sie ihr eigenes Bewusstsein zurück und erkennt mit Bitterkeit, dass sie nicht aufsteigen und zu Gott zurückkehren darf. Stattdessen bleibt sie in dieser Welt und wartet auf eine Gelegenheit für Strafe und Wiedergutmachung. Diese Gelegenheit kommt mit der nächsten Verkörperung, und somit begibt sich die Seele von einer Verkörperung in die nächste, bis alle Unreinheiten ausgemerzt sind.

Diese Reinkarnationslehre ist in systematisch ausgearbeiteter Form außer beim Rabbi Chaim Vital (s.u.) sonst nirgendwo zu finden. Sie wird, wo in Schriften von ihr die Rede ist, als bekannt vorausgesetzt, und detaillierte Erklärungen werden nicht gegeben. Bruchstücke kann man hauptsächlich der zoharistischen Literatur entnehmen, und zwar dem *Zohar* selbst, dem *Zohar Chadash* und den *Tikunim*.

Das Buch Bahir

Eine bemerkenswerte kabbalistische Schrift ist das Buch *Sefer Ha-Bahir* (»Buch des Glanzes«) aus dem 12. Jahrhundert. In Paragraf 86 steht: »Was bedeutet ›ein Geschlecht geht und ein Geschlecht kommt‹? Ein Geschlecht, das schon einmal gekommen ist. Ein Gleichnis: Ein König hatte Diener und kleidete sie seinem Vermögen nach in Gewänder aus Seide und Stickerei. Sie gerieten auf Abwege. Da warf er sie hinaus und stieß sie weg von sich und zog ihnen seine Gewänder aus, und sie gingen fort. Da ging er hin und nahm die Gewänder und wusch sie gut, bis keinerlei Schlacken mehr an ihnen übrig waren, und legte sie fertig zurecht und warb sich andere Diener und kleidete sie in jene Gewänder, ohne dass er wusste, ob jene Diener gut sein würden oder nicht. So hatten sie denn teil an Gewändern, die schon auf die Welt gekommen waren, und andere hatten sie vor ihnen angezogen.« Hierzu erklärt Gershom Scholem: »Dies Gleichnis ist auffällig. Da bei der Seelenwanderung die *Körper*, in die die Seele eintritt, zwar wechseln, sie selbst aber *eine* bleibt, muss man annehmen, dass die Seele hier als *Gewand*, wenn auch ein Prachtgewand, betrachtet wird, mit dem die Menschen bekleidet werden.« [35]

In Paragraf 135 desselben Buches lesen wir: »Warum geht es manchem Frevler gut und manchem Gerechten schlecht? Weil der Gerechte schon einmal in der Vergangenheit ein Frevler war und nun bestraft wird ... Ich spreche ja nicht vom selben Leben, ich spreche davon, dass er schon einmal in der Vergangenheit da war.« Diese Stelle erklärt sich selbst.

Der in Berlin geborene Gershom Scholem, später Professor für Jüdische Mystik in Jerusalem, hat zum Thema Reinkarnation im Judentum wertvolle Arbeiten geschrieben [33, 36, 37].

Rabbi Chaim Vital

Chaim (Chajjim) Vital (1543-1620) war ein Schüler des großen Kabbalisten Isaac Luria (Jitzchak Lurija, 1534-1572, auch Ari oder Arizal [»Löwe«] genannt). Letzterer hat kein Schrifttum hinterlassen, aber Vital sorgfältig seine Belehrungen niedergeschrieben. Das Hauptwerk zum Thema Reinkarnation ist sein *Sefer Ha-Gilgulim* (»Das Buch der Reinkarnationen«), auch *Sha'ar Ha-Gilgulim* (»Pforte der Reinkarnationen«) genannt [38, 39]. (Ein wertvolles Buch zur Kabbalah des Isaac Luria, das Reinkarnation nur wenig erwähnt, wurde von James David Dunn geschrieben [40].)

Er unterscheidet sowohl zwischen fünf Arten der Seele, *nefesh,
ruach, neshamah, chaijah* und *jechidah,* als auch zwischen der normalen Inkarnation sowie *jebom* und *ibur* (»Seelenschwängerung«).
Bei einer gewöhnlichen Inkarnation müssen eigentlich nur jene See-
lenanteile in einem Körper zur Welt kommen, die eine Berichtigung
nötig haben. Eine Inkarnation *jebom* kommt zustande, wenn ein
Mann kinderlos stirbt. Da muss dann die ganze Seele inkarnieren,
mit *nefesh, ruach* und *neshamah.* Bei *ibur* kommt eine andere Seele
(nach der Geburt und für eine begrenzte Zeit) hinzu, um die bereits
inkarnierte Seele zu begleiten, entweder um ihr zu helfen und beizu-
stehen oder um an ihrer Erfahrung teilzuhaben. Im ersteren Fall ist es
die Seele eines verstorbenen Gerechten, eines *tsadik.*

Nefesh ist »das Blut der Seele im Körper«, *ruah* ist »der Atem
der Seele im Herzen von Liebe und Gefühlen«, *neshamah* ist »der
Intellekt der Seele«, *chaijah* ist »die Lebenskraft der Seele« und
jechidah ist »die Einheit der Seele mit der höchsten Bewusstsein-
sebene im Göttlichen« [40].

Ein böser Mensch hat nur drei Chancen. Es steht geschrieben: »...
denn ich, der Herr, dein Gott, bin ein eifriger Gott, der da heimsucht
der Väter Missetat an den Kindern bis in das dritte und vierte Glied, die
mich hassen; und tue Barmherzigkeit an vielen Tausenden, die mich lieb
haben und meine Gebote halten« (2. Mos. 20,4-6; 5. Mos. 5,9-10). Das
bedeutet, dass die Seele nach einer ersten Inkarnation noch drei Möglichkeiten hat. Hat der Mensch dann immer noch nicht angefangen,
sich zu bessern, wird er »von seinem Volk abgetrennt«. Hat er aber angefangen, ist er ein *tsadik* und kann bis zu mehr als tausend Inkarnationen
haben. Hier wird das genannte Bibelwort also im Sinne der Reinkarnation aufgefasst, wie von den gnostischen Christen auch.

Reinkarnation im Koran?

Manche, darunter die Angehörigen einiger der wenigen reinkarnationsgläubigen Strömungen im Islam (siehe Kapitel 3, Frage 1), wollen
bestimmten Koranversen Hinweise auf Reinkarnation entnehmen.

Dazu gehören die Verse, in denen vom Tod die Rede ist und danach wieder vom Leben und erneut vom Tod, als ginge es um einen Kreislauf. So meinen unter anderem einige Sufis, wenn uns aus dem Tod das Leben gegeben werde, müssten wir ja vorher schon gelebt haben, denn wie könnten wir sonst erst tot und dann lebendig sein?

In diesem Zusammenhang sind vor allem folgende Verse aus dem Koran [36] bemerkenswert:

- 2,28 »Wie wollt ihr Allah leugnen? Ihr wart ja ohne Leben, er hat euch Leben gegeben; er wird euch sterben lassen, und er wird euch dereinst wieder zum Leben rufen – dann werdet ihr zu ihm zurückkommen.« (Sure *Al-Bakarah,* die Kuh)
- 3,27 »Auf die Nacht lässt du den Tag folgen und auf den Tag die Nacht. Aus dem Tode lässt du das Leben hervorgehen und den Tod aus dem Leben, und du ernährst, wen du willst, ohne Maß.« (Sure *Al-Imran,* die Familie)
- 6,95 »Allah lässt das Samenkorn und den Dattelkern hervorsprossen, er lässt Leben aus dem Tod und Tod aus dem Leben entstehen; dies tut Allah, und dennoch wollt ihr euch von ihm abwenden?« (Sure *Al-Anam,* das Vieh)
- 10,31 »Sprich: ›Wer versieht euch mit Speise vom Himmel und von der Erde? Oder wer hat Gewalt über Gehör und Gesicht? Wer bringt Leben aus Tod und Tod aus Leben hervor? Wer ist Herr aller Dinge?‹ Gewiss werden sie antworten: ›Nur Allah‹, so sprich: ›Wollt ihr euch dann nicht fürchten (und in Verehrung bei Allah Schutz suchen)?‹« (Sure *Yunus,* Jonas)
- 20,55 »Aus Erde haben wir euch erschaffen, zu ihr lassen wir euch zurückkehren, und aus ihr werden wir euch wieder einmal hervorbringen.« (Sure *Ta-Ha,* TH)
- 30,11 »Allah erschafft die Wesen und wird sie einst wieder von Neuem entstehen lassen, und dann kehrt ihr zu ihm zurück.« (Sure *Al-Rum,* die Römer)
- 30,19 »Er bringt Leben aus dem Tod und Tod aus dem Leben hervor; so wie er die Erde nach ihrem Tod neu belebt, so werdet auch ihr einst wieder aus dem Grabe steigen.« (Sure *Al-Rum,* die Römer)

- 71,17-18 »Allah hat euch aus der Erde hervorgebracht und er wird euch wieder in dieselbe zurückführen und auch wieder aus derselben hervorrufen.« (Sure *Nuh,* Noah)

Manchmal werden noch weitere Stellen angegeben, an denen aber meistens nur von einem Tod und einem erneuten Leben die Rede ist, so dass man sie auch mit der Auferstehung, ähnlich wie im Christentum, erklären könnte. Zu solchen Stellen gehören: 2,56, 2,73, 2,243, 2,260, 13,5, 16,38-39, 19,33, 19,66, 22,5, 26,81, 27,4, 27,67, 30,40, 34,21 und 64,7.

Meistens lehnt man aber im Islam die Reinkarnation ab und verweist dabei unter anderem auf folgende Stelle:

23,99-100 »Erst wenn der Tod einen Ungläubigen erfassen will, wird er sagen: ›O Herr, lass mich ins Leben zurückkehren, damit ich gute Werke verrichte, welche ich unterlassen habe.‹ Keineswegs! Heißt es dann, und die Worte, die er spricht, sind vergebens; denn hinter ihnen ist eine Kluft bis zum Tage der Auferstehung.« (Sure *Al-Mominun,* die Gläubigen)

Eine alternative Übersetzung dieser Sure lautet: »… damit ich gute Werke verrichte in der Welt, die ich nun verlasse« [41].

Dagegen könnte man einwenden, dass hier um Rückkehr in das *gleiche* Leben gebeten wird, das man soeben verlässt, also in den gleichen und in dem Fall wiederbelebten Körper, und nicht um die Wiedergeburt in einem *neuen* Körper.

Eine umfassende Arbeit zum Reinkarnationsglauben im Islam wurde von Rainer Freitag vorgelegt [42]. Man lese auch über *tanasukh* (Reinkarnation) in *Encyclopaedia of Islam* [43].

Beispiele für den Reinkarnationsglauben der nord- und südamerikanischen Völker

Der Reinkarnationsglaube war vor der Christianisierung unter den nordamerikanischen Indianern und den Inuits (Eskimos) fast überall verbreitet und wird es teilweise heute noch sein (auch wenn man nun weniger offen darüber spricht). Eine wertvolle Übersicht ist in dem Buch *Amerindian Rebirth* [63] enthalten. Im Vorwort schreibt Gananath Obeyesekere: »Es ist nicht mehr möglich, mit Sicherheit eine Darstellung der Formen und Charakteristika des Reinkarnationsglaubens zu geben, wie sie vor dem westlichen Kontakt und der Einführung des Christentums bestanden. Die Übernahme vom Christentum und anderen Formen von Monotheismus hat überall das Bild komplizierter gemacht …« und »Ich meine, dass eine Sache ziemlich sicher ist: Die konventionelle Strategie der Gelehrten, eine gerade Entwicklungslinie vom vedischen zum brahmanischen, zum upanishadischen und dann zum buddhistischen und jainistischen Denken zu ziehen wird zunehmend zweifelhaft.« Letzteres ist doch angesichts all der in diesem hier vorliegenden Buch enthaltenen Fakten eigentlich selbstverständlich! Es *gibt keine* solche Entwicklungslinie, jedenfalls ist sie nicht allgemein gültig, sondern hat bestenfalls lokale Geltung. Die Reinkarnationsvorstellung entstand in vielen Kulturen der Welt mehr oder weniger unabhängig voneinander. Es ist nur so, dass sie im indischen Gedankengut mit besonderer Lebenskraft überdauert hat, während sie in vielen anderen Kulturen verloren ging, nicht zuletzt infolge eines missionarischen Übereifers, den ich als kulturell destruktiv bezeichnen möchte.

Was die Einstellung ethnologischer Feldforscher betrifft, schreibt Obeyesekere: »Die Gründe für das Missachten der Reinkarnationseschatologien bei den Wissenschaftlern sind nicht sehr schwer herauszufinden. Westliche Feldforscher waren einfach nicht darauf eingestellt. Zwar haben frühe afrikanistische Ethnografen und Theoretiker … ihre Existenz erkannt, aber nicht ihre existenzielle Bedeutung, noch ihre Zentralität in den Kosmologien der afrikanischen Völker. Wie Alexander von Gernet zeigt, ist es unvermeidlich, dass frühe Missionare mit einheimischen eschatologischen Begriffen nicht sympathisierten und diese oft in ihre eigene Begriffe übersetzten. Im Allgemeinen waren Ethnografen erwartungsgemäß empfindsam für Eschatologien, die mit ihren eigenen parallel liefen … oder mit Glaubensformen, die mit westlichem Denken in Einklang gebracht werden konnten ... Das funktioniert aber einfach nicht mit der Reinkarnation. Malinowski beschrieb eine Reinkarnationskosmologie bei den Trobriand und identifizierte sie als eine solche, aber er sah nicht ihre familiäre Ähnlichkeit mit Reinkarnation anderswo und mit wohlbekannten indischen Theorien. In einigen Fällen ist es wahrscheinlich, dass solche Glaubensformen in globalisierende Etikettierungen wie Polytheismus und Pantheismus eingekapselt wurden. Das ist leicht machbar, weil Reinkarnation mit Formen von Monotheismus koexistieren kann ... oder mit irgendeinem Theismus ... Obwohl Formen von Reinkarnationsglaube in einer größeren kosmologischen Ordnung eingefügt werden, haben sie unvermeidlich eine eigene Logik ...«

Der Reinkarnationsglaube dieser amerikanischen Urvölker ist mindestens so alt wie der Glaube im Hinduismus und im Buddhismus [63]. Woher hatten sie ihre etwas unterschiedliche, aber doch verwandte Form von Reinkarnationsvorstellungen? Es wird vermutet, dass der Einfluss sibirischer Völker eine Rolle gespielt haben könnte [63]. Aber das gibt die Frage nur weiter: Woher hatten dann jene sibirischen Völker ihre Reinkarnationsvorstellungen? Die Antwort wird wohl eher im Schamanismus liegen, der sowohl in Sibirien als auch bei den amerikanischen Urvölkern eine große Rolle spielte. (Echte) Schamanen werden in ihren Trancezuständen oft Einblick ins Jenseits gehabt haben, und von dort konnten sie Wissen beziehen und darüber berichten.

Die Inka

Sie glaubten an Reinkarnation, sogar derart, dass sie ihre Toten in der Fötusposition begruben, um ihnen die Wiedergeburt zu erleichtern [44].

Der spanische Eroberer Pizarro verurteilte den Inkakönig Atahualpa zum Tode, und zwar durch Verbrennen auf dem Scheiterhaufen. Das war für die Inkas ungeheuerlich, denn sie waren der Meinung, wenn der Körper einer Person zerstört würde, könne sie nicht wieder inkarnieren. Deshalb trat Atahualpa zum Christentum über, aber unter der Bedingung, dass er geköpft würde [45].

Die Mayas

Sie haben das, was im Zusammenhang mit Reinkarnation geschieht, in ihrem Totenbuch genau beschrieben. Zunächst erlangt der Verstorbene stufenweise einen höheren Bewusstseinszustand. Im höchsten Zustand ist die Seele geläutert und bewegt sich in der sogenannten »sublunaren« Welt, auf einer zeitlichen Ebene unter dem Einfluss himmlischer und irdischer Mächte.

In einem zweiten Stadium erwirbt der Tote die vollkommene Läuterung und tritt in einen Vorhimmel ein. Er verliert seine menschliche Gestalt und bekommt eine neue Hülle. Das ist eine Art Wiedergeburt im Vorhimmel.

In einem dritten und letzten Stadium wird die Seele ihrer alten Hülle und auch des Gedächtnisses des Verstorbenen entkleidet und in den Schoß einer befruchteten Frau eingebracht. Dieses Einbringen bedarf eines günstigen Augenblicks.

Für den Sterbenden ist es wichtig, dass er von einem »Priester-Seher« (*chilan*) zunächst aus der Todeslethargie geholt wird, so dass er dann von einem »Totenführer« (*lamat*) in den Himmel geführt werden kann. Sonst könnte er in einen Zustand der Verwirrung geraten und in der Finsternis bleiben. Das würde bedeuten, dass die Seele in einer Art seelischem Fötuszustand verharren müsste. Zur neuen Geburt wird die geläuterte Seele (*pixan*) dann von einem mythischen Vogel (*moan*) geführt, der sie auch sonst begleitet [46].

Die Azteken

Als der spanische Eroberer Cortes 1519 die Aztekenhauptstadt Tenochtitlan erreichte, wurde er in allen Ehren von Kaiser Moctezuma empfangen, denn jener hielt Cortes für eine Inkarnation des Gottes Quetzalcoatl und daher für unbesiegbar.

Die Reinkarnationsidee war fester Bestandteil des Glaubens der Azteken. Jedes Lebewesen, so glaubten sie, habe ein unzerstörbares, gottähnliches Herz (womit die Seele gemeint sein wird). Auf seiner Reise in die andere Welt verwandelt sich dieses Herz schließlich in einen göttlichen Samen, der dann von den Göttern zur Erschaffung eines neuen Lebewesens verwendet wird [47].

Die Hopi

»In den Pueblos scheinen die Hopi, welche die am besten entwickelten Klans aufweisen ... die stärksten Formen von Reinkarnationsglauben zu haben« [63]. Bei ihnen glaubt man, dass die Seele nach dem Tod bis zu vier Tage an dem Ort bleibt, wo sie verkörpert war, und dass sie alles, was sich dort nach ihrem Tod abspielt, beobachtet. Manche Seelen wollen nicht weitergehen. Der Körper wird in Fötusposition bestattet, als Symbol für die fortgesetzte Wiedergeburt. Eine böse Person wird wieder zu etwas Schlechtem, eine gute zu etwas Gutem. Man kann irgendwo reinkarnieren, wieder bei den Hopi oder woanders. (Vgl. [48].)

Der Reinkarnationsglaube der australischen Aborigines

Den Mythen der australischen Aborigines zufolge lebt der Mensch, bevor er bei seiner Geburt in ein weltliches Leben inkarniert, als Geist (Seele) in der Traumwelt und versucht von dort, mit seinen möglichen künftigen Eltern in Kontakt zu kommen. Träumt ein Vater nicht von seinen kommenden Kindern, wird seine Frau nicht schwanger werden können. Der Geist (die Seele) stirbt nie, sondern inkarniert immer wieder als kleines Kind. Auf diese Weise entsteht ein starkes Band zwischen einer Person, ihrer Vergangenheit und ihrer Umgebung. Wenn eine Frau schwanger wird, bedeutet das einfach, dass einer der Geister ihrer Vorfahren in sie eingegangen ist. Der Ort, an dem sie sich befindet, wenn sie zum ersten Mal bemerkt, dass sie schwanger ist, wird für den Ort gehalten, woher dieser Geist kam [49, 50].

Missbrauch der Reinkarnationslehre

Politisch-sozialer Missbrauch in Indien

Der Reinkarnationslehre wird häufig vorgeworfen, sie habe zum Kastensystem in Indien geführt, doch damit macht man es sich zu einfach. Das Kastensystem hat ohne Zweifel andere historische Ursachen. Dass es keine direkte Folge der Reinkarnationslehre sein kann, beweist schon die Tatsache, dass man in anderen Kulturen, in denen der Reinkarnationsglaube weit verbreitet ist, kein Kastensystem dieser Art kennt. Soziale Klassen gibt es allerdings in so gut wie allen Ländern der Welt. Auch bei uns teilte man die Gesellschaft vor nicht allzu langer Zeit noch in Adel, Priesterschaft, Bürgertum und Bauern ein, und das hatte nichts mit Karma zu tun. Eine typisch indische Folge der Reinkarnationslehre ist jedoch, dass sich Menschen in der Regel mit diesem System abfinden und dass die Lehre häufig dazu missbraucht wird, den Status quo aufrechtzuerhalten. Im heutigen Indien konvertieren viele Angehörige der unteren Kasten zum Islam oder zum Christentum, weil es da kein Kastensystem gibt.

Missbrauch in Zusammenhang mit Abtreibung

Eine Abtreibung ist natürlich ein Tötungsakt. Dabei stirbt allerdings nur der Körper des ungeborenen Kindes. Seine Seele löst sich wieder von diesem Körper, geht weiter und inkarniert später erneut. Reinkarnationsgläubige könnten daher meinen, eine Abtreibung sei nicht so schlimm. Hier stellt sich aber weniger die Frage, ob ein solcher Tötungsakt »schlimm« oder »nicht so schlimm« ist, sondern viel mehr, was das geringere Übel ist. Gar nicht geboren zu werden kann für ein Kind tatsächlich eine bessere Alternative sein, als in eine unglückliche, lieblose oder gar traumatisierende Kindheit hineingeboren zu werden [51]. Das hängt ganz von den Umständen ab. Es wäre jedoch ein klarer Missbrauch der Reinkarnationslehre, wollte man damit eine Abtreibung rechtfertigen oder schönreden.

Besser nicht helfen, um nicht in das Karma einzugreifen

Manchmal wird die Lehre von der Reinkarnation und vom Karma vorgeschoben, um einem Leidenden nicht mehr als nötig zu helfen, nach dem Motto: »Er bekommt ja, was er verdient.« Manche fürchten sogar, sie könnten einem Leidenden Karma abnehmen, indem sie ihm helfen. Doch wie in diesem Buch bereits dargestellt wurde, ist es gar nicht möglich, einem Leidenden Karma abzunehmen, indem man ihm hilft. Wohl aber können wir uns durch unterlassene Hilfeleistung eigenes Karma aufbürden. Außerdem stellt die Liebestat des Helfens eine zusätzliche Lektion für den Leidenden dar, denn sie demonstriert ihm etwas, wozu er früher wahrscheinlich selbst nicht bereit war.

Wenn nicht in diesem Leben, dann im nächsten …

Wenn man, wie die Reinkarnationslehre behauptet, tatsächlich so viele Leben hat, denken manche, kann man sich auch entsprechend viel Zeit lassen. Da muss man sich ja nicht besonders anstrengen, um sich weiterzuentwickeln, denn man bekommt ohnehin jede Menge neuer Chancen. So zu denken wäre allein schon ein Missbrauch des Reinkarnationsgedankens, aber wer denkt denn wirklich so? Wer die Reinkarnationslehre kennt und auch das Prinzip des Karmas, das untrennbar damit verbunden ist (weil Reinkarnation sonst keinen Sinn hätte), kann gar nicht so denken, denn er weiß, dass er sich mit einer solchen Lebenshaltung zusätzliches Karma aufbürden würde.

Scientology

Zu den Missbräuchen von Reinkarnationslehren möchte ich auch die Praxis des »Auditing« in der Scientology Church zählen, die leider dazu beigetragen hat, dass Rückführungstherapie in den Augen mancher als suspekt gilt.

Wenn in den Siebzigerjahren des 20. Jahrhunderts Menschen etwas über Rückführungen hörten, fragten immer einige von ihnen, ob das etwa mit Scientology zu tun habe. Tatsächlich erinnern die dort durchgeführten »Auditings« an Rückführungen, nur geht man damit ganz anders und nach meiner Meinung manipulativ um. Eine Bestrebung scheint dabei zu sein, erstens Macht über den (nennen wir ihn mal so) »Auditanden« zu gewinnen und zweitens ihm ein eigenes und sehr merkwürdiges Weltbild zu indoktrinieren. Ich halte es für wichtig, dieses Vorgehen von der echten Rückführung streng zu unterscheiden.

Bei einem »Auditing« wird meistens ein »E-Meter«, auch »Mindwalker« genannt, als Hilfsmittel verwendet. Dieses Gerät (inzwischen sogar computerisiert zu haben) misst den elektrischen Hautwiderstand und schlägt bei starken Emotionen aus. Ein Ausschlag zeigt somit an, dass der »Auditand« in ein gefühlsgeladenes inneres Erleben geraten ist, das man eingehend eruieren soll. Meines Wissens scheint man aber nicht die Wichtigkeit vom *Auflösen* entsprechender Gefühlsenergien zu kennen (oder strebt es aus nachfolgend genannten Gründen nicht an). Im Gegenteil wird berichtet, dass man so persönliche Informationen sammelt, um diese dann zu missbrauchen, indem man sie als Druckmittel erpresserisch gegen die Person verwendet. Erfährt man nämlich aus den dunkelsten Ecken ihrer Seele einiges Negatives über die Person, kann man leider solche Gemeinheiten tun. Diese Erpressung bekommt noch eine finanzielle Natur, indem die Person gedrängt wird, Kurse zu extrem überteuerten Preisen zu belegen und sich damit zu verschulden.

Lafayette Ron Hubbard (1911-1986) war ein Science-Fiction-Autor, der in den Dreißigerjahren des 20. Jahrhunderts für einen Cent pro Wort Novellen und Bücher am Fließband schrieb. Er hatte auch

Verbindungen zum berüchtigten britischen Schwarzmagier Aleister (Edward Alexander) Crowley (1875-1947), den er als Freund bezeichnete. Irgendwann begann Hubbard, eine höchst sonderbare Geschichte von einem Xenu und von Thetanen zu lehren. Ein Thetan ist das unsterbliche Wesen des Menschen – das wäre wohl eigentlich das, was andere als Seele bezeichnen. Xenu war ein Herrscher von 21 Sonnen und 76 Planeten. Vor 75 Millionen Jahren kam es dort zur Überbevölkerung, und Xenu schickte Milliarden jener Menschen auf die Erde und steckte sie paralysiert in mehrere Vulkane. Dann brachte er darin Wasserstoffbomben zur Explosion, wodurch ihre Seelen als Thetanen in den Himmel geschleudert wurden. Sie wurden dann wieder auf die Erde gebracht, mit neuen Glaubenssystemen indoktriniert und ihres Identitätsbewusstseins beraubt. Xenu wurde dafür von der Galaktischen Föderation dergestalt bestraft, dass man ihn in einer elektronischen »Bergfalle« versteckte – dort soll er heute noch liegen. Da hat sich Hubbard wohl allzu sehr in seine Science-Fiction-Fantasien hineingesteigert …

Diese Thetanen reinkarnieren oder hängen sich an Menschen. Durch traumatische Erlebnisse entstanden in ihnen sogenannte Engramme (etwa »Einprägungen«), die sich negativ auswirken. Ein Ziel des »Auditings« sei es, sich von solchen Engrammen zu befreien. Da gibt es nun leider eine Parallele zur echten Rückführungstherapie, in der man Klienten von unbewussten negativen emotionalen Energien aus früherer Zeit zu befreien versucht. Nur ist das ganze Theoriegebäude völlig anders, und es scheint mir, dass man durch Auditings und Kurse dem Auditanden eher gezielt neue und manipulative Engramme eingibt.

Im Jahr 1949 erschien Hubbards Buch *Dianetics,* auf dessen Grundlage im Jahr 1952 die Scientology Church entstand. Ich gebe hier stark gekürzt die Beschreibung eines Nahtoderlebnisses wieder, die von einem (Ex?)Scientologen mitgeteilt wurde, der vermutlich nicht genannt werden möchte, was ich in diesem Fall respektieren will …

Nach Verlassen des Körpers ist die Seele verwirrt und keineswegs heiterer und weiser, als sie im Körper war. Sie bleibt aber im

Wesentlichen körperorientiert und meint, »ohne Körper geht es nicht«. Alles andere ist ihr ein Horror und verursacht Panik. Viele Seelen schweben angeblich auf eine Höhe von ungefähr dreißig Kilometer hinauf, wo sie herumirrend in morphogenetische Felder geraten und merkwürdige Bilder von Erlebnissen anderer Lebewesen in sich aufnehmen, was die Verwirrung noch steigert. Andere sollen in Astralwelten gelangen und begegnen dort, wenn sie Glück haben, wohlgesinnten Engelwesen, sonst aber eher dämonischen Wesen, von denen sie in schwarzmagischer Weise durch Anhängen fremden Bildmaterials »gehirngewaschen« werden. Nur selten kommt es zu einem Entschweben ganz nach oben in einen Zustand von reinem Sein hinein. Mit der Zeit ergibt sich in allen Fällen eine neue Inkarnation.

Eine solche überaus obskure Nahtoderfahrung mag vielleicht für Scientologen zu erwarten sein, die schließlich im körperlichen Leben durch »Auditings« und die Aufprägung eines menschenverachtenden Weltbildes bereits »gehirngewaschen« sterben und deshalb erst recht in die genannte »Verwirrung« geraten ... Die Erfahrung aus echten Rückführungserlebnissen ist hingegen eine ganz andere. Wir gewinnen sie dadurch, dass wir in der Rückführung den Klienten nach dem Todeserlebnis in ein vergangenes Leben führen, so dass er auch in das Wiedererleben vom damaligen Nahtoderlebnis kommt und darüber berichtet [53].

Missbrauch der Reinkarnationslehre im Nationalsozialismus

Während der unheilvollen Zeit des Nationalsozialismus interessierte man sich für die Reinkarnationsidee im Rahmen eines »Ahnenerbes« in einem verkehrten Sinne [54]. Karl August Eckhardt entwickelte eine rassistische germanische Reinkarnationslehre von »Wiederverkörperung in der Sippe« [55]. Himmler ergänzte: »Wiedergeburt in der Sippe, im eigenen Blut« – »Der einfache SS-Mann glaube daran, dass er in seinen Nachkommen wiedergeboren werde. Dieser Gedanke sei kindlich aber dennoch zu fördern, denn er führe zu dem wünschenswerten reinrassigen Kindersegen« [54]. Jedoch war der Begriff »Wiedergeburt in der Sippe« unabhängig von der familiären Blutlinie, auch wenn sehr wohl rassistisch germanisch gemeint. Himmler soll sich selbst für die Wiedergeburt des Sachsenkönigs Heinrich I. gehalten haben [56].

Diese Reinkarnationsauffassung hat an sich eine Begründung im Reinkarnationsverständnis der alten Wikinger und Germanen, die tatsächlich an eine Wiedergeburt in der Sippe glaubten. Sie wurde aber für ideologische Zwecke manipulativ zurechtgedreht. Eine solche Auffassung stimmt in keiner Weise mit dem modernen empirischen Reinkarnationsverständnis überein.

Die Menschen hinter der nationalsozialistischen Ideologie werden – nach dem Gesetz des Karmas – natürlich heute ganz woanders wiedergeboren sein, als sie es sich erwartet haben, und zwar auf verschiedene und keineswegs germanische »Rassen« verteilt …

Wenn einige jener Menschen also mit der Reinkarnationsidee vertraut waren, obwohl in taktisch verdrehter Form, und wenn hinter ihnen eine dunkle esoterische Geheimgesellschaft stand, nämlich die Thule-Gesellschaft, in der man wohl im Prinzip auch von Reinkarnation wusste: Weshalb kam man dann auf die Wahnsinnsidee, das jüdische Volk ausrotten zu wollen? Sie haben ja, wie wir alle, auch Seelen, die unseren völlig gleichwertig sind (denn auf Seelenebene gibt es keine »Rassen«) und sich – wenn es Reinkarnation gibt, wie alle anderen Seelen auch – nach dem Genozid wieder inkarnieren würden! Ein merkwürdiger Gedanke drängt sich in diesem Zusammenhang auf: Wollte man möglicherweise die Häufigkeit reduzieren, in der sie wieder im Judentum inkarnierten? Das wäre natürlich absurd, aber es könnte zu dieser psychopathologisch anmutenden Ideologie passen.

Die Reinkarnationslehre und der Holocaust

Hier liegt sogar ein zweifacher Missbrauch vor!

Erstens wird von einigen wenigen die Reinkarnationslehre zur »Erklärung« und fast einer Verniedlichung des Holocaust missbraucht. Diese Form von Missbrauch wurde bereits in Frage 12, Kapitel 2 behandelt.

Zweitens wird der grausame Holocaust, womit sich die Beteiligten und die unterlassenheitstätigen Mitwisser ein schweres Karma aufgebürdet haben, heute gerne als Schlagkeule gegen die Reinkarnationsvorstellung missbraucht. Ob das nicht auch noch ein weiteres Karma schafft?

Es wird kaum einen Rückführenden mit langer Erfahrung geben, der nicht ein paar Klienten oder Klientinnen hatte, die sich im letzten Vorleben im KZ erlebten. Darüber haben auch jüdische Verfasser geschrieben [57-60]. Wenn man Holocaust und Reinkarnation in Verbindung bringt, gibt es weniger oft negative Reaktionen auf jüdischer Seite als einen Aufschrei auf kirchlich-christlicher Seite. Hier sieht man nun eine passende und gerne genutzte Gelegenheit, geradezu ein »gefundenes Fressen«, um das Ganze für die eigenen Interessen politisch und taktisch zu missbrauchen!

Der Basler Theologieprofessor Ekkehard Stegemann, ein Vertreter der kirchlichen Kritik, äußerte in einem Interview im Zusammenhang mit einer Veranstaltung in Basel zu diesem Thema (es handelte sich um die Schwedin Barbro Karlén, die sich erinnerte, im letzten Vorleben Anne Frank gewesen zu sein [61]):»Ich habe grundsätzlich Mühe mit dem Gedanken der Reinkarnation, aber ganz besonders bezüglich dieser Veranstaltung.‹ Denn da schwinge Wiedergutmachung mit, die es in der Realität nicht geben könne. ›Die Erschlagenen sind erschlagen, und das wird so bleiben«« [62] (meine Hervorhebung). Hier entsteht der Eindruck, dass Stegemann diese Seelen als ewiges Mahnmal weiterleiden lassen wolle. Statt sie Wiedergutmachung erfahren zu lassen, sollen sie erschlagen bleiben … Was für eine christliche Liebe ist denn das? Wir werden hier eher an die unheilvolle Lehre des kirchlichen Dogmas von einer »ewigen Hölle« erinnert, die ja ein blasphemischer Widerspruch zu Gottes Liebe ist! Oder meint er etwa, dass ausgerechnet die »Holocaustseelen« nicht mehr existieren würden? Sollen denn gerade sie vom Weiterleben nach dem Tode ausgeschlossen sein?

Referenzen

1. Vgl. »Das Märchen vom Ego und vom unbewussten Ich« in: Jan Erik Sigdell: *Reinkarnationstherapie,* Heyne, München 2006, Seite 24-34. Diese inzwischen vergriffene Ausgabe ist, erweitert und verbessert, unter dem neuen und treffenderen Titel *Emotionale Befreiung durch Rückführung* beim AMRA Verlag in Vorbereitung.

2. Siehe hierzu u.a. *Das Apokryphon des Johannes,* eine wichtige gnostisch-christliche Schrift: http://web.archive.org/web/20070912005923/ wwwuser.gwdg.de/~rzellwe/nhs/node62.html und auch das Buch: Jan Erik Sigdell: *Es begann in Babylon,* Holistika, Mechenheim 2008.

3. *Upanishaden. Altindische Weisheit aus Brahmanas und Upanishaden,* übers. von Alfred Hillebrandt, Eugen Diederich, Düsseldorf 1971.

4. Herman Wayne Tull: *The Vedic Origins of Karma,* Sri Satguru, Delhi 1990.

5. *The Rig Veda,* übers. von Wendy Doniger O'Flaherty, Penguin, Harmondsworth (UK), Neudruck 1984.

6. Wendy Doniger O'Flaherty: »Karma and Rebirth in the Vedas and the Puranas«, *Karma and Rebirth in Classical Indian Traditions,* Motilal Banarsidass, Delhi 1983 (ein von ihm selbst herausgegebener Konferenzbericht mit Beiträgen vieler Verfasser).

7. Keith: *The Religion and Philosophy of the Veda and Upanishads,* Harvard Oriental Series, Harvard University Press, Cambridge MA, 1925, und Motilal Banarsidass, Delhi 1970.

8. Mitchell G. Weiss: »*Charaka Samhita* on the Doctrine of Karma«, in *Karma and Rebirth in Classical Indian Traditions,* s.o. [4].

9. *Charaka Samhita,* übers. von Ram Karan Sharma und Bhagwan Dash, Bd. 1 und 2, Chowkhamba, Varanasi, 1976 bzw. 1977.

10. William A. Borman: *The Other Side of Death: Upanishadic Eschatology,* Sri Satguru, Delhi 1990.

11. Georg Grimm: *The Doctrine of the Buddha,* Akademie-Verlag, Berlin 1958, Seite 5 (englischsprachige Ausgabe übersetzt von Bhikku Silacara). Deutschsprachige Neuausgabe: *Die Lehre des Buddho,* Aquamarin, Grafing 1979.

12. Joseph Head und S. L. Cranston: *Reincarnation. The Phoenix Fire Mystery,* Julian Press, New York, o. J. (Vorwort datiert 1979).

13. *The Encyclopedia of Religion,* hrsg. von Mircea Eliade, Bd. 14, MacMillan, New York 1987, Seite 439.

14. Henry Clarke Warren: *Buddhism in Translation,* New York 1963, Seite 221-226.

15. »Transmigration (Greek and Roman)« in *Encyclopædia of Religion and Ethics,* hrsg. von James Hastings, Bd. XII, T.&.T. Clark, Edinburgh 1921, Seite 432-434.

16. Platon: *Phaidon oder Über die Unsterblichkeit der Seele*, übersetzt 1807 von F. D. E. Schleiermacher, http://www.textlog.de/platon-phaidon. html.

17. Platon: *Politeia, der Staat*, übers. von Wilhelm Siegmund Teuffel und Wilhelm Wiegand, http://www.opera-platonis.de/Politeia.html.

18. Aristotle: *De Generatione Animalium*, übers. von Arthur Platt, in: *The Works Of Aristotle translated into English*, Bd. V, Clarendon Press, Oxford 1912. Im Internet erhältlich unter http://etext.lib.virginia.edu/toc/modeng/public/AriGene.html.

19. John Arnott MacCulloch: *The Religion of the Ancient Celts*, T.& T. Clark, Edinburgh, 1911. Im Internet erhältlich unter http://www.sacred-texts. com/neu/celt/rac/index.htm.

20. Alfred Nutt: *The Celtic Doctrine of Re-birth*, David Nutt, London, 1897. Neudruck von A.M.S. Reprint, New York 1972.

21. Walter Yeeling Evans-Wentz: *The Fairy-Faith in Celtic Countries*, H. Froude, London, 1911, Abschnitt II, Kapitel VII:»The Celtic Doctrine of Rebirth«. Im Internet erhältlich unter http://www.sacred-texts.com/neu/celt/ffcc/ffcctp.htm.

22. *Encyclopædia of Religion and Ethics*, hrsg. von James Hastings, Bd. XII, T.& T. Clark, Edinburgh 1921, Seite 430-431.

23. http://en.wikipedia.org/wiki/Reincarnation#Norse_mythology.

24. *Encyclopædia of Religion and Ethics*, hrsg. von James Hastings, Vol. XII, T.&.T. Clark. Edinburgh 1921, Seite 440.

25. Helmut Zander: *Geschichte der Seelenwanderung in Europa*, Wissenschaftliche Buchgesellschaft, Darmstadt 1999. Seite 153-159.

26. Karl Müllendorff: *Deutsche Altertumskunde*, Bd. V, Weidmann, Berlin 1906.

27. Richard Cleasby, Gudbrand Vigfusson: *Icelandic-English Dictionary*, Clarendon Press, Oxford 1874, auch: http://ia600506.us.archive.org/0/items/icelandicenglish00cleauoft/icelandicenglish00cleauoft.pdf.

28. Geir T. Zoëga: *A Concise Dictionary of Old Icelandic*, Clarendon Press, Oxford 1910, auch: http://ia700500.us.archive.org/4/items/concisedictionar001857/concisedictionar001857.pdf.

29. Marcus Annaeus Lucanus: *Pharsalia*, übers. von Julius Krais, Langenscheidtsche Verlagsbuchhandlung, Berlin-Schöneberg, 2. Aufl. 1920.

30. Klaus Helgi und Sigrun Wrage: *Edda-Blockbuch*, Reihe: Nordischer Geist, Band 3, Holle & Co. Verlag, Berlin 1941.

31. *Kalevala*, übers. von Lore und Hans Fromm, DTV, München 1979. (Der Untertitel»Das finnische Epos des Elias Lönnrot« ist missverständlich. Lönnrot hat das Epos nicht geschrieben, sondern es im 19. Jahrhundert in mühseliger Kleinarbeit aus mehreren Versionen zusammengestellt, die er in unterschiedlichen Landesteilen gesammelt hatte.

Richtiger wäre also: »Das finnische Epos in der Version von Elias Lönnrot«.) Zur Aussprache der finnischen Wörter: Finnisch wird strikt fonetisch geschrieben und jeder Buchstabe wird ausgesprochen, immer auch »h«. »Uo« = u + o, »ou« = o + u, »v« = w. Doppelt geschriebene Buchstaben (auch Konsonanten!) werden lang ausgesprochen (man kennt also zum Beispiel sowohl ein kurzes als auch ein langes »k«). Die Betonung liegt immer auf der ersten Silbe.

32. *Kalevala*, schwedische Übersetzung von Björn Collinder, Forum, 1970.
33. *Encyclopaedia Judaica*, Keter, Jerusalem, Bd. 7, 1971, Spalte 573-577. Siehe auch: http://dev.jewishvirtuallibrary.org/items/20032.html.
34. *Encyclopædia of Religion and Ethics*, hrsg. von James Hastings, Vol. XII, T.&.T. Clark. Edinburgh 1921, Seite 435-440.
35. Gerhard (Gershom) Scholem: *Das Buch Bahir*, Wissenschaftliche Buchgesellschaft, Darmstadt 1970.
36. Gershom Scholem: *Seelenwanderung und Sympathie in der jüdischen Mystik*, Sonderdruck zu *Eranos Jahrbuch* XXIV, Rhein-Verlag, Zürich 1956, S. 55-118.
37. Gershom Scholem: »Gilgul; Seelenwanderung und Sympathie der Seelen«, Kapitel 5 in *Von der mystischen Gestalt der Gottheit*, Rhein-Verlag, Zürich 1962.
38. Hayyim Vital: *Traité des Révolutions des Âmes d'après Isaac Louria*, übers. von Edgard Jégut, Archè, Milano, 1987. Nachdruck der Ausgabe 1903.
39. David M. Wexelman: *The Jewish Concept of Reincarnation and Creation based on the Writings of Chaim Vital*, Jason Aronson, Northvale NJ, 1999. Eine Zusammenfassung von Ref. 37 oben.
40. James David Dunn: *Windows of the Soul. The Kabbalah of Isaac Luria*, Weiser, San Francisco CA, 2008.
41. *Der Koran*, übers. von Ludwig Ullmann, Goldmann, München 1959. Die Verse sind in diesem Buch durchgehend um eine Einheit höher nummeriert als sonst üblich (ich habe die übliche verwendet). Vgl. u.a. die kostenlose Softwareversion vom Koran von http://www.yildun.com.
42. Reiner Freitag: *Seelenwanderung in der islamischen Häresie*, Klaus Schwarz, Berlin 1985.
43. *Encyclopaedia of Islam*, Brill, Leiden, Bd. 10, 2000. Siehe auch (ältere Ausgabe): http://books.google.com/books?id=wpM3AAAAIAAJ&pg=PA649&lpg=PA649&dq=tanasukh+%22encyclopaedia+of+islam%22&source=bl&ots=v-cHW-8_fI&sig=oj48MBcXfhcGMAK0-FJMK7mMxFU&hl=en&ei=ZcvwTJ2zFIGclgei0ryhDA&sa=X&oi=book_result&ct=result&resnum=4&ved=0CCoQ6AEwAw#v=onepage&q&f=false.
44. http://www.infoperu.com/en/view.php?lang=en&p=104
45. http://www.bbc.co.uk/dna/h2g2/A904259
46. Paul Arnold: *Das Totenbuch der Maya*, Knaur, München o. J.

47. http://www.mexicolore.co.uk/index.php?&one=azt&two=aaa&id=280& typ=reg
48. http://books.google.com/books?id=pN8lU-sEjU0C&pg=PA103&lpg=P A103&dq=%22hopi+reincarnation&source=bl&ots=C8GqaCPnlf&sig =q66DeR97LzigJZU6ho0zWato_Vw&hl=en&ei=z-DwTMDLLsT-flgeR6_DQDA&sa=X&oi=book_result&ct=result&resnum=1&ved=0C BkQ6AEwADge
49. http://www.lerntippsammlung.de/Aborigines.html
50. http://aboriginalart.com.au/culture/religion.html
51. Jan Erik Sigdell: *Durch den Tod ins Leben,* Ansata, München 2007.
52. http://en.wikipedia.org/wiki/Reincarnation#Scientology.
53. Jan Erik Sigdell: *Rückführungstherapie,* Kapitel 3, S. 47-48, mit weiteren Referenzen dort: http://www.christliche-reinkarnation.com/PDF/Regres-sionstherapie.pdf.
54. Victor und Victoria Trimondi: *Hitler, Buddha, Krishna. Eine unheilige Allianz vom Dritten Reich bis heute,* Ueberreuter, Wien 2002. Ich bin damit einverstanden, dass man hierin auf einen Missbrauch taktisch abgewandelter östlicher Religionsideen im Dritten Reich und die historische Bedeutung davon aufmerksam macht, aber nicht damit, im gleichen Zug Buddhismus und Hinduismus abwerten zu wollen.
55. Karl August Eckhardt: *Irdische Unsterblichkeit. Germanischer Glaube an die Wiederverkörperung in der Sippe,* H. Böhlaus Nachf., Weimar 1937.
56. http://de.wikipedia.org/wiki/Slawenfeindlichkeit#Slawenfeindlichkeit_ im_Nationalsozialismus und http://de.wikipedia.org/wiki/Drittes_Reich.
57. Eli Erich Lasch: *Sie sind wieder da. Eine andere Sicht unserer Geschichte,* Buchagentur Günter Heiß, Singen 2004.
58. Yonassan Gershom: *Beyond the Ashes. Cases of Reincarnation from the Holocaust,* A.R.E. Press, Virginia Beach VA, 1992. Deutsche Übersetzung: *Kehren die Opfer des Holocaust wieder?,* Verlag am Goetheanum / Rudolf Geering Verlag, CH-Dornach 1997.
59. Yonassan Gershom: *From Ashes to Healing. Mystical Encounters with the Holocaust,* A.R.E. Press, Virginia Beach VA, 1996.
60. http://www.pinenet.com/~rooster/bta-faq1.html.
61. Barbro Karlén (Pseudonym für Barbro Ask-Upmark): »*... und die Wölfe heulten« – Fragmente eines Lebens,* Perseus, Basel, 3. Aufl. 1998. Vgl. http://www.johnadams.net/cases/samples/Karlen-Frank/index.html. Siehe hierzu auch: http://www.christliche-reinkarnation.com/PDF/AFrank.pdf.
62. Mathias Ninek: »Holocaust, esoterisch aufgekocht«, *Tages-Anzeiger,* Zürich, 25.5.1998.
63. Antonia Mills und Richard Slobodin (Hrsg.): *Amerindian Rebirth. Reincarnation Belief among North American Indians and the Inuit,* University of Toronto Press, Toronto 1994.

64. Munch, P.A *Den ældre Edda: Samling af norrøne Oldkvad, indeholdende Nordens ældste Gude-og Helte-Sagn,* Christiania (heute Oslo), 1847, S. 89, keine Verlagsangabe, Druck: P. T. Mallings Officin, http://www. nb.no/utlevering/pdfbook?urn=URN%3ANBN%3Ano-nb_digi-bok_2009101210004. Auch in [55] auf Seite 8 und in http://etext.old. no/Bugge/helga2.html.

Dr. Jan Erik Sigdell, geboren 1938 in Göteborg, Schweden, studierte Elektrotechnik und Elektronik zum Diplom-Ingenieur und promovierte später in Medizintechnik, der Anwendung von Technologie in der Medizin. Sein Spezialgebiet war die Dialysetechnik, in deren Rahmen er auch ein mathematisches Fachbuch über die Kapillareffekte der künstlichen Niere vorlegte. (Vgl. www. mediconsult-sigdell.com.)

Seine Beschäftigung mit Reinkarnation begann 1974 mit experimentellen hypnotischen Rückführungen. 1979 lernte er Bryan Jameison kennen und wurde von ihm in der nicht-hypnotischen Rückführungstechnik ausgebildet, die er seit 1980 in seiner eigenen Praxis anwendet.

Im Laufe der Zeit hat er diese Technik weiterentwickelt und um neue Methoden der Rückführungstherapie ergänzt. Auf der Basis der Erfahrungen, die er in Tausenden von Rückführungen miterleben durfte, schrieb er mehrere Bücher, darunter *Rückführung in frühere Leben* (Ansata 2004), *Durch den Tod ins Leben* (Ansata 2007) und *Unsichtbare Einflüsse* (Amra 2012). Eine überarbeitete Neuausgabe von *Reinkarnationstherapie* (Heyne 2005) ist unter dem neuen Titel *Emotionale Befreiung durch Rückführung* bei Amra in Vorbereitung.

Einige seiner eigenen Beiträge zur Regressionstherapie sind die effektive Auflösung von negativen (die Seele verletzenden) emotionalen Energien aus der Vergangenheit, der Umgang mit Schuldgefühlen, ein Vergebungsritual für die Versöhnung mit Seelen, die einmal unsere Opfer waren oder uns gegenüber zu Tätern wurden, Befreiung von traumatischen Nachwirkungen sexuellen Missbrauchs, die Überwindung von unbewussten Widerständen und der Umgang mit fremden Seelen oder negativen Wesenheiten, die sich an eine Person klammern.

Als freier Christ (nicht an eine Kirche gebunden, sondern eher am gnostischen Christentum orientiert) hat er sich mehrere Jahre lang intensiv mit der Erforschung der Vereinbarkeit von Reinkarnation und Christentum beschäftigt und hierüber das Buch *Reinkarnation* vorgelegt (Ibera 2001). *Es begann in Babylon* (Holistika 2008) handelt von den biblischen Wurzeln in den sumerischen Keilschrifttafeln.

Heute lebt er, nach 29 Jahren in der Schweiz, in Slowenien, der Heimat seiner Frau. Regelmäßig hält er in Frankfurt am Main Ausbildungen zum Rückführungsbegleiter ab.

Information und Kontakt

Dr. Jan Erik Sigdell
Dutovlje 105, SI-6221 DUTOVLJE, Slowenien
www.christliche-reinkarnation.com

Jan Erik Sigdell
UNSICHTBARE EINFLÜSSE

Befreiung von anhänglichen Seelen
und aufdringlichen Wesenheiten

Auch als
eBook

176 Seiten, Taschenbuch
Amra Verlag, € 9,95 [D]

ISBN 978-3-939373-45-2

Bei manchen Klienten zeigt sich in der Rückführung, dass die
Seele eines Verstorbenen sie begleitet, die ihren Träger womöglich
negativ beeinflusst. Wie entdeckt man das? Was kann man tun?

Auch als
eBook

Dr. John Lerma
INS LICHT

Besuche von Engeln, Visionen vom Leben danach
und andere Erlebnisse vor dem Übergang

224 Seiten, Hardcover, silbernes Leseband
Amra Verlag, € 19,95 [D]

ISBN 978-3-939373-23-0

Was sehen Menschen, bevor sie sterben? Vom krebskranken Kind
bis zum einstigen Offizier der Waffen-SS. Sechzehn atemberaubende
Berichte, aufgeschrieben vom Leiter der größten US-Sterbeklinik.

Neale Donald Walsch,
Brian L. Weiss, Gregg Braden u.a.
INFINITY – DAS LEBEN ENDET NIE

Nahtoderfahrungen und Reinkarnation

93 Minuten, DVD-Box mit Extras
Amra Verlag, € 24,95 [D]

Topp-
Klassiker

ISBN 978-3-939373-69-8

Was geschieht, wenn wir diese Welt verlassen? Anhand neuester
Erkenntnisse der Wissenschaft geben bekannte Bewusstseinsforscher
Einblick in das ultimative Geheimnis und die ewige Natur des Seins.

Textauszüge, Videos und Hörproben auf www.AmraVerlag.de

Gerald R. Clark
DIE ANUNNAKI

Vergessene Schöpfer der Menschheit

232 Seiten, Hardcover, blaues Leseband
Amra Verlag, € 19,95 [D]

ISBN 978-3-95447-191-1

»Eines der besten Bücher zum Thema. Gerald Clark hat Informationen zusammengetragen wie noch niemand vor ihm. Ich kann dieses Werk nur jedem empfehlen!« – In den USA ein Amazon-Bestseller!

Frank Joseph
LEMURIEN

Aufstieg und Fall der ältesten Weltkultur

488 Seiten, Hardcover mit Farbfotos, weißes Leseband
Amra Verlag, € 24,95 [D]

ISBN 978-3-939373-18-6

Eine längst überfällige historische Aufarbeitung aller Quellen über das sagenumwobene Inselreich im Pazifik. Das umfassendste und vermutlich wichtigste Buch über die Urheimat der Menschen.

Tom Kenyon & Judi Sion
LICHTBOTEN VOM ARCTURUS

*Mitteilungen einer aufgestiegenen Zivilisation,
eingeleitet von den Hathoren*

224 Seiten, Hardcover, silbernes Leseband
Amra Verlag, € 19,95 [D]

ISBN 978-3-95447-144-7

Arcturianer sind schon lange unsere Wächter und Beschützer. Woher sie kommen und wie sie uns unterstützen, schildern hier acht von ihnen, darunter ein Arzt und ein Wissenschaftler.

Textauszüge, Videos und Hörproben auf www.AmraVerlag.de